RÉCITS

DES

TEMPS MÉROVINGIENS

IMPRIMERIE DE H. FOURNIER ET Cie,
7 RUE SAINT BENOÎT.

RÉCITS

DES

TEMPS MÉROVINGIENS

PRÉCÉDÉS DE

CONSIDÉRATIONS

SUR

L'HISTOIRE DE FRANCE

PAR

AUGUSTIN THIERRY

MEMBRE DE L'INSTITUT

DEUXIÈME ÉDITION

REVUE ET CORRIGÉE

TOME PREMIER

PARIS

JUST TESSIER, LIBRAIRE-ÉDITEUR

QUAI DES AUGUSTINS, 37

1842

A SON ALTESSE ROYALE

MONSEIGNEUR

LE DUC D'ORLÉANS,

HOMMAGE DE RECONNAISSANCE

ET DE PROFOND RESPECT.

PRÉFACE.

Cet ouvrage se compose de deux parties très-distinctes, l'une de dissertation historique, l'autre de narration; l'une qui est complète aujourd'hui, l'autre que je me propose de continuer, si le temps et la force ne me manquent pas. Je parlerai d'abord de la seconde, ensuite de la première, et je dirai quels motifs m'ont amené à les joindre ensemble.

C'est une assertion pour ainsi dire proverbiale qu'aucune période de notre histoire n'égale en confusion et en aridité la période mérovingienne. Cette époque est celle qu'on abrége le plus volontiers, sur laquelle on glisse, à côté de laquelle on passe sans aucun scrupule. Il y a dans ce dédain plus de paresse que de réflexion; et, si l'histoire des Mérovingiens est un peu difficile à débrouiller, elle n'est point aride. Au contraire, elle abonde en faits singuliers, en personnages originaux, en incidents dramatiques tellement variés, que le seul embarras qu'on éprouve est celui de mettre en ordre un si grand nombre de détails. C'est surtout la seconde moitié du vi^e siècle qui offre en ce genre, aux écrivains et aux lecteurs, le plus de richesse et d'intérêt, soit que cette époque, la première du mélange entre les indigènes et les conquérants de la Gaule, eût, par cela même, quelque chose de poétique, soit qu'elle doive cet air de vie au talent naïf de son historien, Georgius Florentius Gregorius, connu sous le nom de Grégoire de Tours.

Le choc de la conquête et de la barbarie, les mœurs des destructeurs de l'empire romain, leur aspect sauvage et bizarre, ont été souvent peints de nos jours, et ils l'ont été à deux reprises par un grand maître¹. Ces tableaux suffisent pour que la période historique qui s'étend de la grande invasion des Gaules, en 406, à l'établissement de la domination franke, reste désormais empreinte de sa couleur locale et de sa couleur poétique ; mais la période suivante n'a été l'objet d'aucune étude où l'art entrât pour quelque chose. Son caractère original consiste dans un antagonisme de races non plus complet, saillant, heurté, mais adouci par une foule d'imitations réciproques, nées de l'habitation sur le même sol. Ces modifications morales, qui se présentent de part et d'autre sous de nombreux aspects et à différents degrés, multiplient, dans l'histoire du temps, les types généraux et les physionomies individuelles. Il y a des Franks demeurés en Gaule purs Germains, des Gallo-Romains que le règne des Barbares désespère et dégoûte, des Franks plus ou moins gagnés

---

[1] M. de Chateaubriand : Les Martyrs, livres VI et VII ; Études ou Discours historiques, étude sixième, Mœurs des Barbares.

par les mœurs ou les modes de la civilisation, et des Romains devenus plus ou moins barbares d'esprit et de manières. On peut suivre le contraste dans toutes ses nuances à travers le vi[e] siècle et jusqu'au milieu du viie; plus tard, l'empreinte germanique et l'empreinte gallo-romaine semblent s'effacer à la fois et se perdre dans une semi-barbarie revêtue de formes théocratiques.

Par une coïncidence fortuite, mais singulièrement heureuse, cette période si complexe et de couleur si mélangée est celle-là même dont les documents originaux offrent le plus de détails caractéristiques. Elle a rencontré un historien merveilleusement approprié à sa nature dans un contemporain, témoin intelligent, et témoin attristé, de cette confusion d'hommes et de choses, de ces crimes et de ces catastrophes au milieu desquelles se poursuit la chute irrésistible de la vieille civilisation. Il faut descendre jusqu'au siècle de Froissard pour trouver un narrateur qui égale Grégoire de Tours dans l'art de mettre en scène les personnages et de peindre par le dialogue. Tout ce que la conquête de la Gaule avait mis en regard ou en opposition sur le même sol, les races, les classes, les conditions diverses, figure pêle-mêle dans ses récits, quelquefois plaisants, souvent tragiques, toujours vrais et animés. C'est comme une galerie mal arrangée de tableaux et de figures en relief; ce sont de vieux chants nationaux, écourtés, semés sans liaison, mais capables de s'ordonner ensemble et de former un poëme, si ce mot, dont nous abusons trop aujourd'hui, peut être appliqué à l'histoire.

La pensée d'entreprendre, sur le siècle de Grégoire de Tours, un travail d'art en même temps que de science historique, fut pour moi le fruit de ces réflexions; elle me vint en 1833. Mon projet arrêté, deux méthodes se présentaient : le récit continu ayant pour fil la succession des grands événements politiques, et le récit par masses détachées, ayant chacune pour fil la vie ou les aventures de quelques personnages du temps. Je n'ai pas hésité entre ces deux procédés; j'ai choisi le second; d'abord à cause de la nature du sujet qui devait offrir la peinture, aussi complète et aussi variée que possible, des transactions sociales et de la destinée humaine dans la vie politique, la vie civile et la vie de famille; ensuite, à cause du caractère particulier de ma principale source d'information, l'*Histoire ecclésiastique des Franks*, par Grégoire de Tours.

En effet, pour que ce curieux livre ait, comme document, toute sa valeur, il faut qu'il entre dans notre fonds d'histoire narrative, non pour ce qu'il donne sur les événements principaux, car ces événements se trouvent mentionnés ailleurs, mais pour les récits épisodiques, les faits locaux, les traits de mœurs qui ne sont que là. Si l'on rattache ces détails à la série des grands faits politiques et qu'on les insère, à leur place respective, dans un récit complet et complétement élucidé pour l'ensemble, ils feront peu de figure, et gêneront presque à chaque pas la marche de la narration; de plus, on sera forcé de donner à l'histoire ainsi écrite des dimensions colossales. C'est ce qu'a fait Adrien de Valois dans sa compilation latine en trois volumes in-folio des *Gestes des Franks*, depuis l'apparition de ce nom jusqu'à la chute de la dynastie mérovingienne[1]; mais un pareil livre est un livre de pure science, instructif pour ceux qui cherchent, rebutant pour la masse des lecteurs. Il serait impossible de traduire ou d'imiter en français l'ouvrage d'Adrien de Valois; et d'ailleurs on l'oserait, que le but, selon moi, ne serait pas atteint. Tout en se donnant pleine carrière dans sa volumineuse chronique, le savant du xviie siècle élague et abrége souvent; il omet des traits et des détails, il émousse les aspérités, il rend vaguement ce que Grégoire de Tours articule, il supprime le dialogue ou le dénature, il a en vue le fond des choses, et la forme ne lui fait rien. Or, c'est de la forme qu'il s'agit; c'est elle dont il faut saisir les moindres linéaments, qu'il faut rendre, à force d'étude, plus nette

[1] Voyez ci-après, Considérations sur l'Histoire de France, chapitre Ier, p. 60.

et plus vivante, sous laquelle il faut faire entrer ce que la science historique moderne fournit sur les lois, les mœurs, l'état social du vi[e] siècle.

Voici le plan que je me suis proposé, parce que toutes les convenances du sujet m'en faisaient une loi : choisir le point culminant de la première période du mélange de mœurs entre les deux races; là, dans un espace déterminé, recueillir et joindre par groupes les faits les plus caractéristiques, en former une suite de tableaux se succédant l'un à l'autre d'une manière progressive, varier les cadres, tout en donnant aux différentes masses de récit de l'ampleur et de la gravité; élargir et fortifier le tissu de la narration originale, à l'aide d'inductions suggérées par les légendes, les poésies du temps, les monuments diplomatiques et les monuments figurés. De 1833 à 1837, j'ai publié, dans la *Revue des deux Mondes*, et sous un titre provisoire[1], six de ces épisodes

---

[1] Nouvelles Lettres sur l'Histoire de France.

ou fragments d'une histoire infaisable dans son entier. Ils paraissent ici avec leur titre définitif : *Récits des temps mérovingiens*, et forment la première section de l'ouvrage total, dont la seconde aura pareillement deux volumes.

Si l'unité de composition manque à ces histoires détachées, l'unité d'impression existera du moins pour le lecteur. La suite des récits n'embrassant guère que l'espace d'un demi-siècle, ils seront liés en quelque sorte par la réapparition des mêmes personnages, et souvent ils ne feront que se développer l'un l'autre. Il y aura autant de ces masses de narration isolée que je rencontrerai de faits assez compréhensifs pour servir de centre, de point de ralliement, à beaucoup de faits secondaires, pour leur donner un sens général, et produire avec eux une action complète. Tantôt ce sera le récit d'une destinée individuelle, où viendra se joindre la peinture des événements sociaux qui ont influé sur elle; tantôt ce sera une série de faits publics auxquels se rattacheront, chemin faisant, des aventures personnelles et des catastrophes domestiques.

La manière de vivre des rois franks, l'intérieur de la maison royale, la vie orageuse des seigneurs et des évêques; l'usurpation, les guerres civiles et les guerres privées; la turbulence intrigante des Gallo-Romains et l'indiscipline brutale des Barbares; l'absence de tout ordre administratif et de tout lien moral entre les habitants des provinces gauloises, au sein d'un même royaume; le réveil des antiques rivalités et des haines héréditaires de canton à canton et de ville à ville; partout une sorte de retour à l'état de nature, et l'insurrection des volontés individuelles contre la règle et la loi, sous quelque forme qu'elles se présentent, politique, civile ou religieuse; l'esprit de révolte et de violence régnant jusque dans les monastères de femmes : tels sont les tableaux divers que j'ai essayé de tracer d'après les monuments contemporains, et dont la réunion doit offrir une vue du vi[e] siècle en Gaule.

J'ai fait une étude minutieuse du caractère et de la destinée des personnages historiques, et j'ai tâché de donner à ceux que l'histoire a le plus négligés, de la réalité et de la vie. Entre ces personnages, célèbres ou obscurs aujourd'hui, domineront quatre figures qui sont des types pour leur siècle, Fredegonde, Hilperik, Eonius Mummolus et Grégoire de Tours lui-même; Fredegonde, l'idéal de la barbarie élémentaire, sans conscience du bien et du mal; Hilperik, l'homme de race barbare qui prend les goûts de la civilisation, et se polit à l'extérieur sans que la réforme aille plus avant; Mummolus, l'homme civilisé qui se fait barbare et se déprave à plaisir pour être de son temps; Grégoire de Tours, l'homme du temps passé, mais d'un temps meilleur que le présent qui lui pèse, l'écho fidèle des regrets que fait naître dans quelques âmes élevées une civilisation qui s'éteint [1].

---

[1] Decedente, atque imo potius pereunte ab urbibus gallica-

Le désir de faire connaître complétement et de rendre parfaitement claire la pensée historique sous l'influence de laquelle j'ai commencé et poursuivi mes récits du vɪ^e siècle, m'a conduit à y ajouter une dissertation préliminaire. Je voulais montrer quel rapport ces narrations détaillées d'un temps si éloigné de nous ont avec l'ensemble de mes idées sur le fond et la suite de notre histoire. Pour établir mon point de vue aussi fortement que possible, j'ai examiné les divers systèmes historiques qui ont régné successivement ou simultanément, depuis la renaissance des lettres jusqu'à nos jours ; puis, j'ai envisagé l'état actuel de la science, je me suis demandé s'il en résulte un système bien déterminé et quel est ce système. Cela fait, je suis allé plus loin, et j'ai essayé de traiter *ex-professo* ce qui, dans les questions capitales, m'a

---

nis liberalium cultura litterarum... cum gentium feritas desæviret, regum furor acueretur... ingemiscebant sæpius plerique dicentes : Væ diebus nostris, quia periit studium litterarum a nobis. (Greg. Turon., Hist. Franc. eccles., apud Script. rer. gallic. et francic., t. II, p. 137.)

paru touché d'une manière faible ou incomplète. Cet entraînement logique, auquel je me suis volontiers livré, a grossi mon préambule jusqu'aux dimensions d'un ouvrage à part que j'ai intitulé : *Considérations sur l'histoire de France.*

C'est une chose utile que, de temps en temps, un homme d'études consciencieuses vienne reconnaître le fort et le faible et, pour ainsi dire, dresser le bilan de chaque portion de la science. J'ai tâché de le faire, il y a douze ans, pour nos livres d'histoire narrative[1]; aujourd'hui je l'essaie pour un genre d'ouvrages historiques moins populaires, mais dont la critique n'est pas moins importante, parce que c'est de là que le vrai et le faux découlent et se propagent dans le champ de l'histoire proprement dite. Je veux parler des écrits dont l'objet ou la prétention est de donner la philosophie, la politique, l'esprit, le sens intime, le fond de l'histoire. Ceux-là imposent aux œuvres narratives les

---

[1] Voyez Lettres sur l'Histoire de France, lettres I, II, III, IV et V.

doctrines et les méthodes ; ils règnent despotiquement par les idées sur le domaine des faits ; ils marquent, dans chaque siècle, d'une empreinte particulière, soit plus fidèle soit moins exacte qu'auparavant, la masse des souvenirs nationaux. Voilà pourquoi je me suis attaché à les juger scrupuleusement, et, s'il se peut, définitivement ; à faire dans chacun d'eux le partage du faux et du vrai, de ce qui est mort aujourd'hui, et de ce qui a encore pour nous des restes de vie.

Dans cet examen, je me suis borné aux théories fondamentales, aux grands systèmes de l'histoire de France, et j'ai distingué les éléments essentiels dont ils se composent. J'ai trouvé la loi de succession des systèmes dans les rapports intimes de chacun d'eux avec l'époque où il a paru. J'ai établi, d'époque en époque, l'idée nationale dominante et les opinions de classe ou de parti sur les origines de la société française et sur ses révolutions. En un mot, j'ai signalé et décrit le chemin parcouru jusqu'à ce jour par la théorie de l'histoire de France, toutes les grandes lignes suivies ou abandonnées, d'où l'on est parti, par où l'on a passé, à quel point nous sommes, et vers quel but nous marchons.

Au moment où j'écrivais ces pages d'histoire critique, où je tentais de juger à la fois et d'éclairer par leurs rapports mutuels les temps et les livres, j'avais devant les yeux un modèle désespérant. M. Villemain venait de publier la partie complémentaire de son célèbre *Tableau du* XVIIIe *siècle*[1]. Je trouvais là, dans sa plus haute perfection, l'alliance de la critique et de l'histoire, la peinture des mœurs avec l'appréciation des idées, le caractère des hommes et le caractère de leurs œuvres, l'influence réciproque du siècle et de l'écrivain. Cette double vue, reproduite sous une multitude de formes et avec une variété d'aperçus vraiment merveilleuse, élève l'histoire littéraire à toute

---

[1] Cours de littérature française, tableau du XVIIIe siècle, première partie. 2 vol. 1838.

la dignité de l'histoire sociale, et en fait comme une science nouvelle dont M. Villemain est le créateur. J'aime à proclamer ici cette part de sa gloire qu'une longue amitié me rend chère, et j'aime à dire que, lorsqu'il m'a fallu essayer un pas dans la carrière qu'il a si largement parcourue, j'ai cherché l'exemple et la règle dans cet admirable historien des choses de l'esprit.

Dans la partie dogmatique des Considérations sur l'Histoire de France, une question dont l'importance est vivement sentie, celle du régime municipal, m'a occupé plus longuement que toutes les autres. J'ai fait l'histoire des variations de ce régime depuis les temps romains jusqu'au XIIe siècle, afin de montrer de quelle manière et dans quelle mesure il y eut là, simultanément, conservation et révolution. J'ai tâché de démêler et de classer les éléments de nature diverse qui se sont accumulés, juxtaposés, associés pour former, au XIIe siècle, dans les villes soit du midi soit du nord, des constitutions définitives. Je me suis étendu particulièrement sur ce qui regarde la commune jurée, et j'ai recherché les origines de ce genre d'institution qui fut la forme dominante de l'organisation municipale au nord et au centre de la France. J'ai considéré cette constitution dans sa nature et dans ses effets, sans égard aux circonstances de son établissement dans un lieu ou dans l'autre. C'est une controverse qui doit finir que celle des franchises municipales obtenues par l'insurrection et des franchises municipales accordées. Quelque face du problème qu'on envisage, il reste bien entendu que les constitutions urbaines du XIIe et du XIIIe siècle, comme toute espèce d'institutions politiques dans tous les temps, ont pu s'établir à force ouverte, s'octroyer de guerre lasse ou de plein gré, être arrachées ou sollicitées, vendues ou données gratuitement ; les grandes révolutions sociales s'accomplissent par tous ces moyens à la fois.

Les Récits des temps Mérovingiens fermeront, je crois, le cercle de mes travaux d'histoire narrative; il serait téméraire de porter mes vues et mes espérances au-delà. Pendant que j'essayais, dans cet ouvrage, de peindre la barbarie franke, mitigée, au vi{e} siècle, par le contact d'une civilisation qu'elle dévore, un souvenir de ma première jeunesse m'est souvent revenu à l'esprit. En 1810, j'achevais mes classes au collége de Blois, lorsqu'un exemplaire des *Martyrs*, apporté du dehors, circula dans le collége. Ce fut un grand événement pour ceux d'entre nous qui ressentaient déjà le goût du beau et l'admiration de la gloire. Nous nous disputions le livre; il fut convenu que chacun l'aurait à son tour, et le mien vint un jour de congé, à l'heure de la promenade. Ce jour-là, je feignis de m'être fait mal au pied, et je restai seul à la maison. Je lisais, ou plutôt je dévorais les pages, assis devant mon pupitre, dans une salle voûtée qui était notre salle d'études, et dont l'aspect me semblait alors grandiose et imposant. J'éprouvai d'abord un charme vague, et comme un éblouissement d'imagination, mais quand vint le récit d'Eudore, cette histoire vivante de l'empire à son déclin, je ne sais quel intérêt plus actif et plus mêlé de réflexion m'attacha au tableau de la ville éternelle, de la cour d'un empereur romain, de la marche d'une armée romaine dans les fanges de la Batavie, et de sa rencontre avec une armée de Franks.

J'avais lu dans l'Histoire de France à l'usage des élèves de l'École militaire, notre livre classique : « Les Francs ou Français, « déjà maîtres de Tournay et des rives « de l'Escaut, s'étaient étendus jusqu'à la « Somme..... Clovis, fils du roi Childéric, « monta sur le trône en 481, et affermit par « ses victoires les fondements de la monar- « chie française[1]. » Toute mon archéologie du moyen-âge consistait dans ces phrases

---

[1] Abrégé de l'Histoire de France à l'usage des élèves de l'École royale militaire, faisant partie du cours d'études rédigé et imprimé par ordre du roi, 1789, t. I, p. 5 et 6.

et quelques autres de même force que j'avais apprises par cœur. *Français, trône, monarchie*, étaient pour moi le commencement et la fin, le fond et la forme de notre histoire nationale. Rien ne m'avait donné l'idée de ces terribles Francs de M. de Chateaubriand *parés de la dépouille des ours, des veaux marins, des urochs et des sangliers;* de ce camp *retranché avec des bateaux de cuir et des chariots attelés de grands bœufs*, de cette armée rangée en triangle *où l'on ne distinguait qu'une forêt de framées, des peaux de bêtes et des corps demi-nus*[1]. A mesure que se déroulait à mes yeux le contraste si dramatique du guerrier sauvage et du soldat civilisé, j'étais saisi de plus en plus vivement; l'impression que fit sur moi le chant de guerre des Franks eut quelque chose d'électrique. Je quittai la place où j'étais assis, et, marchant d'un bout à l'autre de la salle, je répétai à haute

[1] Les Martyrs, livre VI.

voix et en faisant sonner mes pas sur le pavé :

« Pharamond ! Pharamond ! nous avons
« combattu avec l'épée. »

« Nous avons lancé la francisque à deux
« tranchants ; la sueur tombait du front des
« guerriers et ruisselait le long de leurs bras.
« Les aigles et les oiseaux aux pieds jaunes
« poussaient des cris de joie ; le corbeau
« nageait dans le sang des morts ; tout
« l'Océan n'était qu'une plaie. Les vierges
« ont pleuré longtemps. »

« Pharamond ! Pharamond ! nous avons
« combattu avec l'épée. »

« Nos pères sont morts dans les batailles,
« tous les vautours en ont gémi : nos pères
« les rassasiaient de carnage. Choisissons
« des épouses dont le lait soit du sang et
« qui remplissent de valeur le cœur de nos
« fils. Pharamond, le bardit est achevé, les
« heures de la vie s'écoulent ; nous sourirons
« quand il faudra mourir. »

« Ainsi chantaient quarante mille Bar-
« bares. Leurs cavaliers haussaient et bais-

« saient leurs boucliers blancs en cadence;
« et, à chaque refrain, ils frappaient du
« fer d'un javelot leur poitrine couverte
« de fer [1]. »

Ce moment d'enthousiasme fut peut-être décisif pour ma vocation à venir. Je n'eus alors aucune conscience de ce qui venait de se passer en moi; mon attention ne s'y arrêta pas; je l'oubliai même durant plusieurs années ; mais, lorsque, après d'inévitables tâtonnements pour le choix d'une carrière, je me fus livré tout entier à l'histoire, je me rappelai cet incident de ma vie et ses moindres circonstances avec une singulière précision. Aujourd'hui, si je me fais lire la page qui m'a tant frappé, je retrouve mes émotions d'il y a trente ans. Voilà ma dette envers l'écrivain de génie qui a ouvert et qui domine le nouveau siècle littéraire. Tous ceux qui, en divers sens, marchent dans les voies de ce siècle, l'ont rencontré de même à la source de

[1] Les Martyrs, livre VI.

leurs études, à leur première inspiration; il n'en est pas un qui ne doive lui dire comme Dante à Virgile :

Tu duca, tu signore, e tu maëstro.

Paris, le 25 fevrier 1840.

CONSIDÉRATIONS

SUR

L'HISTOIRE DE FRANCE.

CONSIDÉRATIONS

SUR

L'HISTOIRE DE FRANCE.

CHAPITRE PREMIER.

Opinions traditionnelles sur nos origines nationales et sur la constitution primitive de la monarchie française. — Elles sont diverses, au moyen âge, chez les différentes classes de la nation. — La science les modifie et les transforme. — Naissance des systèmes historiques. — Système de François Hotman. — Sa popularité durant le xvie siècle. — Travail d'Adrien de Valois sur l'histoire de la dynastie mérovingienne. — Système de l'origine gauloise des Franks. — Causes de la vogue dont il jouit sous le règne de Louis XIV. — Il est combattu en Allemagne par la science et par l'esprit de nationalité. — Opinion de Fréret. — La question de l'origine des Franks est résolue par lui d'une manière définitive.

L'histoire nationale est, pour tous les hommes du même pays, une sorte de propriété commune; c'est une portion du patrimoine moral que chaque génération qui disparaît lègue à celle qui la remplace; aucune ne doit la transmettre telle qu'elle l'a reçue, mais toutes ont pour devoir d'y ajouter quelque chose en certitude et en clarté. Ces progrès ne sont pas seulement une œuvre littéraire noble et glorieuse, ils donnent sous de certains rapports la mesure de la vie sociale chez un peuple civilisé; car les sociétés humaines ne vivent pas uniquement dans le présent, et il leur importe de savoir d'où elles viennent pour qu'elles puissent voir où elles vont. D'où venons-nous, où allons-nous? Ces deux grandes questions, le passé et l'avenir politiques, nous préoccupent maintenant, et, à ce qu'il semble, au même degré; moins tourmentés que nous de la seconde, nos ancêtres du moyen-âge l'étaient parfois de la première; il y a bien des siècles qu'on tente incessamment de la résoudre, et les solutions bizarres, absurdes, opposées l'une à l'autre, n'ont pas manqué. Le premier coup d'œil de celui qui étudie sérieusement et sincèrement notre histoire doit plonger au fond de ce chaos de traditions et d'opinions discordantes, et chercher par quelles transformations successives, par quelles fluctuations du faux au vrai, de l'hypothèse à la réalité, la notion des origines de la société française a passé, pour arriver jusqu'à nous.

Lorsque le mélange des différentes races d'hommes que les invasions du ve siècle avaient mises en présence sur le sol de la Gaule fut accompli et eut formé de nouveaux peuples et des idiomes nouveaux, lorsqu'il y eut un royaume de France et une nation française, quelle idée cette nation se fit-elle d'abord de son origine? Si l'on se place au xii*e* siècle et qu'on interroge la littérature de cette époque, on verra que toute tradition de la diversité des éléments nationaux, de la distinction primitive des conquérants et des vaincus, des Franks et des Gallo-Romains, avait alors disparu. Le peuple mixte issu des uns et des autres semblait se rattacher exclusivement aux premiers qu'il appelait comme lui *Français*, le mot *franc*, dans la langue vulgaire, n'ayant plus de sens ethnographique. Les circonstances et le caractère de la conquête, les ravages, l'oppression, la longue hostilité des races, étaient des souvenirs effacés; il n'en restait aucun vestige, ni dans les histoires en prose ou en vers, ni dans les récits romanesques, ni dans les contes du foyer. Le catholicisme des Franks avait lavé leur nom de toute souillure barbare. Les destructions de villes, les pillages, les massacres, les martyres arrivés durant leurs incursions ou à leur premier établissement, étaient mis sur le compte d'Attila, des Vandales ou des Sarrasins. Les légendes et les vies des saints ne présentaient aucune allusion à cet égard, si ce n'est dans leur rédaction la plus ancienne, la plus savante, la plus éloignée de l'intelligence du peuple et de la tradition orale.

Ainsi la croyance commune était que la nation française descendait en masse des Franks; mais les Franks, d'où les faisait-on venir? On les croyait issus des compagnons d'Énée ou des autres fugitifs de Troie, opinion étrange, à laquelle le poëme de Virgile avait donné sa forme, mais qui, dans le fond, provenait d'une autre source, et se rattachait à des souvenirs confus du temps où les tribus primitives de la race germanique firent leur émigration d'Asie en Europe, par les rives du Pont-Euxin. Du reste, il y avait, sur ce point, unanimité de sentiment; les clercs et les moines les plus lettrés, ceux qui pouvaient lire Grégoire de Tours et les livres des anciens, partageaient la conviction populaire, et vénéraient, comme fondateur et premier roi de la nation française, Francion, fils d'Hector [1].

Quant à l'opinion relative aux institutions sociales, à leurs commencements, à leur nature, à leurs conditions nécessaires, elle était loin d'être, à ce degré, simple et universelle. Chacune des classes de la population, fortement distincte des autres, avait ses traditions politiques et, pour

---

[1] Chroniques de Saint-Denis, dans le Recueil des Historiens de la France et des Gaules, t. III, p. 155.

ainsi dire, son système à part, système confus, incomplet, en grande partie erroné, mais ayant une sorte de vie, à cause des passions dont il était empreint et des sentiments de rivalité ou de haine mutuelle qui s'y ralliaient. La noblesse conservait la notion vague et mal formulée d'une conquête territoriale faite jadis, à profit commun, par les rois et par ses aïeux, et d'un grand partage de domaines acquis par le droit de l'épée. Ce souvenir d'un événement réel était rendu fabuleux par la fausse couleur et la fausse date prêtées à l'événement. Ce n'était plus l'intrusion d'un peuple barbare au sein d'un pays civilisé, mais une conquête douée de tous les caractères de grandeur et de légitimité que concevait le moyen âge, faite, non sur des chrétiens par une nation païenne, mais sur des mécréants par une armée de fidèles, suite et couronnement des victoires de Charles-Martel, de Pepin et de Charlemagne sur les Sarrasins et d'autres peuples ennemis de la foi[1]. Au XIIe siècle et plusieurs siècles après, les barons et les gentilshommes plaçaient là l'origine des fiefs et des priviléges seigneuriaux. Ils croyaient, selon une vieille formule de leur opinion traditionnelle, qu'après avoir purgé la France des nations bar-

---

[1] Histoire générale des rois de France, par Bernard de Girard, seigneur du Haillan, édition de 1576, t. I, p. 229.

bares qui l'habitaient; Charlemagne donna toutes les terres du pays à ses compagnons d'armes, à l'un mille arpents, à l'autre deux mille, et au reste plus ou moins, à charge de foi et d'hommage [1].

A cette tradition de conquête et de partage, se joignait une tradition de jalousie haineuse contre le clergé, qui, disait-on, s'était glissé d'une manière furtive parmi les conquérants, et avait ainsi usurpé une part de possessions et d'honneurs. La rivalité du baronnage et de l'ordre ecclésiastique pouvait se présenter comme remontant de siècle en siècle jusqu'au cinquième, jusqu'à la grande querelle qui, dès la conversion des guerriers franks au christianisme, s'était élevée entre eux et le clergé gallo-romain. L'objet de cette vieille lutte était toujours le même, et sa forme avait peu changé. Il en reste un curieux monument dans les chroniques du XIIIe siècle; c'est l'acte d'une confédération jurée, en 1247, par les hauts barons de France, pour la ruine des justices cléricales en matière civile et criminelle. Le duc de Bourgogne et les comtes de Bretagne, d'Angoulême et de Saint-Pol, étaient les chefs de cette ligue, dont le manifeste, portant leurs sceaux, fut rédigé en leur nom. On

---

[1] Histoire générale des rois de France, par Bernard de Girard, seigneur du Haillan, t. I, p. 229.

y trouve le droit de justice revendiqué exclusivement comme le privilége des fils de ceux qui jadis conquirent le royaume, et, chose plus bizarre, un sentiment d'aversion dédaigneuse contre le droit écrit, qui semble rappeler que ce droit fut la loi originelle des vaincus du ve siècle. Tout cela est inexact, absurde même quant aux allégations historiques, mais articulé avec une singulière franchise et une rude hauteur de langage :

« Les clercs, avec leur momerie, ne songent
« pas que c'est par la guerre et par le sang de plu-
« sieurs que, sous Charlemagne et d'autres rois,
« le royaume de France a été converti de l'er-
« reur des païens à la foi catholique; d'abord,
« ils nous ont séduits par une certaine humilité,
« et maintenant ils s'attaquent à nous, comme des
« renards tapis sous les restes des châteaux que
« nous avions fondés; ils absorbent dans leur ju-
« ridiction la justice séculière, de sorte que des
« fils de serfs jugent, d'après leurs propres lois,
« les hommes libres et les fils des hommes libres,
« tandis que, selon les lois de l'ancien temps et le
« droit des vainqueurs, c'est par nous qu'ils de-
« vraient être jugés [1].... A ces causes, nous tous,

---

[1] Quia clericorum superstitio, non attendens quod bellis et quorumdam sanguine, sub Carolo Magno et aliis, regnum Fraciæ de errore gentilium ad fidem catholicam sit conversum, primo quadam humilitate nos seduxit, quasi vulpes se nobis opponentes ex ipsorum castrorum reli-

« grands du royaume, considérant que ce royaume
« a été acquis non par le droit écrit et par l'arro-
« gance des clercs, mais à force de fatigues et de
« combats, en vertu du présent acte et de notre
« commun serment, nous statuons et ordonnons
« que, désormais, nul clerc ou laïc n'appelle en
« cause qui que ce soit devant le juge ecclésiasti-
« que ordinaire ou délégué, si ce n'est pour héré-
« sie, mariage ou usure, sous peine de perte de
« tous ses biens et de mutilation d'un membre [1].
« En outre, nous députons certaines personnes
« chargées de l'exécution de cette ordonnance,
« afin que notre juridiction, près de périr, se re-
« lève, et que ceux qui, jusqu'à ce jour, sont de-
« venus riches de notre appauvrissement, soient
« ramenés à l'état de la primitive église, et que,
« vivant dans la contemplation, pendant que
« nous, comme il convient, nous mènerons la vie
« active, ils nous fassent voir les miracles qui,

quiis, quæ a nobis habuerant fundamentum : jurisdictionem secularium sic absorbent, ut filii servorum secundum leges suas judicent liberos et filios liberorum, quamvis, secundum leges priorum et leges triumphatorum, deberent a nobis potius judicari... (Mattei Westmonasteriensis Flores historiarum, éd. 1601, p. 333.) — Mattei Parisiensis, Historia Angliæ major, t. II, p. 720, éd. London. — Il y a quelques variantes entre les deux textes.

[1] Nos omnes regni majores, attento animo percipientes quod regnum non per jus scriptum nec per clericorum arrogantiam, sed per sudores bellicos fuerit adquisitum, præsenti decreto, omnium juramento, statuimus et sancimus... (Mattei Paris. Hist. Angliæ major, p. 333.)

« depuis longtemps, se sont retirés du siècle [1]. »

Outre la maxime du droit de justice inhérent au domaine féodal, une autre maxime qui se perpétuait parmi la noblesse, était celle de la royauté primitivement élective et du droit de consentement des pairs et des grands du royaume, à chaque nouvelle succession. C'est ce qu'exprimaient, au XIIe et au XIIIe siècle, les formules du sacre, par le cri : *Nous le voulons, nous l'approuvons, que cela soit* [1] ! et quand ces formules eurent disparu, l'esprit en demeura empreint dans les idées et les mœurs des gentilshommes. Tout en professant pour le roi un dévouement sans bornes, ils se plaisaient à rappeler en principe le vieux droit d'élection et la souveraineté nationale. Dans le discours de l'un d'eux aux états-généraux de 1484, on trouve les paroles suivantes : « Comme l'his-
« toire le raconte et comme je l'ai appris de mes

---

[1] Ut sic jurisdictio nostra ressuscitata respiret, et ipsi hactenus ex nostra depauperatione ditati... reducantur ad statum ecclesiæ primitivæ et, in contemplatione viventes, nobis, sicut decet, activam vitam ducentibus ostendant miracula quæ dudum a sæculo recesserunt. (Mattei Paris. Hist. Angliæ major, p. 333.)

[2] Post, milites et populi, tam majores quam minores, uno ore consentientes, laudaverunt ter proclamantes : *Laudamus, volumus, fiat.* (Coronatio Philippi primi, apud Script. rer. gallic. et franc. t. XI, p. 33.) — Ipse autem episcopus affatur populum si tali principi ac rectori se subjicere.... velint, tunc ergo a circumstante clero et populo unanimiter dicatur : *Fiat, fiat, amen.* (D. Martenne, Amplissima collectio, t. II, col. 611, 612.)

« pères, le peuple, au commencement, créa des
« rois par son suffrage [1]. » Aux mêmes souvenirs, transmis de la même manière, se rattachait encore le principe fondamental de l'obligation, pour le roi, de ne rien décider d'important sans l'avis de ses barons, sans le concours d'une assemblée délibérante, et cet autre principe, que l'homme franc n'est justiciable que de ses pairs, et ne peut être taxé que de son propre consentement, par octroi libre, non par contrainte. Il y avait là un fond d'esprit de liberté politique, qui n'existait ni dans le clergé, ni dans la bourgeoisie; il y avait aussi un sentiment d'affection pour le royaume de France, pour le pays natal dans toute son étendue, que n'avaient, au même degré, ni l'une ni l'autre de ces deux classes. Mais c'était un amour de propriétaire plutôt que de citoyen, qui n'embrassait la destinée, les droits, les intérêts, que d'un petit nombre de familles, un esprit de conservation aveugle dans ses entêtements, qui s'opiniâtrait pour le maintien de toute vieille coutume, contre la raison et le bien général; qui, par exemple, déplorait, comme la ruine de toute franchise et une honte pour le pays, la tentative

---

[1] Historiæ predicant, et id a majoribus meis accepi, initio, domini rerum populi suffragio, reges fuisse creatos. (Discours de Philippe Pot, seigneur de La Roche, grand sénéchal de Bourgogne, Journal des États généraux, par Masselin, p. 146.)

de substituer au combat judiciaire la procédure par témoins : « Vous n'êtes plus francs, vous êtes « jugés par enquête, dit une chanson du xiiie siè- « cle. La douce France, qu'on ne l'appelle plus « ainsi, qu'elle ait nom pays de sujets, terre des « lâches !.... [1] »

La plus nette et la moins altérée des traditions historiques appartenait à la bourgeoisie, et se conservait isolément dans les grandes villes, jadis capitales de province ou cités de la Gaule impériale. Les habitants de Reims se souvenaient, au xiie siècle, de l'origine romaine de leur constitution municipale ; ils disaient avec orgueil que la loi de leur ville, sa magistrature et sa juridiction remontaient jusqu'au temps de saint Remy, l'apôtre des Franks [2]. Les bourgeois de Metz se vantaient d'avoir *usé de droits civils* avant qu'il existât

---

[1]
　　Gent de France, mult estes ébahie !
　　Je di à touz ceus qui sont nez des fiez :
　　Se m'aït Dex, franc n'estes vos mès mie,
　　Mult vous a l'en de franchise esloigniez ;
　　Car vous estes par enqueste jugiez.
　　. . . . .
　　Douce France, n'apiaut l'en plus ensi,
　　Ançois ait nom le païs aus sougiez,
　　　　Une terre acuvertie.

(Rec. de chants hist. franc. par Leroux de Lincy. 1re série, p. 218.)

[2] Dummodo eos jure tractaret et legibus vivere pateretur quibus civitas continuo usa est a tempore sancti Remigii Francorum apostoli (J. Sarisberiensis epistola ad Joannem Pictavensem episcopum, apud Script. rer. gallic. et franc., t. XVI, p. 368.)

un pays de Lorraine, et parmi eux courait ce dicton populaire : *Lorraine est jeune et Metz ancienne* [1]. A Lyon, à Bourges, à Boulogne, on soutenait qu'il y avait eu, pour la cité, droit de justice et d'administration libre, avant que la France fût en royaume [2]. Arles, Marseille, Périgueux, Angoulême, et de moindres villes du midi, simples châteaux sous l'empire romain, croyaient leur organisation semi-républicaine antérieure à la conquête franke et à toutes les seigneuries du moyen âge. Toulouse, jouant sur le nom appliqué par elle à son corps de magistrature, se donnait un capitole, à l'exemple de Rome [3]. Cette conviction de l'ancienneté immémoriale d'un droit urbain de liberté civile et de liberté politique fut le plus grand des appuis moraux que trouva la bourgeoisie dans sa lutte contre l'envahissement féodal et contre l'orgueil de la noblesse. Partout où elle exista, elle fit

[1] Metz usoit jà de droit civile
Avant qu'en Lohereigne y eut bonne ville;
Lohereigne est jeune et Metz ancienne.
(Chronique en vers des antiquités de Metz; Hist. de Lorraine, par D. Calmet, t. II, preuves, col. CXXIV.)

[2] Loyseau, Traité des Seigneuries, édition de 1701, p. 101. — Dubos, Histoire critique de l'établissement de la monarchie française, t. IV, p. 300.

[3] Ibid. p. 302. — Raynouard, Histoire du Droit municipal, t. II, p. 182, 249, 352. — Savigny, Histoire du Droit romain au moyen âge.

naître un vif sentiment de patriotisme local, sentiment énergique, mais trop borné, qui s'enfermait trop volontiers dans l'enceinte d'un mur de ville, sans souci du pays, et regardait les autres villes comme des états à part, amis ou ennemis au gré de la circonstance et de l'intérêt.

Voilà quels étaient, à l'époque du grand mouvement de la révolution communale, l'opinion et l'esprit public dans les vieilles cités gauloises, où, après l'établissement des dominations germaniques, s'était concentrée la vie civile, héritage du monde romain. Cet esprit se répandait, de proche en proche, dans les villes d'une date plus nouvelle, dans les communes récemment fondées et dans les bourgades affranchies; il donnait aux classes roturières occupées de commerce et d'industrie ce qui fait la force dans les luttes politiques, des souvenirs, de la fierté et de l'espérance. Quant à la classe des laboureurs, des vilains comme on disait alors, elle n'avait ni droits, ni traditions héréditaires; elle ne suivait point dans le passé et ne marquait à aucun événement l'origine de sa condition et de ses misères; elle l'aurait tenté en vain. Le servage de la glèbe, de quelque nom qu'on l'appelât, était antérieur sur le sol gaulois à la conquête des Barbares: cette conquête avait pu l'aggraver, mais il s'enfonçait dans la nuit des siècles et avait sa racine à une époque insaisissable, même pour l'érudition de nos jours. Toutefois, si aucune opinion sur les causes de la servitude n'avait cours au moyen âge, cette grande injustice des siècles écoulés, œuvre des invasions d'une race sur l'autre et des usurpations graduelles de l'homme sur l'homme, était ressentie par ceux qui la subissaient avec une profonde amertume. Déjà s'élevait, contre les oppressions du régime féodal, le cri de haine qui s'est prolongé, grandissant toujours, jusqu'à la destruction des derniers restes de ce régime. La philosophie moderne n'a rien trouvé de plus ferme et de plus net sur les droits de l'homme, sur la liberté naturelle et la libre jouissance des biens communs, que ce qu'entendaient dire, aux paysans du XIIe siècle, les trouvères, fidèles échos de la société contemporaine :

« Les seigneurs ne nous font que du mal, nous
« ne pouvons avoir d'eux raison ni justice; ils
« ont tout, prennent tout, mangent tout, et
« nous font vivre en pauvreté et en douleur.
« Chaque jour est, pour nous, jour de peines;
« nous n'avons pas une heure de paix, tant il y
« a de services et de redevances, de tailles et de
« corvées, de prévôts et de baillis [1]..... Pourquoi

---

[1] Wace, Roman de Rou, édition de Pluquet, t. II, p. 303 et suiv. — Benoît de Sainte-Maure, édition de M. Francisque Michel, t. II, p. 390 et suiv.

« nous laisser traiter ainsi? Mettons-nous hors
« de leur pouvoir, nous sommes des hommes
« comme eux, nous avons les mêmes membres,
« la même taille, la même force pour souffrir,
« et nous sommes cent contre un... Défendons-
« nous contre les chevaliers, tenons-nous tous
« ensemble, et nul homme n'aura seigneu-
« rie sur nous, et nous pourrons couper des
« arbres, prendre le gibier dans les forêts et
« le poisson dans les viviers, et nous ferons
« notre volonté, aux bois, dans les prés et sur
« l'eau [1]. »

Quoique, dès les premiers temps qui suivirent la conquête, des hommes de l'une et de l'autre race, les Franks comme les Gallo-Romains, fussent entrés dans les rangs du clergé, les traditions de cet ordre étaient demeurées purement romaines; le droit romain revivait dans les canons des conciles et réglait toute la procédure des tribunaux ecclésiastiques. Quant à la nature primitive du gouvernement et à sa constitution essentielle, le clergé supérieur ou inférieur, sauf de rares et passagères exceptions, n'avait qu'une doctrine, celle de l'autorité royale universelle et absolue, de la protection de tous par le roi et

---

[1] Wace, Roman de Rou, t. II, p. 303 et suiv. — Benoît de Sainte-Maure, t. II, p. 390 et suiv.

par la loi, de l'égalité civile dérivant de la fraternité chrétienne. Il avait conservé, sous des formes religieuses, l'idée impériale de l'unité de puissance publique, et il la maintenait contre l'idée de la souveraineté domaniale et de la seigneurie indépendante, produit des mœurs germaniques et de l'esprit d'orgueil des conquérants. D'ailleurs, tout souvenir d'un temps où la monarchie gallo-franke avait été une pour tout le pays, où les ducs et les comtes n'étaient que des officiers du prince, n'avait pas entièrement péri pour les hommes lettrés, laïcs ou clercs, instruits quelque peu des faits de l'histoire authentique. Au XIIe siècle, l'étude scientifique du droit romain vint donner à ces traditions une force nouvelle et fit naître, pour les propager, une classe d'hommes toute spéciale, sortie de ce qu'il y avait de plus romain sur le sol de la Gaule, les grandes villes.

Les légistes, dès qu'ils purent former un corps, travaillèrent, avec une hardiesse d'esprit et un concert admirables, à replacer la monarchie sur ses anciennes bases sociales, à faire une royauté française à l'image de celle des Césars, symbole de l'État, protectrice pour tous, souveraine à l'égard de tous, sans partage et sans limites. Ils fondèrent une école théorique et pratique de gouvernement, dont le premier axiome était l'unité et l'indivisibilité du pouvoir souverain, qui, en droit, traitait d'usurpations les seigneuries et les justices féodales, et qui, en fait, tendait à les détruire au profit du roi et du peuple. Remontant par la logique sinon par des souvenirs clairs et précis, jusqu'au-delà du ve siècle et du démembrement de l'empire romain, ils regardaient comme nulle l'œuvre du temps écoulé depuis cette époque; ils ne voyaient de loi digne de porter ce nom que dans le texte des codes impériaux, et qualifiaient de droit odieux, *droit haineux*, la coutume contraire ou non conforme au droit écrit; ils donnaient au roi de France le titre d'empereur et appelaient crime de sacrilége toute infraction à ses ordonnances[1]. « Sachez, dit un vieux jurisconsulte, qu'il est « empereur en son royaume, et qu'il y peut « faire tout et autant qu'à droit impérial appar- « tient [2]. » Cette maxime, développée dans toutes

---

[1] Droit haineux est le droit qui, par le moyen de la coutume du pays, est contraire au droit écrit... Droit commun est, comme les sages disent, un droit qui s'accorde au droit écrit et à coutume du pays, et que les deux sont consonnants ensemble, si que droit écrit soit conforme avec la coutume locale, à tout le moins ne lui déroge, au contraire, car lors est-ce droit commun et coutume tolérable. (Somme rurale ou Grand Coutumier général de pratique civile, par Jean Bouteiller, édition de 1603, p. 3.) — Crime de sacrilége si est de faire dire ou venir contre l'établissement du roi ou de son prince, car de venir contre, c'est encourir peine capitale de sacrilége. (Ibid., p. 171.)

[2] Ibid., p. 646 et 195.

ses conséquences, et s'alliant à la vieille doctrine bourgeoise des libertés municipales, devint la voix du tiers-état dans les grandes assemblées politiques du xve et du xvie siècle.

Tel était l'assemblage confus de croyances traditionnelles et d'opinions dogmatiques, de notions incertaines et de convictions passionnées, au milieu duquel éclata, dans le xvie siècle, la renaissance des études historiques. Après que les livres de l'antiquité grecque et latine eurent tous été mis au jour par l'impression, les esprits avides de savoir se tournèrent avec ardeur vers les manuscrits du moyen âge et la recherche des antiquités nationales. On tira du fond des bibliothèques et des archives, et l'on se mit à imprimer et à commenter pour le public, les monuments presque oubliés de la vraie histoire de France. Grégoire de Tours et Frédégaire, la vie de Charlemagne et les annales de son règne écrites par un contemporain, d'autres chroniques originales, les lois des Franks et un certain nombre de diplômes de la première et de la seconde race furent publiés. Une science nouvelle, fondée sur l'étude des documents authentiques et des sources de notre histoire, se forma déslors, et entra en lutte avec les opinions propagées par des traditions vagues et par la lecture de chroniques fabuleuses ou complétement in-

CHAPITRE PREMIER.

exactes. La plus générale de ces opinions et en même temps la moins solide, celle de l'origine troyenne des Franks, fut la première attaquée, et elle ne put se soutenir, quoiqu'il y eût en sa faveur une sorte de résistance populaire [1]. Les personnes lettrées y renoncèrent promptement et mirent à sa place deux opinions entre lesquelles la science se partagea, l'une qui rangeait les Francs, ou comme on disait, les *Français*, parmi les peuples de race germanique, l'autre qui les faisait descendre de colonies gauloises émigrées au-delà du Rhin et ramenées plus tard dans leur ancienne patrie [2]. Mais ce ne fut pas sans de grands efforts de logique, sans de grandes précautions oratoires que les érudits parvinrent à donner cours à ces nouveautés malsonnantes, et le gros du public tint longtemps encore à sa chère descendance troyenne. Cette bizarre prétention de vanité nationale, poursuivie par le ridicule dès la fin du xvie siècle, ne disparut

---

[1] « Voilà l'opinion de nos Français sur l'étymologie de leur nom, laquelle, si quelqu'un voulait leur ôter, il commettrait (selon leur jugement) un grand crime, ou pour le moins il serait en danger de perdre temps. » (Du Haillan, Histoire générale des rois de France, Discours préliminaire.)

[2] Cette dernière opinion fut soutenue par Jean Bodin, dans le livre intitulé Methodus ad facilem historiarum cognitionem (1566), et par Étienne Forcadel, dans son traité de Gallorum imperio et philosophia (1569).

entièrement des livres d'histoire qu'après le milieu du dix-septième.

Quant aux diverses traditions sociales et aux questions qu'elles soulevaient, elles ne pouvaient être aussi aisément tranchées par la science. Nonseulement elles avaient de profondes racines dans les mœurs et les passions des classes d'hommes pour qui elles formaient, chacune à part, un symbole de foi politique, mais encore elles s'appuyaient toutes, plus ou moins, sur un fondement réel et historique. Il était vrai qu'il y avait eu conquête du sol de la Gaule et partage des terres conquises, que la monarchie avait été d'abord élective et la royauté soumise au contrôle d'assemblées délibérantes; il était vrai que les cités gallo-romaines avaient conservé leur régime municipal sous la domination des Barbares; il était vrai enfin que la royauté franke avait essayé de continuer en Gaule l'autorité impériale, et cette tentative, reprise d'époque en époque, après des siècles d'intervalle, ne fut jamais abandonnée. Ainsi la noblesse, la bourgeoisie, le clergé, les légistes, avaient raison d'attester le passé en faveur de leurs doctrines contraires ou divergentes sur la nature de la société, le principe du pouvoir, la loi fondamentale de l'état; il se trouvait, sous chacune de ces croyances, un fond de réalité vivace que le progrès scientifique pouvait modifier, compléter, transformer, mais non détruire.

C'est de l'application de la science moderne aux opinions traditionnelles que naquirent les systèmes historiques dont la lutte a duré jusqu'à nos jours. Ce genre d'ouvrages, moitié histoire, moitié pamphlet, où l'érudition est mise, en quelque sorte, au service d'une passion politique, et où l'esprit de recherche est animé par l'esprit de parti eut en France une origine plus lointaine, y commença plus tôt, s'y produisit avec plus de suite et plus d'éclat que dans aucun autre pays de l'Europe. Chez nous, par des causes qui tiennent à la fois au génie particulier de la nation et à la diversité des éléments nationaux, l'histoire abstraite et spéculative dans des vues de polémique sociale a eu, depuis le réveil des études, une extrême importance; elle a été l'arme des passions et des intérêts politiques; elle a dominé, d'un côté, sur les recherches désintéressées, et, de l'autre, sur l'histoire narrative. Soulevées tour à tour par les divers courants de l'opinion publique, les vieilles traditions des classes rivales servirent de fondement à des théories nouvelles, plus ou moins savantes, plus ou moins ingénieuses, mais ayant toutes cela de commun qu'elles ne remuaient le passé dans ses profondeurs que pour en faire sortir, bon gré mal gré, quelque chose de conforme aux idées, aux désirs, aux prétentions populaires ou aristocratiques du moment. Voici dans quelles circonstances parut, en 1574, le premier écrit de ce genre, écrit remarquable en lui-même, autant qu'il l'est par sa date.

François Hotman, l'un des plus savants jurisconsultes du xvie siècle, fut attiré à la religion réformée par la vue de l'héroïque fermeté des luthériens qui subirent à Paris le supplice du feu [1]. Il entra de bonne heure en relation intime avec les chefs du parti protestant, et adopta leurs principes politiques, mélange des vieilles traditions d'indépendance de l'aristocratie française avec l'esprit démocratique de la Bible et l'esprit républicain de la Grèce et de Rome. Hotman se passionna pour ces doctrines comme pour la foi nouvelle, et répudia les théories de droit public que les hommes de sa profession puisaient dans l'étude journalière des lois romaines impériales. Il prit en égale aversion la monarchie absolue et l'autorité des parlements judiciaires, et se fit un modèle de gouvernement où la royauté était subordonnée au pouvoir souverain d'une grande assemblée nationale, type dont l'idée, assez vague d'ailleurs, répondait à

---

[1] Vie de François Hotman, en tête de ses œuvres, p. 4.

cette formule souvent répétée alors dans les manifestes de la noblesse protestante : *Tenue d'états et conciles libres* [1]. Après le massacre de la Saint-Barthélemy, réfugié à Genève, et, comme il le dit lui-même, tristement préoccupé, dans cet exil, de la patrie et de ses malheurs, il lui vint à la pensée de chercher dans le passé de la France des leçons et un remède pour les maux présents [2]. Il lut tout ce qu'il lui fut possible de rassembler en histoires, chroniques et autres documents relatifs, soit à la Gaule, soit au royaume de France. Il crut découvrir, dans ses lectures, faites par lui avec patience et bonne foi, la constitution essentielle de la monarchie française, et ce qu'il en tira ne fut autre chose que le programme qu'il avait dans l'esprit en commençant ses recherches, la souveraineté et le contrôle permanent d'une assemblée d'états-généraux. « Il y a plusieurs mois, dit-il, qu'absorbé dans la « pensée de si grandes calamités, je me mis à « feuilleter tous les anciens historiens de notre « Gaule franke, et qu'à l'aide de leurs écrits je

---

[1] Mémoires de l'état de France sous Charles IX, t. II, passim.

[2] Cujus rei meum pectus memoria exulcerat, cum cogito miseram et infortunatam patriam, duodecim jam fere annorum spatio, incendiis civilibus exarsisse..... Ita spero neminem amantem patriæ communis meam hanc, in quærendis remediis, operam aspernaturum. (Fr. Hotomani, Præfatio epistolaris ad Fridericum, Bavariæ ducem.)

« composai un sommaire de l'état politique qu'ils
« témoignent avoir été en vigueur chez nous
« pendant plus de mille ans, état qui prouve,
« d'une façon merveilleuse, la sagesse de nos
« ancêtres, et auquel notre pays, pour avoir la
« paix, doit revenir, comme à sa constitution
« primitive et en quelque sorte naturelle [1]. »

Ce curieux livre où se rencontre, pour la première fois, une invocation des lois fondamentales de l'ancienne monarchie, fut composé en langue latine et intitulé *Franco-Gallia*; titre qu'une traduction contemporaine rend par ces mots *la Gaule française* [2]. Il est aisé de se figurer par quel abus de méthode l'auteur, imposant à l'histoire ses idées préconçues, arrive à montrer que, de tout temps en France, la souveraineté fut exercée par un grand conseil na-

---

[1] Superioribus quidem mensibus, in tantarum calamitatum cogitatione defixus, veteres Franco-Galliæ nostræ historicos omnes et Gallos et Germanos evolvi, summamque ex eorum scriptis confeci ejus status, quem, annos amplius mille, in republica nostra viguisse testantur. Ex qua incredibile dictu est quantam majorum nostrorum in constituenda republica nostra sapientiam cognoscere liceat... Rempublicam nostram tum denique senatum iri confidimus, cum in suum antiquum et tanquam naturalem statum, divino aliquo beneficio, restituetur. (Fr. Hotomani, Præfat.)

[2] Franco-Gallia sive tractatus isagogicus de regimine regum Galliæ et de jure successionis : libellus, statum veteris reipublicæ Galliæ tum deinde à Francis occupatæ, describens. — La traduction se trouve dans le tome II du recueil intitulé : Mémoires de l'état de France sous Charles IX.

tional, maître d'élire et de déposer les rois, de faire la paix et la guerre, de voter les lois, de nommer aux offices et de décider en dernier ressort de toutes les affaires de l'état. En dépit des différences d'époque, de mœurs, d'origine et d'attributions, il rapproche et confond ensemble sous un même nom, comme choses de même nature, les états-généraux des Valois, les parlements de barons des premiers rois de la troisième race, les assemblées politico-ecclésiastiques de la seconde, les revues militaires et les plaids de la première, et enfin les assemblées des tribus germaniques telles que Tacite les décrit. Hotman parvient de cette manière à une démonstration factice, à un résultat faux, mais capable de séduire par l'abondance des citations et des textes dont il semble découler. Lui-même était dupe de l'espèce de magie produite par ses citations accumulées; il disait naïvement de son ouvrage: « Qu'y « a-t-il à dire contre cela? Ce sont des faits, c'est un « pur récit, je ne suis que simple narrateur [1]. »

Le point de départ de cette prétendue narra-

---

[1] Cur vel Massonus vel Matharellus Franco-Galliæ scriptori et simplici historiarum narratori ita terribiliter irascitur? Quomodo potest aliquis ei succensere qui est tantum relator et narrator facti? Franco-Gallista enim tantum narrationi simplici vacat; quod si aliena dicta delerentur, charta remaneret alba. (Réponse de l'auteur aux pamphlets de ses adversaires. Bayle, Dictionnaire historique, article HOTMAN.)

tion est l'hypothèse d'une hostilité constante des indigènes de la Gaule contre le gouvernement romain. L'auteur suppose, entre les Gaulois et les peuplades germaniques voisines du Rhin, une sorte de ligue perpétuelle pour la vengeance ou le maintien de la liberté commune. Toute invasion des Germains en Gaule, course de pillage, prise de villes, lui semble une tentative de délivrance, et le nom de Franks, *hommes libres*, comme il l'interprète, le titre dont se décoraient les guerriers libérateurs. Il croit le voir paraître d'abord chez une seule tribu, celle des Caninéfates, et s'étendre progressivement à mesure que d'autres tribus s'associent pour cette croisade de l'indépendance [1]. Selon lui, après deux cents ans de luttes continuelles, la Gaule se vit enfin délivrée du joug romain par l'établissement des bandes frankes sur les rives de la Meuse et de l'Escaut. Ces bandes victorieuses et les Gaulois affranchis, formant dès lors une seule nation, fondèrent le royaume de la Gaule franke dont le premier roi, Hilderik, fils de Merowig, fut élu par le suffrage commun des deux peuples réunis [2]. Après avoir établi nos origines nationales sur cette base étrangement romanesque, Hotman

---

[1] Franco-Gallia, éd. 1574, p. 20, 21, 31, 32.
[2] Ibid., p. 38, 40.

tire de toute la suite de l'histoire de France les propositions suivantes, où le lecteur ayant quelque notion de la science actuelle fera facilement et sans aide la part du faux et du vrai :

« Chlodowig, fils de Hilderik, ayant enlevé
« aux Romains ce qui leur restait de territoire,
« chassé les Goths et soumis les Burgondes, le
« royaume fut constitué politiquement dans toute
« son étendue. — La royauté se transmit par le
« choix du peuple, quoique toujours dans la
« même famille; le peuple fut le vrai souverain
« et fit les lois dans le grand conseil national, ap-
« pelé, selon les temps, champ de mars, champ
« de mai, assemblée générale, placite, cour, par-
« lement, assemblée des trois états. — Ce con-
« seil jugeait les rois, il en déposa plusieurs de
« la première et de la seconde race, et il fallut
« toujours son consentement pour ratifier, à
« chaque nouveau règne, la succession par héri-
« tage. — Charlemagne n'entreprit jamais rien
« sans sa participation. — Le pouvoir de régir et
« d'administrer ne résidait pas dans tel ou tel
« homme décoré du titre de roi, mais dans l'as-
« semblée de tous les ordres de la nation où était
« le vrai et propre siége de la majesté royale [1] —
« L'autorité suprême du parlement national s'est

[1] Franco-Gallia, p. 41, 67, 69, 71, 73, 76, 80, 82, 88, 109, 111.

« maintenue intacte jusqu'à la fin du règne de la
« seconde race, c'est-à-dire pendant cinq siècles
« et demi. — Le premier roi de la troisième race
« lui porta une atteinte grave en rendant héré-
« ditaires les dignités et les magistratures, qui
« auparavant étaient temporaires et à la nomina-
« tion du grand conseil; mais ce fut probable-
« ment de l'aveu de ce conseil lui-même. — Une
« atteinte plus grave encore lui vint des succes-
« seurs de Hugues Capet, qui transportèrent à
« une simple cour de justice le droit de ratifier
« les lois, et le nom auguste de parlement. —
« Toutefois le conseil de la nation garda la plus
« haute de ses anciennes prérogatives; il conti-
« nua de faire acte de souveraineté dans les
« grandes circonstances et dans les crises politi-
« ques. — On peut suivre la série de ces actes
« jusqu'après le règne de Louis XI, qui fut forcé
« par une rébellion nationale, dans la guerre dite
« du bien public, à reconnaître la suprématie
« des états du royaume et à s'y soumettre [1]. »
Ainsi, ajoute l'auteur en concluant et en essayant
d'amener vers un même but les passions politiques qui divisaient ses contemporains, « ainsi
« notre chose publique, fondée et établie sur la
« liberté, a duré onze cents ans dans son état pri-

---

[1] Franco-Gallia, p. 112, 118, 120, 121, 122, 123, 124, 126.

« mitif, et elle a prévalu, même à force ouverte
« et par les armes, contre la puissance des ty-
« rans [1]. »

C'est du livre de François Hotman que les
idées de monarchie élective et de souveraineté
nationale passèrent dans le parti de la ligue, parti
qui, selon son origine toute municipale et plé-
béienne, devait naturellement se rallier à d'autres
traditions, à celles de la bourgeoisie d'alors, et
pour lequel ces doctrines d'emprunt ne pouvaient
être qu'une ressource extrême et passagère [2].
Quelque éloigné que soit de la vérité historique
le système du jurisconsulte protestant, on doit
lui reconnaître le mérite de n'avoir point eu de
modèle, et d'avoir été construit tout entier sur
des textes originaux, sans le secours d'aucun
ouvrage de seconde main. En 1574, il n'en existait pas encore de ce genre; Étienne Pasquier travaillait à ses recherches plus ingénieuses qu'éru-
dites, elles n'avaient pas paru dans leur ensemble,
et d'ailleurs elles étaient trop peu liées, trop
capricieuses et trop indécises dans leurs conclusions, pour fournir le moindre appui à une théo-

---

[1] Ut facile intelligatur rempublicam nostram, libertate fundatam et stabilitam, annos amplius centum et mille statum illum suum liberum et sacrosanctum, etiam vi et armis, adversus tyrannorum potentiam retinuisse. (Franco-Gallia, p. 128.)

[2] Voyez Bayle, Dictionnaire historique, article Hotman.

rie systématique ; les compilations plus indigestes et plus chargées de science de Fauchet et de Du Tillet ne virent le jour que plus tard. Ainsi François Hotman ne dut rien qu'à lui-même, et la témérité de ses conjectures, ses illusions, ses méprises, lui appartiennent en propre, aussi bien que la hardiesse de ses sentiments presque républicains. Du reste, son érudition était saine en grande partie, et la plus forte qu'il fût possible d'avoir alors sur le fonds de l'histoire de France. Il traite quelquefois avec un bon sens remarquable les points secondaires qu'il touche en passant. Par exemple, il reconnaît dans l'idiome de la Basse-Bretagne un débris de la langue des anciens Gaulois; il soutient, contre le préjugé universel de son temps, que la loi salique n'a rien statué sur la succession royale et ne renferme que des dispositions relatives au droit privé; il marque d'une manière assez exacte l'habitation des Franks au-delà du Rhin, et se montre inébranlable dans l'opinion de leur origine purement germanique [1].

Dans cet opuscule tout rempli de citations textuelles et formé de lambeaux disparates des historiens latins et des chroniqueurs du moyen âge, il y a, chose singulière, un air de vie et un mouvement d'inspiration. L'amour enthousiaste

---

[1] Franco-Gallia, p. 26 et 61.

du gouvernement par assemblées, espèce de révélation d'un temps à venir, s'y montre à toutes les pages. Il éclate dans certaines expressions, telles que le nom de *saint et sacré*, que l'auteur donne au pouvoir de ce grand conseil national qu'il voit sans cesse dominant toutes les institutions de la Gaule franke et de la France proprement dite [1]. Le livre de François Hotman eut un succès immense, et son action fut grande sur les hommes de son siècle qu'agitait le besoin de nouveautés religieuses et politiques; elle survécut à la génération contemporaine des guerres civiles et se prolongea même durant le calme du règne de Louis XIV. Ce bizarre et fabuleux exposé de l'ancien droit public du royaume devint alors la pâture secrète des libres penseurs, des consciences délicates, et des imaginations chagrines plus frappées, dans le présent, du mal que du bien. Au commencement du xviiie siècle, sa réputation durait encore : les uns l'aimaient, les autres le déclaraient un livre pernicieux; mais les grandes controverses qu'il avait soulevées cent vingt-cinq ans auparavant, éloignées de l'opinion des masses, ne remuaient plus en sens contraire que quelques esprits d'élite [2].

---

[1] De sacrosancta publici concilii auctoritate. (Franco-Gallia, cap. ii et passim.

[2] Voyez Bayle, Dictionnaire historique.

Les premiers essais d'une érudition impartiale, mais plus habile à déchiffrer la lettre des textes qu'à en exprimer le vrai sens historique, et des histoires narratives tout à fait nulles pour la science, remplissent l'intervalle qui sépare François Hotman d'Adrien de Valois. Ce fut en l'année 1646 que ce savant historien publia, sous le titre de *Gestes des anciens Franks*, le premier des trois volumes in-folio qui forment son œuvre capitale; les deux autres, complétant l'histoire de la dynastie mérovingienne, parurent en 1658 [1]. Selon le projet et les espérances de l'auteur, ces volumes ne devaient être que le commencement d'une gigantesque histoire de France, rassemblant dans un même corps d'annales écrites en latin, d'un style châtié, tous les récits et toutes les informations dignes de foi; mais, après avoir parcouru l'espace de cinq siècles, depuis le règne de l'empereur Valérien jusqu'à l'avénement de la seconde race, il se sentit découragé par l'immensité de l'entreprise, et son travail s'arrêta là. Tel qu'il est, cet ouvrage mérite le singulier honneur d'être cité d'un bout à l'autre à côté

[1] Adriani Valesii, Gesta veterum Francorum, sive rerum Francicarum usque ad Chlotarii senioris mortem, libri VIII.— Rerum Francicarum à Chlotarii senioris morte ad Chlotarii junioris monarchiam, tomus II.— Rerum Francicarum à Chlotarii minoris monarchiâ ad Childerici destitutionem, tomus III.

des sources de notre vieille histoire, comme un commentaire perpétuel des documents originaux. Tout s'y trouve éclairci et vérifié en ce qui regarde les temps, les lieux, la valeur des témoignages et l'authenticité des preuves historiques; les lacunes des textes, les omissions et les négligences des chroniqueurs sont remplies et réparées par des inductions du plus parfait bon sens; il y a exactitude complète quant à la succession des faits et à l'ordre matériel du récit, mais ce récit, on est forcé de l'avouer, manque de vie et de couleur. Le sens intime et réel de l'histoire s'y trouve, pour ainsi dire, étouffé par l'imitation monotone des formes narratives et de la phraséologie des écrivains classiques.

Si Adrien de Valois signale et fait remarquer, par la différence des noms propres, d'un côté latins ou grecs, de l'autre germaniques, la distinction des Gallo-Romains et des Franks après la conquête, il ne fait point ressortir les grandes oppositions de mœurs, de caractères et d'intérêts qui s'y rattachent. L'accent de barbarie des conquérants de la Gaule, cette rudesse de manières et de langage exprimée si vivement par les anciens chroniqueurs, se fait peu sentir ou disparaît sous sa rédaction. « Personne que toi « n'a apporté des armes si mal soignées; ni ta « lance, ni ton épée, ni ta hache, ne sont en état

« de servir [1]; » cette apostrophe du roi Chlodowig au soldat dont il veut se venger, discours, sinon authentique, du moins évidemment traditionnel, se perd, chez le narrateur moderne, dans un récit pâle et inanimé : « Comme il passait « l'armée en revue et examinait tous les hommes « l'un après l'autre, il s'approcha du soldat dont « il a été parlé ci-dessus, et, regardant ses armes, « les prenant et les retournant plusieurs fois entre « ses mains, il dit qu'elles n'étaient ni fourbies, « ni affilées, ni propres au combat.... [2]. » Et quand le même roi excite ses guerriers contre les Goths : « Je supporte avec peine que ces « Ariens possèdent une partie des Gaules; mar« chons avec l'aide de Dieu, et quand nous les « aurons vaincus, réduisons leur terre en notre « puissance [3], » au lieu de cette brusque allocution, si fortement caractéristique, on trouve encore du récit et toute la froideur d'un discours

---

[1] Nullus tam inculta ut tu detulit arma : nam neque tibi hasta, neque gladius, neque securis est utilis. (Greg. Turon., Hist. Franc. eccles., lib. II, cap. XXVII.)

[2] Cum exercitum recenseret, singulosque circuiret ac recognosceret, ad supradictum militem accessit, ejus arma diu multumque inter manus versans, negavit tersa, acuta, et ad pugnam habilia esse. (Adriani Valesii, Rerum Francicarum, t. I, p. 241.)

[3] Valde moleste fero, quod hi Ariani partem teneant Galliarum. Eamus cum Dei adjutorio, et, superatis, redigamus terram in ditionem nostram. (Greg. Turon., Hist. Franc. eccles., lib. II, cap. XXXVII.)

indirect : « Il les exhorte à attaquer, sous sa con-
« duite, Alarik dont il vient de recevoir une
« injure, à marcher contre les Visigoths, à les
« vaincre avec la faveur de Dieu, et à s'emparer
« de leur territoire, disant que des catholiques
« ne devaient pas souffrir que la meilleure partie
« des Gaules fût possédée par les Ariens.... [1]. »

Le texte de Grégoire de Tours, dont Adrien de Valois connaissait tout le prix, car il l'appelle avec vérité le *fonds de notre histoire* [2], subit continuellement dans son livre de semblables transformations. La monarchie des rois de la première race est trop pour lui la monarchie de son temps; il applique à celle-là les maximes et les formules de l'autre, sans trop se douter du contraste, et aussi sans qu'il y ait rien de bien choquant dans cet anachronisme. On sent toujours l'homme d'un esprit judicieux, libre de toute préoccupation systématique, ne cherchant dans l'histoire autre chose que la vérité, mais manquant de pénétration pour la saisir tout entière, dans les détails comme dans l'ensemble,

---

[1] Hortatur, ut Alaricum, a quo injuriam receperit, se duce aggrediantur, Visigothosque Deo propitio vincant, ac eorum regionem armis occupent; neque enim catholicis ferendum esse ab Arianis partem optimam Galliarum obtineri. (Adriani Valesii, Rerum Francicarum, t. I, p. 294.)

[2] Et quoniam Gregorius Florentius, Turonicus episcopus, nostræ historiæ velut fundus est. (Præfatio ad t. II, Rerum Francicarum.)

dans la peinture des mœurs comme dans la critique des faits. Avec ces qualités plutôt solides qu'attrayantes, avec un long ouvrage qui ne flattait aucune passion politique, aucune opinion de classe ni de parti, et dont la forme était celle d'une glose sur des textes absents, l'historien de la dynastie mérovingienne avait peu de chances de faire une vive impression sur le public contemporain. Personne n'entreprit de le traduire en français, ni d'exposer, en le résumant, la théorie de ses recherches et de ses découvertes historiques. Il n'eut pas l'honneur d'être chef d'école au xviie siècle, comme le furent, dans le siècle suivant, des hommes moins instruits, moins sensés, mais plus dogmatiques que lui. Il n'eut pas même le pouvoir de fixer les esprits et la science de son temps à l'égard de la question d'origine, de faire reconnaître comme seule véritable la descendance germanique des Franks, et de renverser l'hypothèse des colonies gauloises ramenées en Gaule, hypothèse toujours admise par un certain nombre de savants et à laquelle les circonstances vinrent bientôt donner la faveur publique et une sorte de règne passager.

L'ère de calme et d'unité qui commence avec les belles années du règne de Louis XIV vit l'esprit de lutte politique s'éteindre à l'intérieur, et toutes les passions sociales se porter au dehors et s'unir dans un but commun, l'agrandissement du territoire français et la fixation de ses limites. Tous les partis cédèrent au besoin d'ordre; toutes les classes de la nation s'attachèrent au gouvernement; il y eut dans les âmes très-peu de susceptibilité quant aux bornes du pouvoir et aux conditions de l'obéissance, mais, en revanche, une grande délicatesse sur le point d'honneur national. Ce sentiment public, dont l'influence s'étendit jusqu'à l'histoire, mit en vogue, d'une manière presque subite, le système qui, reniant pour la France toute tradition de conquête étrangère, faisait de la monarchie franke sur le sol de la Gaule, un gouvernement indigène. L'opinion suivant laquelle les Franks et les Gaulois étaient des compatriotes, longtemps séparés puis réunis en un seul peuple, opinion émise pour la première fois au XVIᵉ siècle, avait deux formes ou variantes. L'une remontait jusqu'au VIᵉ siècle avant notre ère et à l'émigration de Sigovèse et de Bellovèse; l'autre s'arrêtait à des temps plus récents et à une prétendue émigration, sans date précise, de quelques peuplades gauloises amoureuses de la liberté et fatiguées du joug romain¹. Plusieurs savants et demi-savants,

---

¹ Voyez Mézeray, Abrégé chronologique de l'Histoire de France, t. I, p. 293.

depuis l'année 1660, s'appliquèrent à étayer de nouvelles démonstrations et à développer, avec plus ou moins d'emphase patriotique, ces conjectures sans fondement, devenues tout d'un coup populaires.

« La Gaule ne peut être considérée comme un « pays de conquête, mais comme ayant été perpé- « tuellement possédée par ses naturels habitants, » dit l'auteur encore estimé d'un volumineux traité des fiefs [1], et il établit cette assertion sur les données suivantes : que les Franks, *Gaulois d'origine, qui avaient passé le Rhin, repassèrent le même fleuve, soit pour trouver de nouvelles habitations, soit pour délivrer leurs frères les Gaulois de la servitude des Romains;* qu'*en moins de quarante ans ils chassèrent les Romains de la Gaule*, et que *le peu de résistance qu'ils éprouvèrent de la part des indigènes donne lieu de croire que cette entreprise n'avait pas été faite sans leur participation;* qu'ainsi au ve siècle, il n'y eut conquête pour la Gaule *que relativement à l'expulsion des Romains, et qu'à l'égard des Gaulois elle est demeurée en l'état où elle était de toute ancienneté*. Les formes du style et l'expression appartiennent ici, comme la pensée, à l'écri-

---

[1] Chantereau-le-Fèvre, mort en 1658; son livre fut publié en 1662.

vain du xviie siècle ¹. Une fois poussés par le désir de complaire à la vanité nationale, les esprits systématiques ne s'en tinrent pas là, et atteignirent bientôt les dernières limites de l'absurde. Dans un livre publié en 1676 et intitulé : *De l'origine des Français et de leur empire,* tous les conquérants du ve siècle, tous les destructeurs de l'empire romain, les Goths, les Vandales, les Burgondes, les Hérules, les Huns eux-mêmes, devinrent frères des Gaulois. L'auteur, ne doutant pas du succès de sa découverte, en parlait ainsi : « La nation « se trouvera par là, d'une manière aussi solide « qu'imprévue, n'avoir qu'une même origine « avec ce que le monde a jamais eu de plus ter- « rible, de plus brave et de plus glorieux ²; » et le *Journal des Savants* disait de cette opinion extravagante : « Il n'y en a pas qui soit allée plus avant et qui soit plus glorieuse à la nation ³. »

C'est surtout en Allemagne que le système des colonies gauloises devait trouver des contradicteurs, soit à cause des progrès de ce pays dans les véritables voies de l'histoire, soit par un sentiment étranger à la science, la rivalité d'orgueil national, et l'envie de conserver à la race teuto-

---

¹ Traité des Fiefs et de leur origine, p. 43.

² De l'origine des Français et de leur empire, par Audigier, t. I, préface.

³ Journal des Savants, du 29 mars 1677.

nique l'honneur d'avoir produit les Franks. Il paraît même que la crainte des envahissements de la France et de l'ambition de Louis XIV fut un aliment pour cette controverse, et que la démonstration de l'origine purement germaine des conquérants de la Gaule figurait dans des diatribes contre le projet supposé d'une monarchie universelle [1]. Du reste la querelle scientifique entre les deux pays se prolongea longtemps, et dura plus que les desseins ambitieux, et même que la vie du grand roi. Les partisans de l'identité de race entre les Gaulois et les Franks eurent, pour appui le plus solide, l'autorité d'un savant jésuite, le père Lacarry, qui traita ce sujet sans ridicule [2], et leur plus célèbre adversaire fut un homme de génie, Leibnitz. Dans sa dissertation latine sur l'origine des Franks, publiée en 1715, il définit avec une grâce maligne la méthode conjecturale de ses antagonistes : « C'est du désir, dit-il, non « du raisonnement [3]. » Il s'anime davantage dans une réplique en français, où son patriotisme se soulève à l'idée de céder à une nation étrangère

---

[1] De non speranda nova monarchia dialogus, Ratisbonne, 1681. — Voyez Meusel, Bibliothèque historique, t. VII, p. 212.

[2] Historia coloniarum tum a Gallis in exteras nationes missarum, cum exterarum nationum in Gallias deductarum, auctore Ægidio Lacarry, 1677.

[3] Hæc optantis sunt non ratiocinantis. (Leibnizii Opera, t. IV, pars II, p. 150.)

les vieux héros de l'indépendance germanique :
« Si Arminius a été de race gauloise, sentiment
« fort nouveau, il faut que les Chérusques aient
« été une colonie gauloise, chose inouïe que je
« sache [1]... » Leibnitz réussit mieux sur ce point
à combattre le faux qu'à établir le vrai, et sa raison si supérieure se laissa égarer dans un système
presque aussi hasardé que l'autre; il fit venir
les Franks des rives de la Baltique aux bords du
Rhin. Le père Tournemine, jésuite, prit la défense de l'opinion déjà soutenue par un membre
distingué de cet ordre, et lui-même se vit réfuté,
en 1722, par un bénédictin, dom Vaissette, l'auteur de l'Histoire du Languedoc [2]. Ce fut la
dernière fois que l'hypothèse patriotique de
l'unité de race produisit un débat sérieux entre
des hommes de sens et de savoir; la science
française, ramenée dans le droit chemin, venait
d'y faire un pas décisif, et de se montrer, sur la
question de l'origine et de la nationalité des
Franks, plus nette et plus exacte que l'érudition
germanique.

En l'année 1714, un homme qui a laissé après

[1] Leibnizii Opera, t. IV, pars II, p. 173.

[2] Journal de Trévoux, du mois de janvier 1716. Dissertation sur l'origine des Français, où l'on examine s'ils descendent des Tectosages, ou anciens Gaulois établis dans la Germanie. Voyez la Bibliothèque historique de la France, par le père Lelong et Ferret de Fontette, t. II, p. 19.

lui un nom illustre, et qui, jeune alors, n'était qu'élève en titre de l'Académie des inscriptions et belles-lettres, Nicolas Fréret, lut à une assemblée publique de cette académie un mémoire sur l'établissement des Franks au nord de la Gaule. Il annonça, dans le préambule de sa dissertation, que ce travail ne resterait point isolé, qu'il n'était, pour lui, que le commencement d'une longue série de recherches ayant pour objet l'état des mœurs et du gouvernement aux diverses époques de la monarchie française [1]. Le jeune érudit, avec une grande sûreté de méthode, résolut, ou, pour mieux dire, trancha cette question de l'origine des Franks posée à faux ou faiblement touchée jusqu'à lui. Ses conclusions peuvent se réduire à trois : « Les Franks sont une ligue for-
« mée au IIIe siècle entre plusieurs peuples de la
« Basse-Germanie, les mêmes à peu près qui, du
« temps de César, composaient la ligue des Sicam-
« bres. — Il n'y a pas lieu de rechercher la des-
« cendance des Franks ni les traces de leur pré-
« tendue migration, puisque ce n'était point une
« race distincte ou une nation nouvelle parmi
« les Germains. — Le nom de Frank ne veut
« point dire *libre*; cette signification, étrangère

---

[1] Manuscrit original de Fréret, qui doit faire partie de l'édition complète de ses Œuvres, publiée par M. Champollion-Figeac. Je suis redevable de cette communication à l'obligeance du savant éditeur.

« aux langues du nord, est moderne pour elles;
« on ne trouve rien qui s'y rapporte dans les
« documents originaux des ive, v^e et vi^e siècles.
« Frek, frak, frenk, frank, vrang, selon les diffé-
« rents dialectes germaniques, répond au mot
« latin *ferox* dont il a tous les sens favorables
« et défavorables, fier, intrépide, orgueilleux,
« cruel [1]. »

Ces propositions, qui aujourd'hui sont des axiomes historiques, renversèrent d'un même coup et les systèmes qui cherchaient le berceau d'une nation franke, soit en Gaule, soit en Germanie, antérieurement au iiie siècle, et celui qui érigeait les Franks, sur l'interprétation de leur nom, en homme libres par excellence et en libérateurs de la Gaule. Elles ressortaient, dans le mémoire de Fréret, du fond de l'histoire elle-même exposée sommairement et rendue, sous cette forme, plus claire et plus précise que dans la narration ample, mais peu travaillée, du livre d'Adrien de Valois. L'établissement successif des diverses tribus conquérantes, les déplacements graduels de la frontière romaine, les traités des Franks et les relations de leurs rois avec l'empire, la distinction des guerres nationales faites par toutes les tribus confédérées, et des courses d'a-

[1] OEuvres de Fréret, édition de 1798, t. V, p. 164, 203 et suiv.

venture entreprises par de simples bandes; tous ces points obscurs ou délicats de l'histoire de la Gaule au ive et au ve siècle étaient, pour la première fois, reconnus et abordés franchement.

Le mémoire qui faisait ainsi justice d'erreurs en crédit jusque-là, et qui donnait aux opinions saines plus de relief et d'autorité, souleva d'étranges objections au sein de l'académie, et sa lecture fut suivie d'un événement plus étrange encore; Fréret fut arrêté par lettre de cachet et enfermé à la Bastille. Les motifs de son emprisonnement, qui dura six mois, sont un mystère; il est impossible de deviner laquelle des thèses de sa dissertation parut criminelle au gouvernement d'alors; mais une telle expérience le détourna des grandes recherches sur l'histoire nationale auxquelles il voulait se dévouer. Ses travaux académiques prirent un autre cours; il remonta jusqu'à l'antiquité la plus reculée, et son admirable netteté d'esprit fit sortir une science nouvelle des ténèbres et du chaos. La chronologie des temps qui n'ont point d'histoire, l'origine et les migrations des peuples, la filiation des races et celle des langues, furent pour la première fois établies sur des bases rationnelles. Que serait-il arrivé, si cette merveilleuse faculté de divination s'était appliquée tout entière au passé de la France, si Fréret eût pu suivre, en pleine

sécurité d'esprit, son premier choix et les projets de sa jeunesse? Voilà ce qu'on ne peut s'empêcher de se demander avec un sentiment de regret. L'annonce d'une révolution dans la manière de comprendre et d'écrire l'histoire semble sortir de ces lignes tracées en 1714 : « Quoique les histo-
« riens les plus estimés de l'antiquité, ceux que
« l'on nous propose pour modèles, aient fait leur
« principal objet du détail des mœurs, presque
« tous nos modernes ont négligé de suivre leurs
« traces. C'est le détail, abandonné par les autres
« écrivains, que je me propose pour but dans ces
« recherches ¹... » Les tendances de l'époque présente, les instincts de la nouvelle école historique étaient pressentis, il y a plus de cent vingt ans, par un homme de génie; si cet homme eût rencontré dans son temps la liberté du nôtre, la science de nos origines sociales, de nos vieilles mœurs, de nos institutions, aurait avancé d'un siècle.

---

¹ Manuscrit original de Fréret, communiqué par M. Champollion-Figeac.

CHAPITRE II.

Controverse sur le caractère et les suites politiques de l'établissement des Franks dans la Gaule. — Thèse de l'inégalité sociale des deux races. — Grands travaux des érudits du XVIIe siècle. — Déclin de la puissance et fin du règne de Louis XIV. — Inquiétude des esprits. — Vues et projets de Fénélon. — Système du comte de Boulainvilliers. — Réponse d'un publiciste du tiers-état. — Système de l'abbé Dubos. — Jugement de Montesquieu. — Son erreur sur les lois personnelles. — Conséquences de cette erreur.

Le roman de la communauté d'origine entre les Franks et les Gaulois, et le roman de la Gaule affranchie par l'assistance des Germains, étaient définitivement balayés et rejetés hors de l'histoire de France. A leur place demeurait, comme seul constant, le fait contre lequel l'orgueil national s'était débattu en vain, la conquête de la Gaule romaine par un peuple de race étrangère. Quel était le vrai caractère de ce fait désormais incontestable? Quelles avaient dû être ses conséquences politiques? Jusqu'où s'étaient-elles prolongées dans la suite des siècles écoulés depuis l'établissement de la domination franke? En subsistait-il encore quelque chose, et par quels liens de souvenir, de mœurs, d'institutions, la monarchie française se rattachait-elle à l'événement qui semble marquer son berceau? Voilà le problème historique dont la solution occupa surtout les esprits durant la première moitié du xviiie siècle, et qui souleva l'importante controverse où figurent les noms de Boulainvilliers et de Dubos, et le grand nom de Montesquieu. C'est dans la détermination exacte de la nature et des résultats sociaux de la conquête que fut cherché alors le principe essentiel de la monarchie, cette *loi fondamentale de l'État* que François Hotman, son inventeur, avait fait dériver de l'association spontanée des Franks et des Gaulois dans un même intérêt, dans une même liberté, dans une sorte de communion de la vieille indépendance germanique.

En histoire et généralement dans toutes les parties de la science humaine, les grandes questions n'éclatent pas tout d'un coup, et longtemps avant de devenir l'objet de l'attention publique, elles se traînent obscurément dans quelque livre où peu de personnes les remarquent, et où elles demeurent enfouies jusqu'à ce que leur jour soit venu. A l'époque où toute conscience de la dualité nationale avait péri et où l'on suivait naïvement jusqu'à la prise de Troye l'origine et les migrations d'un peuple français, à la fin du XIIe siècle, l'auteur d'une chronographie anonyme reconnut la distinction de races et crut en voir des suites manifestes dans l'état social de son temps [1]. Après avoir raconté, de la manière la plus fabuleuse, les aventures des Francs ou Français, et comment l'empereur Valentinien leur fit remise de tout tribut, parce qu'ils l'avaient aidé à exterminer les Alains, le chroniqueur ajoute : « Ainsi délivrés « d'impôts, ils n'en voulurent plus payer dans la « suite, et nul ne put jamais les y contraindre ; de « là vient qu'aujourd'hui cette nation appelle « *Francs*, dans sa langue, ceux qui jouissent « d'une pleine liberté, et, quant à ceux qui, parmi « elle, vivent dans la condition de tributaires, il « est clair qu'ils ne sont pas Francs d'origine, mais « que ce sont les fils des Gaulois, assujettis aux « Francs par droit de conquête [2]. » Ces paroles

---

[1] Cette chronographie, citée par Adrien de Valois, se trouve à la Bibliothèque Royale, mss. ancien fonds, n° 4998, fol. 35 recto à 64 verso. En tête, on lit: *Incipit prologus in libro apologie (vel chronosgraphie, id est excerpta vel abreviationes diversarum historiarum) contra maledicos, liber primus*. Le cinquième livre a pour titre: *Incipit liber quintus qui dicitur chronosgraphia*. Cette chronique inédite s'arrête à l'année 1199, à la mort de Richard-Cœur-de-Lion. V. Adriani Valesii, Notit. Galliar., p. 209.

[2] Sic a tributo soluti nullum vectigal ulterius solvere voluerunt, nec quisquam jure belli postea potuit eos redigere sub jugo tributi. Unde

n'eurent alors aucun retentissement, et la puissance seigneuriale n'alla pas y chercher des titres historiques dont elle ne sentait aucun besoin. Les Gaulois et leur postérité restèrent dans un complet oubli, et ce ne fut que trois siècles après, au réveil de l'érudition, que des raisonneurs exercés, appliquant la logique à l'histoire, commencèrent à s'occuper d'eux. Le système de la délivrance par les Germains et celui de la descendance commune tranchèrent les principales difficultés de la question, et les esprits spéculatifs n'allèrent pas plus loin; un seul entre tous, Charles Loyseau, jurisconsulte et publiciste, hasarda les thèses suivantes qui, plus tard, devaient enfanter un système :

« La noblesse de France prit son origine de
« l'ancien mélange des deux peuples qui s'ac-
« commodèrent ensemble en ce royaume, à sa-
« voir des Gaulois et des Francs qui les vainqui-

gens illa quos liberos esse constat Francos etiam nunc propria lingua vocat : et quos apud ipsos hujus modi vincula constringunt non Francos liquet esse, sed Gallos, quos Franci sibi jure gentium subjecerunt. (Anonymi Chronographia, apud Adriani Valesii Notit. Galliar., p. 209. — B. R. mss. ancien fonds, n° 4998, fol. 51, recto col. 1. Ce passage fit une grande impression sur le savant auteur de la Notice des Gaules, qui, après l'avoir cité, ajoute : « Ea verba memoratu dignissima, qualia nusquam alibi reperire memini, diserte aperteque docent, ætate scriptoris nimirum circa annum MCC, Francos qui in Gallia dominabantur, adhuc immunes tributorum extitisse, solos Gallos inter ipsos tributa pependisse. »

« rent et assujettirent à eux, sans toutefois les
« vouloir chasser et exterminer; mais ils retinrent
« cette prérogative sur eux, qu'ils voulurent avoir
« seuls les charges publiques, le maniement des
« armes et la jouissance des fiefs sans être tenus
« de contribuer aucuns deniers, soit aux sei-
« gneurs particuliers des lieux, soit aux souve-
« rains pour les nécessités de l'État : au lieu de
« quoi, ils demeurèrent seulement tenus de se
« trouver aux guerres. Quant au peuple vaincu,
« il fut réduit pour la plupart en une condition
« de demi-servitude [1]. — Pour le regard de nos
« Français, quand ils conquestèrent les Gaules,
« c'est chose certaine qu'ils se firent seigneurs
« des personnes et des biens d'icelles, j'entends
« seigneurs parfaits, tant en la seigneurie publi-
« que qu'en la propriété ou seigneurie privée.
« — Quant aux personnes, ils firent les naturels
« du pays serfs, non pas toutefois d'entière servi-
« tude, mais tels à peu près que ceux que les Ro-
« mains appelaient ou *censitos*, *seu adscriptitios*
« ou *colonos*, *seu glebæ addictos*, qui étaient
« deux diverses espèces de demi-serfs, s'il faut
« ainsi parler, dont les premiers sont appelés en
« nos coutumes gens de main-morte, ou gens de

---

[1] OEuvres de maître Charles Loyseau (éd. de 1701), Traité des ordres de la Noblesse, p. 24.

« poste, et les derniers, gens de suitte ou serfs
« de suitte... Mais quant au peuple vainqueur, il
« demeura franc de ces espèces de servitude et
« exempt de toute seigneurie privée. D'où est
« venu que les Français libres estant meslés avec
« les Gaulois qui étaient serfs, le mot de *Franc*,
« qui était le nom propre de la nation, a signifié
« cette liberté [1]... » Ces propositions, jetées çà et
là dans des écrits d'ailleurs très-hostiles aux privilèges de la noblesse, y demeurèrent presque
inaperçues; elles ne causèrent aucune rumeur,
ni dans le monde de la science, ni dans celui des
partis politiques, et la question dormit de nouveau jusqu'à la fin du xviie siècle.

Les circonstances étaient alors singulièrement
favorables à la production d'une théorie de l'histoire de France, plus savante et plus complète
que celle de François Hotman. D'immenses travaux d'érudition, dont la gloire égale presque
celle des œuvres littéraires du siècle de Louis XIV,
avaient mis à la portée des hommes studieux la
plupart des documents historiques du moyen
âge, surtout les monuments législatifs, les actes
publics et ceux du droit privé, inconnus au siècle
précédent. Ces documents, rassemblés dans de

---

[1] OEuvres de maître Charles Loyseau, Traité des Seigneuries,
p. 5.

vastes recueils, étaient éclaircis et commentés par la science des Duchêne, des Pithou, des Dupuy, des Sainte-Marthe, des Labbe, des Sirmon, des Du Cange, des Mabillon, des Baluze. D'un autre côté, le déclin de ce long règne, jusque-là si glorieux et si populaire, avait ramené l'agitation dans les idées et fait renaître, en sens divers, les passions politiques. La majestueuse unité d'obéissance et d'enthousiasme qui, pendant quarante ans, avait rallié au pied du trône toutes les forces divergentes, tous les instincts de la nation, venait de se rompre par les malheurs publics et le désenchantement des esprits. La France, épuisée de ressources dans la guerre désastreuse de la succession d'Espagne, se lassait de servir en aveugle à l'accomplissement de desseins politiques dont toute la valeur n'a été connue que de nos jours [1]. L'opposition, quoique sourde et contenue, se réveillait de toutes parts; les différents ordres, les classes de la nation, se détachant du présent, retournaient à leurs vieilles traditions ou cherchaient, dans des projets de réforme, l'espoir d'un avenir meilleur. Cette royauté de Louis XIV, si admirée naguère, objet d'une sorte d'idolâtrie nationale, trouvait de la

[1] Voyez le morceau remarquable placé par M. Mignet en tête du recueil d'actes diplomatiques intitulé : Négociations relatives à la succession d'Espagne sous Louis XIV, 1835.

froideur dans une grande partie de la noblesse, dans les parlements un retour d'indépendance, dans la masse du peuple la désaffection et le mépris [1]. Des voix de blâme, des conseils sévères parvenaient au vieux monarque du sein de sa propre famille. Son petit-fils, l'héritier du trône, était sous la tutelle morale d'un homme qui lui apprenait que tout despotisme est un mauvais gouvernement, qu'il y a pour l'état des règles supérieures au bon plaisir du roi, et que le corps de la nation doit avoir part aux affaires publiques [2].

Fénélon (car c'est à lui qu'appartiennent ces maximes), nommé, en 1689, précepteur du duc de Bourgogne, avait accepté cette charge comme une haute mission politique. Il s'était proposé pour tâche de faire succéder à la monarchie absolue, qu'il voyait pencher vers sa ruine, un gouvernement de conseils et d'assemblées qui ne fît rien sans règle et sans contrôle, qui ne se crût pas libre de hasarder, comme lui-même le dit énergiquement, la nation, sans la consulter [3]. Tel

---

[1] Voyez la lettre de Fénélon à Louis XIV, dans ses OEuvres, t. II, p. 411.

[2] Voyez les OEuvres de Fénélon et la belle Notice de M. Villemain, en tête de l'édition de 1825.

[3] Lettre au duc de Chevreuse, OEuvres complètes de Fénélon, t. I, p. 391.

était le but des enseignements qu'il donnait à son élève et qu'il développait dans des mémoires animés par un sentiment tendre et profond des misères publiques. Il parlait de rendre à la nation ses libertés méconnues et de se rapprocher ainsi de l'ordre, de la justice, et de la véritable grandeur; il présentait les états-généraux comme le moyen de salut, comme une institution qu'il serait capital de rétablir, et, en attendant, il proposait une convocation de notables [1]. Ce grand homme croyait également aux droits naturels des peuples et à la puissance de l'histoire. Dans le plan d'une vaste enquête sur l'état de la France, conçu par lui pour l'instruction du duc de Bourgogne, il eut soin de faire entrer le passé comme le présent, les vieilles mœurs, les vieilles institutions, comme les progrès nouveaux de l'industrie et de la richesse nationale. Il demanda, au nom du jeune prince, à tous les intendants du royaume, des informations détaillées sur les antiquités de chaque province, sur les anciens usages et les anciennes formes de gouvernement des pays réunis à la couronne [2]. De pareilles demandes sem-

---

[1] Plans de gouvernement concertés avec le duc de Chevreuse, pour être proposés au duc de Bourgogne. (Œvres complètes de Fénélon, t. III, p. 446. Panthéon littéraire.)

[2] Cette demande fut adressée vers l'année 1695. Les mémoires envoyés par les intendants des généralités se trouvent au cabinet des

blaient provoquer un travail d'historien publiciste sur les origines et les révolutions de la société et du pouvoir en France. Quelqu'un répondit à cette sorte d'appel, mais ce ne fut pas l'un des grands érudits de l'époque; ceux-là, membres, pour la plupart, de congrégations religieuses, étaient étrangers aux intérêts politiques, aux idées générales, et, pour ainsi dire, cantonnés chacun dans un coin de la science. Ce ne fut pas non plus un patriote désintéressé, ce fut un homme d'un savoir médiocre et préoccupé de regrets et de prétentions aristocratiques, le comte de Boulainvilliers [1].

Cet écrivain, dont le nom est plus connu que les œuvres, issu d'une ancienne famille et épris de la noblesse de sa maison, s'était livré aux études historiques pour en rechercher les titres, les alliances, les souvenirs de toute espèce. Il lut beaucoup avec cette pensée, et, ayant éclairci à son gré ses antiquités domestiques, il s'occupa de celles du pays. Les documents législatifs des deux premières races, imprimés dans la collection de Baluze, furent pour lui l'objet d'une observation attentive et, sur

---

manuscrits de la Bibliothèque royale; ils forment 15 ou 20 volumes in-folio.

[1] Voyez l'Histoire de l'ancien gouvernement de la France, par le comte de Boulainvilliers, préface.

certains points, intelligente. Il avait compris la liberté des mœurs germaniques et s'était passionné pour elle; il la regardait comme l'ancien droit de la noblesse de France et comme son privilége héréditaire. Tout ce que les siècles modernes avaient successivement abandonné en fait d'indépendance personnelle, le droit de se faire justice soi-même, la guerre privée, le droit de guerre contre le roi, plaisaient à son imagination, et il voulait, sinon les faire revivre, au moins leur donner une plus grande place dans l'histoire. « Misère extrême de nos jours, s'écrie-t-il avec « une fierté dédaigneuse dans l'un de ses ouvrages « inédits; misère extrême de nos jours qui, loin « de se contenter de la sujétion où nous vivons, « aspire à porter l'esclavage dans le temps où l'on « n'en avait pas l'idée [1]! » A ces élans de liberté à l'égard du pouvoir royal, il joignait une froideur imperturbable en considérant la servitude du peuple au moyen âge. Enfin il avait, pour le présent comme pour le passé, la conviction d'une égalité native entre tous les gentilshommes, et d'une immense inégalité entre eux et la plus haute classe du tiers-état. Telles furent les idées sous l'influence desquelles se forma son système histo-

---

[1] Préface du Journal de saint Louis, manuscrit de la Bibliothèque de l'Arsenal. B. L. F., n° 131.

rique, système dont voici les points essentiels, formulés, autant que possible avec le langage même de l'auteur.

« La conquête des Gaules est le fondement de
« l'état français dans lequel nous vivons, c'est à
« elle qu'il faut rapporter l'ordre politique suivi
« depuis par la nation; c'est de là que nous avons
« tous reçu notre droit primordial. — Les *Fran-*
« *çais* conquérants des Gaules y établirent leur
« gouvernement tout à fait à part de la nation
« subjuguée qui, réduite à un état moyen entre
« la servitude romaine et une sorte de liberté,
« privée de tout droit politique et en grande
« partie du droit de propriété, fût destinée par
« les conquérants au travail et à la culture de la
« terre. — Les Gaulois devinrent sujets, les *Fran-*
« *çais* furent maîtres et seigneurs. Depuis la con-
« quête, les *Français originaires* ont été les véri-
« tables nobles et les seuls capables de l'être. —
« Tous les Français étaient libres, ils étaient tous
« égaux et compagnons; Clovis n'était que le
« général d'une armée libre qui l'avait choisi
« pour la conduire dans des entreprises dont le
« profit devait être commun. — Les *Fran-*
« *çais d'origine*, seuls nobles reconnus dans le
« royaume, jouissaient à ce titre d'avantages réels
« qui étaient l'exemption de toutes charges pécu-
« niaires, la jouissance des biens réservés au do-

« maine public, l'exercice de la justice entre leurs
« pareils et sur les Gaulois habitants de leurs
« terres, la liberté d'attaquer ou de se défendre
« à main armée, enfin le droit de voter les lois et
« de délibérer, sur toute espèce de matière, dans
« l'assemblée générale de la nation [1].

« Le pouvoir souverain des assemblées natio-
« nales ne dura pas d'une manière uniforme ni
« dans son intégrité; Charles Martel les abolit
« pendant les vingt-deux ans de sa domination;
« Charlemagne les remit en vigueur et restitua
« ainsi à la nation française un de ses droits natu-
« rels et incontestables. — Pendant et depuis son
« règne, les assemblées communes de la nation
« firent les lois; elles réglèrent le gouvernement
« et la distribution des emplois civils et militaires;
« elles décidèrent de la paix et de la guerre, et
« elles jugèrent souverainement les causes ma-
« jeures, attentats, conjurations, révoltes, et
« cela à l'égard de toutes les conditions, sans en
« excepter la royale ni l'impériale. — A la fin du
« règne de la seconde race, toutes les parties du
« royaume étant désunies, on ne trouve plus
« d'assemblées communes, de véritables parle-
« ments. Loin que ce fût un parlement général

---

[1] Histoire de l'ancien gouvernement de la France, avec 14 lettres historiques sur les parlements ou états-généraux, t. I, p. 21, 24, 29, 33, 38, 40, 57, 59, 61, 245, 322.

« qui déféra la couronne à Hugues Capet, à
« l'exclusion de la race de Charlemagne, on
« peut dire qu'il n'eût pas été possible de trans-
« férer la royauté dans une famille qui n'y avait
« aucun droit, si l'usage des parlements natio-
« naux avait subsisté [1].

« La police des fiefs établie par Charlemagne
« fut la seule qui, s'étant insensiblement affermie
« dans le déclin de sa postérité, se trouva domi-
« nante après l'usurpation de Hugues Capet. —
« A cette époque, les nobles, encore égaux entre
« eux, étaient de fait et de droit les seuls grands
« de l'état; eux seuls en possédaient les charges
« et les honneurs; eux seuls étaient les conseillers
« du prince; eux seuls maniaient les finances et
« commandaient les armées, ou plutôt eux seuls
« les composaient. — On ignorait les distinctions
« des titres aujourd'hui en usage; les Français
« ne connaissaient point de princes parmi eux,
« la parenté des rois ne donnait aucun rang. —
« Deux grands événements arrivés dans la mo-
« narchie ont amené la ruine graduelle de cet
« ordre de choses.—Le premier fut l'affranchis-
« sement des serfs ou gens de mainmorte, dont
« toute la France était peuplée, tant dans les

---

[1] Histoire de l'ancien gouvernement de la France, etc., t. I, p. 210, 214, 215, 217, 221, 224, 286, 291.

« villes que dans les campagnes, et qui étaient,
« ou les Gaulois d'origine assujettis par la con-
« quête, ou les malheureux que différents acci-
« dents avaient réduits en servitude.—Le second
« fut le progrès par lequel ces serfs s'élevèrent,
« contre tout droit, à la condition de leurs
« anciens maîtres. Depuis six cents ans, les rotu-
« riers esclaves, d'abord affranchis puis anoblis
« par les rois, ont usurpé les emplois et les digni-
« tés de l'état, tandis que la noblesse, héritière
« des priviléges de la conquête, les perdait un à
« un et allait se dégradant de siècle en siècle [1].

« Tous les rois de la troisième race ont voulu
« son abaissement et travaillé, comme sur un
« plan formé d'avance, à la ruine des lois pri-
« mitives et de l'ancienne constitution de l'état;
« ce fut pour eux une idée commune d'anéantir
« les grands seigneurs, de subjuguer la nation,
« de rendre leur autorité absolue et le gouver-
« nement despotique. — Philippe-Auguste com-
« mença la destruction de la police des fiefs et
« des droits originels du baronnage; Philippe-
« le-Bel poursuivit ce projet par la ruse et par
« la violence; Louis XI l'avança près de son
« terme. — Leur postérité est parvenue au but

---

[1] Histoire de l'ancien gouvernement de la France, etc., t. I, p. 291, 309, 310, 316, 322; t. II, p. 1.

« qu'ils s'étaient proposé ; mais, pour l'atteindre
« pleinement, l'administration du cardinal de
« Richelieu et le règne de Louis XIV ont plus
« fait, en un demi-siècle, que toutes les entre-
« prises des rois antérieurs n'avaient pu faire en
« douze cents ans [1]. »

Ce système à deux faces, l'une toute démocratique tournée vers la royauté, l'autre tout aristocratique tournée vers le peuple, contenait de trop grandes hardiesses pour qu'il fût possible de lui donner une entière publicité. Les deux écrits du comte de Boulainvilliers qui l'exposent et le développent, l'*Histoire de l'ancien gouvernement de la France* et les *Lettres sur les Parlements*, circulèrent en copies du vivant de l'auteur, et ne furent imprimés que cinq ans après sa mort, en 1727. Il y avait là de quoi exciter l'attention générale et remuer vivement les esprits. L'instinct de la liberté politique reparaissait dans cette nouvelle théorie de l'histoire de France, et en outre elle touchait à des passions rivales qu'elle flattait d'un côté et que de l'autre elle irritait en les blessant. Comparée à la théorie, si naïvement simple, de François Hotman, elle marquait un véritable progrès pour le talent

---

[1] Histoire de l'ancien gouvernement de la France, etc., t. I, p. 191, 210, 291, 352; t. III, p. 135, 152.

d'analyse, la pénétration, la faculté de discerner les problèmes fondamentaux et les points délicats de notre histoire. De grandes questions y étaient entrevues et d'importantes distinctions établies; ce mot jusque-là sans retentissement : « Il y a deux races d'hommes dans le pays, » était prononcé de manière à frapper toutes les oreilles. Le vice capital du système de Boulainvilliers, pour ce qui regarde les temps antérieurs au xII^e siècle, consistait dans l'omission d'une série entière de faits, celle qui prouve la persistance de la société gallo-romaine sous la domination des Barbares, et dans une fausse idée de la nature et des conséquences de l'établissement germanique en Gaule, idée fournie par la logique, par un raisonnement superficiel, non par l'observation et l'intime connaissance des faits. Pour ce qui suit le xII^e siècle, le gentilhomme publiciste a mieux vu sans avoir mieux jugé; il a aperçu le grand mouvement de transformation de la société française et le rôle de la royauté dans ces révolutions successives. Ses conclusions, quoique partiales, ses interprétations, quoique erronées, frayèrent le chemin qui devait conduire au vrai. C'était une révolte contre le cours des choses, une protestation impuissante contre les tendances sociales de la civilisation moderne; mais ces tendances étaient là, pour la première fois, nettement reconnues et signalées.

On trouve dans le second écrit du comte de Boulainvilliers une portion moins étroitement systématique, plus complète, plus étudiée que le reste, l'histoire des états-généraux du xive et du xve siècles. Ce travail, entièrement neuf pour l'époque, a depuis servi de base ou de thème à beaucoup d'essais du même genre; il n'a jamais été refait sur les sources avec un pareil développement. L'immense intérêt du sujet semble ici entraîner l'auteur hors de ses préoccupations ordinaires et le lancer dans une voie plus large et plus sûre. Au lieu de l'éternel paradoxe de la souveraineté de la noblesse, il présente un tableau animé du concours des grandes classes de la nation au gouvernement de l'état, véritable étude d'historien politique d'où ressort le double contraste de la monarchie des états-généraux avec la monarchie absolue, et de l'imposant contrôle des assemblées représentatives avec le contrôle mesquin des parlements. Boulainvilliers fut l'homme des états-généraux, non-seulement comme écrivain, mais comme citoyen; il en proposa la convocation après la mort de Louis XIV, dans des mémoires présentés au régent. C'est par là que sa renommée de publiciste s'établit à part de son système, et que ses idées politiques eurent de la portée hors de la classe à laquelle, dans ses rêves de liberté exclusive, il voulait borner la nation.

Peu d'hommes de cette classe retrempèrent dans le nouveau système historique leurs vieilles traditions d'indépendance amorties depuis un siècle ; mais tous, ou presque tous, crurent volontiers que leurs familles remontaient jusqu'aux Franks et qu'ils étaient nobles en vertu de la conquête. Un surcroît d'orgueil dont on retrouve la trace dans quelques écrits du temps paraît s'être insinué au cœur des gentilshommes qui, sur la foi de Boulainvilliers, ne virent plus autour d'eux dans la magistrature, les ennoblis, tout le tiers-état, que des fils d'esclaves, esclaves de droit, affranchis par grâce, par surprise ou par rébellion. Ceux dont l'humeur ou les intérêts ne s'accommodaient pas de la portion républicaine du système la rejetèrent et ne prirent que l'autre. C'est ce que fit le duc de Saint-Simon, qui a consigné dans quelques pages de ses curieux mémoires l'espèce de version rectifiée qu'il adopta pour son usage. Il y pose, comme fait primitif, non la souveraineté collective et l'égalité de tous les Franks, mais un roi, seul conquérant de la Gaule, distribuant à ses guerriers les terres conquises, selon le grade, les services et la fidélité de chacun. « De là, dit-il, est venue la noblesse, corps « unique de l'état, dont les membres reçurent

« d'abord le nom d'*hommes de guerre*, puis
« celui de *nobles*, à la différence des vaincus
« qui, de leur entière servitude, furent appelés
« *serfs* [1]. » Il poursuit le développement de cette
thèse et disserte sur l'origine des propriétés roturières et la formation du tiers-état, dans un style
fort différent de celui de ses peintures de mœurs
contemporaines, et dont l'allure embarrassée
trahit une grande inexpérience de ces sortes de
matières.

Quand bien même l'opinion mise en vogue
par le comte de Boulainvilliers eût été, ce qu'elle
n'était pas, inattaquable du côté de la science,
elle aurait inspiré de vives répugnances et trouvé
d'ardents contradicteurs. Le tiers-état, qui avait
grandi de siècle en siècle sans trop s'inquiéter
de ses origines, qui était sorti du règne de
Louis XIV, comme de tous les règnes précédents, plus fort, plus riche, plus illustré par
les hautes fonctions publiques, ne pouvait accepter patiemment, fût-ce au nom de l'histoire elle-même, une pareille place dans le passé. Aussi les
réfutations plébéiennes, mêlées de colère et de
raisonnement, ne se firent pas attendre; un pamphlet remarquable, dont le titre était : *Lettre
d'un conseiller du parlement de Rouen*, courut

---

[1] Mémoires du duc de Saint-Simon, t. II, p. 367.

quelque temps manuscrit et fut publié en 1730. L'auteur anonyme déclare qu'indigné de voir avilir la majorité de la nation pour rehausser l'état et la gloire de trois ou quatre mille personnes, il veut remettre (c'est lui qui parle) les nobles de niveau avec les citoyens de nos villes et leur donner des frères au lieu d'esclaves [1]. Celui qui se présentait si fièrement contre le champion de la noblesse n'apportait pas dans la controverse une érudition supérieure; mais il avait une foi complète et presque naïve aux traditions et aux idées de la bourgeoisie. Grâce à cette disposition d'esprit, sa polémique fut comme un miroir où vinrent se refléter fidèlement les croyances des hautes classes roturières, leurs désirs, toutes leurs passions, tous leurs instincts bons ou mauvais. On y trouve à la fois le sentiment de l'égalité civile et l'admiration de la richesse, une aversion décidée pour les priviléges de la naissance, et un aveu sans réserve des priviléges de l'argent [2].

Voilà pour les doctrines politiques; et, quant à l'histoire, le principal argument de l'auteur de la lettre se fonde sur les preuves de la liberté

---

[1] Lettre d'un Conseiller du parlement de Rouen au sujet d'un écrit du comte de Boulainvilliers, Mémoires de littérature du Père Desmolets, t. IX, p. 115, 188.

[2] Ibid., p. 125 et suiv.

immémoriale des villes de France. Il établit l'existence non interrompue du régime municipal dans un grand nombre de cités, soit du midi, soit du nord de la Gaule, et montre qu'à l'égard de ce droit les souvenirs n'ont jamais péri. Il prouve que les habitants des grandes villes n'eurent jamais besoin d'être exemptés de la servitude personnelle, mais seulement de quelques servitudes réelles et de la justice seigneuriale; que ce fut là toute la portée de leurs chartes d'affranchissement. Enfin il revendique pour les bourgeois du moyen âge, avec la liberté civile et politique, l'honneur d'avoir été riches, courtois, généreux, et même prodigues à l'égal des gentilshommes [1]. Cet ordre d'idées et de faits le conduit, par une pente naturelle, à s'attacher exclusivement aux restes de la civilisation romaine, comme à la seule base de notre histoire nationale; il est impossible de faire une abstraction plus complète et plus dédaigneuse de ce qu'il y eut de germanique dans les vieilles institutions et les vieilles mœurs de la France. Les prétentions de la noblesse à l'héritage des Franks sont, de sa part, l'objet de plaisanteries, souvent plus aigres que fines, sur le *camp de Mérovée*

---

[1] Lettre d'un Conseiller du parlement de Rouen au sujet d'un écrit du comte de Boulainvilliers, p. 203, 220, 221, 224, 229, 231, 233, 236, 248, 249, 251.

d'où les gentilshommes de nom et d'armes s'imaginent être sortis. Parfois même, quelque chose de triste vient se mêler, d'une façon étrange, au burlesque de l'expression, et, dans les invectives du pamphlétaire du xviiie siècle, on croit entendre la voix et les regrets d'un descendant des Siagrius et des Apollinaire : « Je passe avec dou-
« leur, dit-il, à ce déluge de barbares français
« qui inonda la malheureuse Gaule, qui ren-
« versa les lois romaines, lesquelles gouvernaient
« les habitants selon les principes de l'humanité
« et de la justice, qui y établit en leur place
« l'ignorance, l'avarice et la cruauté barbaresque.
« Quelle désolation pour les campagnes et les
« bourgades de ce pays d'y voir exercer la jus-
« tice par un caporal barbare, à la place d'un
« décurion romain!.... [1] »

Mais ces ressentiments de la bourgeoisie qui s'échappaient ainsi en saillies plus ou moins vives, plus ou moins piquantes, couvaient silencieusement dans l'âme d'un homme d'un talent mûr, d'un esprit subtil et réfléchi. Jean-Baptiste Dubos, secrétaire perpétuel de l'Académie Française, célèbre alors comme littérateur et comme publiciste, entreprit non-seulement d'abattre le

---

[1] Lettre d'un Conseiller du parlement de Rouen au sujet d'un écrit du comte de Boulainvilliers, p. 253.

système historique de Boulainvilliers, mais encore d'extirper la racine de tout système fondé pareillement sur la distinction des vainqueurs et des vaincus de la Gaule. C'est dans ce but qu'il composa le plus grand ouvrage qui, jusqu'alors, eût été fait sur les origines de l'histoire de France, un livre encore lu de nos jours avec profit et intérêt, l'*Histoire critique de l'établissement de la monarchie française dans les Gaules*[1]. L'esprit de ce livre, où un immense appareil d'érudition sert d'échafaudage à un argument logique, peut se formuler en très-peu de mots et se réduire aux assertions suivantes :
« La conquête de la Gaule par les Francs est
« une illusion historique. Les Francs sont venus
« en Gaule comme alliés, non comme ennemis
« des Romains. — Leurs rois ont reçu des empe-
« reurs les dignités qui conféraient le gouverne-
« ment de cette province, et par un traité formel
« ils ont succédé aux droits de l'empire. — L'ad-
« ministration du pays, l'état des personnes,
« l'ordre civil et politique, sont restés avec eux
« exactement les mêmes qu'auparavant. — Il
« n'y a donc eu, aux ve et vi^e siècles, ni intru-
« sion d'un peuple ennemi, ni domination d'une
« race sur l'autre, ni asservissement des Gaulois.

---

[1] La première édition parut en 1734, la seconde en 1742.

« — C'est quatre siècles plus tard que le dé-
« membrement de la souveraineté et le change-
« ment des offices en seigneuries produisirent
« des effets tout semblables à ceux de l'invasion
« étrangère, élevèrent entre les rois et le peuple
« une caste dominatrice et firent de la Gaule un
« véritable pays de conquête [1]. » Ainsi le fait de
la conquête était retranché du ve siècle pour
être reporté au xe avec toutes ses conséquences,
et, par cette opération de chimie historique, la
loi fondamentale de Boulainvilliers, le droit de
victoire, s'évanouissait sans qu'il fût besoin d'en
discuter la valeur ou l'étendue. En outre, tout
ce dont l'établissement des Franks se trouvait dé-
chargé en violences, en tyrannies, en barbaries,
tombait à la charge de l'établissement féodal,
berceau de la noblesse et de la noblesse seule,
la royauté demeurant, comme la bourgeoisie,
une pure émanation de la vieille société romaine.

Dans le projet et la pensée intime de son
œuvre, l'abbé Dubos obéit, du moins on peut
le croire, à l'influence de traditions domestiques;
car il était fils d'un marchand de Beauvais, ancien
bourgeois et échevin de cette ville. Une chose

---

[1] Voyez Histoire critique de l'établissement de la monarchie française dans les Gaules (édit. de 1742). T. I, Discours préliminaire,
p. 2, 22, 59, 60, et t. IV, p. 44, 289, 378, 416 à 420.

certaine, c'est que le mode d'exécution lui fut en grande partie suggéré par sa science dans le droit public et son intelligence de la diplomatie. Non-seulement il avait étudié à fond la politique extérieure, les intérêts mutuels et les diverses relations des états, mais encore il avait rempli avec succès plusieurs missions délicates auprès des cours étrangères. De ses travaux et de ses emplois, il avait rapporté une merveilleuse souplesse d'esprit et la tendance à considérer l'histoire principalement du point de vue des alliances offensives ou défensives, des négociations et des traités. C'est sur la théorie de ces transactions politiques qu'il fonda son nouveau système; il chercha une raison d'alliance entre les Romains et les Franks, et, dès qu'il l'eut trouvée, il en induisit audacieusement l'existence et la durée non interrompue de leur alliance fondée sur le voisinage et un intérêt commun. Il profita, ou plutôt il abusa des moindres indications favorables à sa thèse, des moindres traits épars chez les historiens, les géographes, les poëtes et les panégyristes, torturant les textes, traduisant faux, interprétant à sa guise, et conservant, dans ses plus grands écarts, quelque chose de contenu, de patient, de finement persuasif qui tenait, en lui, du caractère et des habitudes diplomatiques. Il parvint ainsi à former une démonstration invincible en apparence, à enlacer le lecteur dans un réseau de preuves, toutes fort légères, mais dont la multiplicité étonne l'esprit et ne lui permet plus de se reconnaître. Raisonnant comme si les relations de l'empire romain avec un peuple barbare avaient dû ressembler à celles qu'entretiennent les puissances de l'Europe moderne, il fait planer, au-dessus de l'histoire réelle du ve et du vi^e siècle, une histoire imaginaire toute remplie de traités et de négociations entre les Franks, l'empire et une prétendue république des provinces armoricaines. Voici quelle série de faits, pour la plupart donnés par l'hypothèse ou par la conjecture, occupe, dans son livre, l'espace de temps compris entre la fin du iiie siècle et le règne de l'empereur Justinien :

« L'époque de l'établissement des Francs sur
« les bords du Rhin est celle du premier et du
« principal traité d'alliance entre ce peuple et
« les Romains. Dès lors les deux nations furent
« unies par une amitié constante, à peu près de
« la même manière que la France et la Suisse,
« depuis le règne de Loius XI. — Les Romains ne
« déclarèrent jamais la guerre à toute la nation
« des Francs, et la masse de celle-ci prit souvent
« les armes en faveur de l'empire contre celle de
« ses propres tribus qui violait la paix jurée. —
« Il était de l'intérêt des Romains d'être constam-

« ment alliés des Francs, parce que ces derniers
« mettaient la frontière de l'empire à couvert de
« l'invasion des autres Barbares; c'est pour cela
« qu'à Rome on comblait d'honneurs et de digni-
« tés les chefs de la nation franque. — Les an-
« ciens traités d'alliance furent renouvelés, au
« commencement du v⁰ siècle, par Stilicon, au
« nom de l'empereur Honorius, vers 450, par
« Aétius, au nom de Valentinien III, et vers 460,
« par Ægidius, pour les Gallo-Romains, alors
« séparés de l'Italie, à cause de leur aversion
« contre la tyrannie de Ricimer. — Childéric, roi
« des Francs, reçut de l'empereur Anthémius le
« titre et l'autorité de maître de la milice des
« Gaules; son fils Clovis obtint la même faveur
« après son avénement, et il cumula cette dignité
« romaine avec le titre de roi de sa nation. — En
« l'année 509, il fut fait consul par l'empereur
« Anastase, et cette nouvelle dignité lui donna
« dans les affaires civiles le même pouvoir qu'il
« avait déjà dans les affaires de la guerre; il devint
« empereur de fait pour les Gaulois, protecteur
« et chef de tous les citoyens romains établis
« dans la Gaule, lieutenant et soldat de l'empire
« contre les Goths et les Burgondes. — Vers
« l'année 540, ses deux fils Childebert et Clo-
« taire, et Théodebert, son petit-fils, obtinrent,
« par une cession authentique de l'empereur

« Justinien, la pleine souveraineté de toutes les
« Gaules [1]. »

Cette fameuse cession qui, en réalité, ne s'étendit qu'au territoire méridional déjà cédé par les Ostrogoths, forme le couronnement de l'édifice fantastique élevé par l'abbé Dubos. Arrivé là, l'auteur met fin au récit, et ne s'occupe plus que des conclusions qui sont l'objet de son dernier livre, le plus curieux, parce qu'il donne le sens et, pour ainsi dire, le mot de tout l'ouvrage. Dans ce dernier livre, qui est un tableau général de l'état des Gaules durant le vi^e siècle et les trois siècles suivants, se trouvent mises en lumière, avec assez d'art, les questions résolues ou tranchées par le nouveau système. C'est là que sont réunies et groupées, de manière à se fortifier mutuellement, toutes les propositions ayant une portée politique, et entre autres celle-ci : « Que
« le gouvernement des rois de la première et de
« la seconde race, continuation de celui des empe-
« reurs, fut une monarchie pure et non une aris-
« tocratie; que, sous ce gouvernement, les Gau-
« lois conservèrent le droit romain et la pleine
« possession de leur ancien état social; que cha-
« que cité des Gaules conserva son sénat muni-
« cipal, sa milice et le droit d'administration

---

[1] Histoire critique de l'établissement de la monarchie française dans les Gaules, liv. ii, iii, iv et v.

« dans ses propres affaires ; que les Francs et les
« Gallo-Romains vivaient, avec des lois diffé-
« rentes, sur un pied d'égalité ; qu'ils étaient
« également admis à tous les emplois publics et
« soumis à tous les impôts [1]. »

Le temps et le progrès des idées historiques
ont opéré le partage de ce qu'il y a d'excessif ou
de légitime, d'absurde ou de probable dans les
inductions et les conjectures de l'antagoniste du
comte de Boulainvilliers. La fable d'un envahissement sans conquête, et l'hypothèse d'une royauté
gallo-franke parfaitement ressemblante, d'un côté
au pouvoir impérial des Césars, et de l'autre à la
royauté des temps modernes, tout cela a péri ;
mais le travail fait par l'écrivain, pour trouver
des preuves à l'appui de ses vues systématiques,
a frayé de nouvelles voies à la science. Dans ce
genre d'ouvrage, la passion politique peut devenir un aiguillon puissant pour l'esprit de recherches et de découvertes ; si elle ferme sur certains
points l'intelligence, elle l'ouvre et l'excite sur
d'autres ; elle suggère des aperçus, des divinations, parfois même des élans de génie auxquels
l'étude désintéressée et le pur zèle de la vérité
n'auraient pas conduit. Quoi qu'il en soit pour
Dubos, nous lui devons le premier exemple d'une

[1] Histoire critique de l'établissement de la monarchie française dans les Gaules, liv. vi, ch. i, ii, viii, ix, x, xi, xiv et xvi.

attention vive et patiente dirigée vers la partie romaine de nos origines nationales. C'est lui qui a retiré du domaine de la simple tradition le grand fait de la persistance de l'ancienne société civile sous la domination des Barbares, et qui, pour la première fois, l'a fait entrer dans la science. On peut, sans exagération, dire que la belle doctrine de Savigny, sur la perpétuité du droit romain, se trouve en germe dans l'*Histoire critique de l'établissement de la monarchie française* [1].

Ce livre eut à la fois un grand succès de parti et un grand succès littéraire; il fut classé dans l'opinion comme le meilleur antidote contre le venin des systèmes aristocratiques. Il produisit une forte impression sur les bénédictins eux-mêmes, ces apôtres de la science calme et impartiale, et ses nouveautés les plus aventureuses trouvèrent crédit auprès de dom Bouquet, le premier auteur du vaste recueil des historiens de la France et des Gaules [2]. Lorsque Montesquieu, terminant son immortel ouvrage de l'*Esprit des*

---

[1] Voy. l'Histoire du droit romain au moyen âge, par F.-C. de Savigny, traduite de l'allemand par M. Charles Guenoux, 1830.

[2] Dans un grand nombre de notes, au bas des pages des deux premiers volumes, l'auteur de l'Histoire critique de l'établissement de la monarchie française est cité quelquefois d'une manière assez gratuite, mais toujours avec cette qualification: *doctissimus abbas Dubos*.

Lois, voulut jeter un regard sur les problèmes fondamentaux de notre histoire, il se vit en présence de deux systèmes rivaux qui ralliaient, dans des sphères différentes, les convictions et les passions contemporaines. Dubos venait de mourir, et Boulainvilliers était mort depuis plus de vingt ans [1]; mais ces deux hommes, personnifications de deux grandes théories d'histoire et de politique, semblaient encore des figures vivantes assises sur les débris du passé dont elles expliquaient, chacune en sens contraire, la loi et les rapports avec le présent; leur puissance sur les esprits qu'ils divisaient l'obligea de s'occuper d'eux, et de donner sur eux son jugement. « M. le
« comte de Boulainvilliers, dit-il, et M. l'abbé
« Dubos, ont fait chacun un système, dont l'un
« semble être une conjuration contre le tiers-état,
« et l'autre une conjuration contre la noblesse.
« Lorsque le soleil donna à Phaéton son char à
« conduire, il lui dit : Si vous montez trop haut,
« vous brûlerez la demeure céleste; si vous des-
« cendez trop bas, vous réduirez en cendres la
« terre. N'allez point trop à droite, vous tombe-
« riez dans la constellation du serpent ; n'allez
« point trop à gauche, vous iriez dans celle

---

[1] Le dernier mourut en 1722, le premier en 1742; c'est en 1748 que fut publié l'Esprit des Lois.

« de l'autel : tenez-vous entre les deux [1]. »

Ces traits légers d'une critique pleine de grâce et de sens ne suffisaient pas à la gravité du sujet; l'auteur de l'*Esprit des Lois* voulut s'expliquer plus nettement et faire aux deux systèmes opposés la part exacte du mérite et du blâme; il ne tint pas la balance d'une main assez ferme, et son impartialité fléchit. Boulainvilliers obtint plus de faveur et d'indulgence que son adversaire; il avait traité des droits politiques de la nation, des assemblées délibérantes, du pouvoir législatif, d'une foule de points dont l'abbé Dubos, exclusivement cantonné dans la tradition romaine, faisait une entière abstraction. De plus, sa hardiesse de pensée, sa fierté d'homme libre et de gentilhomme, plaisaient à l'imagination de Montesquieu, et peut-être aussi l'homme de génie lui savait-il quelque gré de ses préjugés nobiliaires dont lui-même n'était pas exempt. De là vinrent ces mots empreints d'une bienveillance protectrice : « Comme son ouvrage est écrit sans aucun « art et qu'il y parle avec cette simplicité, cette « franchise et cette ingénuité de l'ancienne no- « blesse dont il était sorti, tout le monde est « capable de juger et des belles choses qu'il dit, « et des erreurs dans lesquelles il tombe. Ainsi je

---

[1] Esprit des Lois, liv. xxx, ch. x.

« ne l'examinerai point, je dirai seulement qu'il
« avait plus d'esprit que de lumières, plus de
« lumières que de savoir ; mais ce savoir n'était
« point méprisable, parce que, de notre his-
« toire et de nos lois, il savait très-bien les
« grandes choses [1]. «

Quant au publiciste plébéien, pour lui la sévérité de l'illustre critique fut entière et sa clair-
voyance impitoyable. Montesquieu aperçut, d'un
coup d'œil, tout ce qu'il y avait chez l'abbé
Dubos de choses hasardées, fausses, mal comprises, de conjectures sans fondement, d'inductions légères, de conclusions erronées, et il dit ce
qu'il voyait dans un admirable morceau qui a
toute la véhémence de la polémique personnelle.
J'en citerai la plus grande partie. Dans cette
longue étude sur un sujet aride, où il faut poursuivre des idées, et souvent des fantômes d'idées,
à travers des volumes médiocres ou mauvais de
style, c'est un charme que de rencontrer enfin
quelque chose qui ait la double vie de la pensée
et de l'expression :

« Cet ouvrage (le livre de *l'Établissement de*
« *la monarchie française*) a séduit beaucoup de
« gens, parce qu'il est écrit avec beaucoup d'art,
« parce qu'on y suppose éternellement ce qui

---

[1] Esprit des Lois, liv. xxx, chap. x.

« est en question, parce que, plus on y manque
« de preuves, plus on y multiplie les probabi-
« lités, parce qu'une infinité de conjectures sont
« mises en principe, et qu'on en tire, comme
« conséquences, d'autres conjectures. Le lecteur
« oublie qu'il a douté pour commencer à croire.
« Et comme une érudition sans fin est placée, non
« pas dans le système, mais à côté du système,
« l'esprit est distrait par des accessoires et ne
« s'occupe plus du principal..... Si le système de
« M. l'abbé Dubos avait eu de bons fondements,
« il n'aurait pas été obligé de faire trois mortels
« volumes pour le prouver; il aurait tout trouvé
« dans son sujet; et, sans aller chercher de toutes
« parts ce qui en était loin, la raison elle-même
« se serait chargée de placer cette vérité dans la
« chaîne des autres vérités. L'histoire et nos lois
« lui auraient dit : Ne prenez pas tant de peine,
« nous rendrons témoignage de vous [1]. »

« M. l'abbé Dubos veut ôter toute espèce d'idée
« que les Francs soient entrés dans les Gaules en
« conquérants : selon lui, nos rois, appelés par
« les peuples, n'ont fait que se mettre à la place
« et succéder aux droits des empereurs romains.
« Cette prétention ne peut pas s'appliquer au
« temps où Clovis, entrant dans les Gaules, sac-

---

[1] Esprit des Lois, liv. xxx, ch. xxiii.

« cagea et prit les villes; elle ne peut pas s'appli-
« quer non plus au temps où il défit Syagrius,
« officier romain, et conquit le pays qu'il tenait:
« elle ne peut donc se rapporter qu'à celui où
« Clovis, devenu maître d'une grande partie des
« Gaules par la violence, aurait été appelé, par
« le choix et l'amour des peuples, à la domination
« du reste du pays. Et il ne suffit pas que Clovis
« ait été reçu, il faut qu'il ait été appelé; il faut
« que M. l'abbé Dubos prouve que les peuples
« ont mieux aimé vivre sous la domination de
« Clovis, que de vivre sous la domination des
« Romains ou sous leurs propres lois. Or, les
« Romains de cette partie des Gaules qui n'avait
« point encore été envahie par les Barbares étaient,
« selon M. l'abbé Dubos, de deux sortes : les
« uns étaient de la confédération armorique, et
« avaient chassé les officiers de l'empereur pour
« se défendre eux-mêmes contre les Barbares et
« se gouverner par leurs propres lois; les autres
« obéissaient aux officiers romains. Or, M. l'abbé
« Dubos prouve-t-il que les Romains, qui étaient
« encore soumis à l'empire, aient appelé Clovis?
« Point du tout. Prouve-t-il que la république
« des Armoriques ait appelé Clovis et fait même
« quelque traité avec lui? Point du tout encore.
« Bien loin qu'il puisse nous dire quelle fut la
« destinée de cette république, il n'en saurait

« pas même montrer l'existence, et quoiqu'il la
« suive depuis le temps d'Honorius jusqu'à la
« conquête de Clovis, quoiqu'il y rapporte avec
« un art admirable tous les événements de ces
« temps-là, elle est restée invisible dans les au-
« teurs [1]... »

« Les Francs étaient donc les meilleurs amis
« des Romains, eux qui leur firent, eux qui en
« reçurent des maux effroyables? Les Francs
« étaient amis des Romains, eux qui, après les
« avoir assujettis par leurs armes, les opprimè-
« rent de sang-froid par leurs lois? Ils étaient
« amis des Romains, comme les Tartares qui
« conquirent la Chine étaient amis des Chinois.
« Si quelques évêques catholiques ont voulu se
« servir des Francs pour détruire des rois ariens,
« s'ensuit-il qu'ils aient désiré de vivre sous des
« peuples barbares? En peut-on conclure que les
« Francs eussent des égards particuliers pour les
« Romains [2]?... Les Francs n'ont point voulu et
« n'ont pas même pu tout changer, et même peu
« de vainqueurs ont eu cette manie. Mais pour
« que toutes les conséquences de M. l'abbé
« Dubos fussent vraies, il aurait fallu que non-
« seulement ils n'eussent rien changé chez les

---

[1] Esprit des Lois, liv. xxx, ch. xxiv.
[2] Ibid., liv. xxviii, ch. iii.

« Romains, mais encore qu'ils se fussent changés
« eux-mêmes ¹... »

Quelle vivacité de style, quelle verve de raison et quelle fermeté de vue! Le fait de la conquête a repris sa place, il est là, donné dans sa vraie mesure, avec sa véritable couleur, avec ses conséquences politiques. En le posant comme un point inébranlable, le grand publiciste a élevé une barrière contre la confusion introduite par le système de Dubos entre tous les éléments de notre histoire ; mais lui-même ébranle son œuvre et, dans un moment d'inadvertance, il fait une brèche par laquelle cette confusion devait rentrer sous d'autres formes. Pour cela, il lui suffit de quelques lignes dans lesquelles il admet, comme un fait historique, le choix libre des lois personnelles sous la première et la seconde race, et donne à cette grave erreur l'immense autorité de son nom :

« Les enfants, dit-il, suivaient la loi de leur
« père, les femmes celle de leur mari, les veuves
« revenaient à leur loi, les affranchis avaient celle
« de leur patron. Ce n'est pas tout, chacun pou-
« vait prendre la loi qu'il voulait ; la constitution
« de Lothaire exigea que ce choix fût rendu pu-
« blic ²... Mais pourquoi les lois saliques acqui-

---

¹ Esprit des Lois, liv. xxx, ch. xxiv.
² Ibid., liv. xxviii, ch. ii.

« rent-elles une autorité presque générale dans
« le pays des Francs? Et pourquoi le droit
« romain s'y perdit-il peu à peu, pendant que,
« dans le domaine des Visigoths, le droit romain
« s'étendit et eut une autorité générale? Je dis
« que le droit romain perdit son usage chez les
« Francs à cause des grands avantages qu'il y
« avait à être Franc, Barbare, ou homme vivant
« sous la loi salique; tout le monde fut porté à
« quitter le droit romain pour vivre sous la loi
« salique; il fut seulement retenu par les ecclé-
« siastiques, parce qu'ils n'eurent point d'intérêt
« à changer [1]... »

Singulier et triste exemple de la faiblesse de l'attention humaine dans ceux même qui sont doués de génie. Montesquieu ne s'aperçoit pas que cette conquête des Barbares, qu'il vient de caractériser si énergiquement, s'anéantit sous sa plume, qu'elle ne fait que paraître et disparaître comme une vaine fantasmagorie; que, si chacun pouvait à son gré devenir membre de la nation conquérante, il n'y a plus sérieusement ni vainqueurs, ni vaincus, ni Franks, ni Romains; que ce sont des distinctions sans valeur dans l'histoire de nos origines. Avec cette faculté laissée aux vaincus de prendre la loi, c'est-à-dire les privi-

[1] Esprit des lois, liv. XXVIII, ch. IV.

léges de la race victorieuse, que devient l'orgueil des Franks, leur mépris pour les Romains, l'oppression légale que, selon Montesquieu lui-même, ils firent peser sur eux, en un mot cette cruelle différence (l'expression lui appartient) qui, établie entre les deux races à tous les degrés de la condition sociale, prolongea pour les indigènes les misères de l'invasion [1] ?

Montesquieu fut induit en erreur par deux textes qu'il examina trop légèrement. Le premier est le titre 44 de la plus ancienne rédaction de la loi salique. On y lit : « Si quelque homme libre « tue un Frank, ou un Barbare, ou un homme « vivant sous la loi salique [2]... » ce qui semble dire qu'il y avait des hommes de race non germanique, des Romains qui vivaient sous cette loi. Mais la leçon est fausse, comme on peut le voir, si on la rapproche des variantes qu'offrent les différents manuscrits, et surtout de la rédaction amendée par Charlemagne, la plus correcte et la plus claire de toutes. Il est évident que le monosyllabe *ou*, en latin *aut*, s'est redoublé par inadvertance du copiste ou de l'imprimeur, que le vrai sens de l'article est celui-ci : *Si quelque*

---

[1] Esprit des Lois, liv. xxviii, ch. ii.

[2] Si quis ingenuus Franco aut barbarum aut hominem qui salica lege vivit occiderit... (Pactus legis salicæ, ab Heroldo editus, apud script. rer. gallic. et francic., t. IV, p. 147.)

homme libre tue un Frank ou un Barbare vivant sous la loi salique [1], et qu'il n'y a pas dans cet article la moindre place pour les Gallo-Romains.

Le second texte pris à faux par l'illustre écrivain est la constitution promulguée à Rome en 824, par Lothaire, fils de Louis-le-Débonnaire, afin de terminer la querelle des Romains avec leur évêque Eugène II. C'est une ordonnance uniquement faite pour les habitants de la ville et de son territoire, et non, comme trop de savants l'ont cru, un capitulaire général applicable aux hommes de race romaine dans toute l'étendue de l'empire frank. Nous voulons, dit cette constitution traduite ici littéralement avec ses bizarreries grammaticales, « Nous voulons que tout le sénat et
« le peuple romain soit interrogé et qu'il lui soit
« demandé sous quelle loi il veut vivre, afin que
« dorénavant il s'y maintienne ; et, en outre, qu'il
« leur soit déclaré que s'ils viennent à transgres-
« ser la loi dont ils auront fait profession, ils

[1] Si quis ingenuus Franco aut barbarum, qui legem salicam vivit occiderit,..... (Lex salica ex codice Guelferbytano ab Eccardo edita, tit. xl, apud script. rer. gallic. et francic., t. IV, p. 173.) — Si quis ingenuus hominem Francum aut barbarum occiderit qui lege salica vivit... (Lex salica a Carolo magno emendata, tit. xliii, ibid., p. 220.) — Il y a tout lieu de croire que l'erreur provient d'une simple faute typographique de l'édition donnée par Hérold, en 1557, car on ne la rencontre dans aucun des manuscrits de la Loi Salique aujourd'hui connus.

« seront passibles de toutes les pénalités établies
« par elle, selon la décision du seigneur pape et
« la nôtre [1]. » Une autre rédaction du même acte
qui se trouve jointe, on ne sait pourquoi, à tous
les recueils des lois lombardes, porte, il est vrai,
ces simples mots : « Nous voulons que tout le
« peuple romain [2]... » Le mot *sénat* y est omis;
mais cette omission ne suffisait nullement pour
causer la méprise : car si, dans tous les royaumes
fondés par les conquérants germains, les indigènes, les *provinciaux* de l'empire, furent appelés *Romains* et distingués ainsi des hommes de
l'autre race, jamais aucun acte public, ni en
Gaule, ni en Espagne, ni dans l'Italie lombarde,
ne leur donna le nom collectif de *peuple romain*.
Ce nom, restreint aux habitants de Rome et du
duché de Rome, fut, dans la langue diplomatique
du moyen âge, une appellation spéciale, et
comme un dernier titre de noblesse, pour les
citoyens de la ville éternelle.

---

[1] Volumus etiam ut omnis senatus et populus romanus interrogetur quali vult lege vivere, ut sub ea vivat; eisque denuntietur quod procul dubio, si offenderent contra eandem, eidem legi quam profitebantur, dispositioni domni pontificis et nostra domnimodis subjacebunt. (Script. rer. gallic. et franc., t. VI, p. 410.)

[2] Volumus ut cunctus populus romanus interrogetur quali lege vult vivere.. (Leges langobardicæ, apud Canciani Antiq. leg. barbarorum, t. I.) — Voyez Savigny, Histoire du Droit romain au moyen âge, t. I, p. 120.

Les trois livres de l'*Esprit des Lois* où Montesquieu a jeté, avec tant de puissance, mais d'une manière si capricieuse et si désordonnée, ses vues sur l'origine de nos institutions nationales, contiennent, parmi beaucoup d'aperçus fins et de solutions vraies, plus d'une erreur de ce genre [1]. Celle-là, introduite dans la science grâce à un tel patronage, et placée désormais hors de la sphère du doute, devint la pierre angulaire d'un nouveau système qui, par une sorte de tour d'adresse, fit voir au tiers-état ses ancêtres ou ses représentants dès le berceau de la monarchie, siégeant dans les grandes assemblées politiques, ayant part à tous les droits de la souveraineté. C'est la théorie historique à laquelle l'abbé de Mably attacha son nom, et qui prit faveur dans la dernière moitié du xviiie siècle. Je me hâte d'arriver à ce nom célèbre parmi les historiens dogmatiques de nos origines et de nos lois, et je néglige quelques écrits où ne manquent ni le savoir, ni le talent, mais qui n'influèrent en rien sur ce qu'on pourrait appeler le courant des croyances publiques. Le plus considérable, celui du comte du Buat, intitulé *les Origines* [2], est un ouvrage confusément

---

[1] Voy. Esprit des Lois, liv. xxviii, xxx et xxxi.

[2] Les Origines de l'ancien gouvernement de la France, de l'Allemagne et de l'Italie, 1757. — On peut joindre à ce livre les deux suivants,

mêlé de faux et de vrai, sans méthode, sans chronologie, sans intelligence des textes et, malgré cela, remarquable par un certain sentiment de l'étendue et de la variété des questions à résoudre, par une grande liberté d'esprit, par les efforts que l'auteur fait, à l'aide d'une érudition puisée en Allemagne, pour se détacher des préjugés historiques qu'entretenaient, dans la France d'alors, la puissance des vieilles institutions et la force des habitudes nationales.

dont le second est de beaucoup le meilleur : Traité de l'Origine du gouvernement français, par l'abbé Garnier, 1765; Quel fut l'état des personnes en France sous la première et la deuxième race de nos rois? par l'abbé de Gourcy (Mémoire couronné par l'Académie des Inscriptions et Belles-Lettres), 1768.

CHAPITRE III.

État de l'érudition historique au milieu du xviii° siècle. — Naissance et mouvement de l'opinion philosophique. — Sa tendance à l'égard de l'histoire, son action sur elle. — Système de Mably. — Timidité de la science. — Travaux de Bréquigny. — Question du régime municipal et de l'affranchissement des communes. — *Théorie des lois politiques de la France*, par mademoiselle de Lézardière. — *Qu'est-ce que le tiers-état?* pamphlet de Sieyes. — L'assemblée nationale constituante. — Accomplissement de la révolution. — *Abrégé des Révolutions de l'ancien gouvernement français*, par Thouret.

Jamais époque ne parut plus favorable aux progrès de la connaissance intime des divers éléments de notre histoire que les années qui suivirent 1750. Montesquieu venait de révéler avec génie ce qu'il y a d'enseignements pour les peuples dans l'étude historique de leurs institutions nationales; de grands travaux d'érudition, entrepris sous le patronage du gouvernement, ralliaient ensemble et complétaient les travaux individuels des savants du xvii° siècle; le *Recueil des historiens de la France et des Gaules* et celui des *Ordonnances des rois*, commencés, l'un en 1738, l'autre en 1723, se poursuivaient collatéralement [1]. Des recherches exécutées à la fois sur différents points de la France et qui devaient s'étendre de plus en plus, rassemblaient dans un dépôt unique, le cabinet des chartes, tous les monuments de législation royale, seigneuriale ou municipale épars dans les archives publiques ou privées du royaume [2]. L'on n'avait pas encore vu un tel nombre de documents originaux publiés, ou mis, par leur réunion, à la portée des

[1] Le premier de ces recueils, *Rerum gallicarum et francicarum Scriptores*, forme aujourd'hui 20 volumes, qui ont eu pour éditeurs : 1° dom Bouquet, bénédictin de la congrégation de Saint-Maur (8 volumes, publiés de 1738 à 1752); 2° dom Haudiguier, dom Poirier, dom Housseau et dom Précieux, de la même congrégation (5 volumes, de 1757 à 1767); 3° dom Clément et dom Brial (2 volumes, de 1781 à 1786); 4° après la création de l'Institut, dom Brial seul (5 volumes, de 1806 à 1822); 5° MM. Daunou et Naudet, qui ont publié les tomes 19 et 20, d'après le manuscrit laissé par dom Brial.—Le Recueil des ordonnances des rois, forme pareillement 20 volumes, qui ont eu pour éditeurs : 1° M. de Laurière (1 volume, publié en 1723); 2° M. Secousse (7 vol. de 1729 à 1750); 3° M. de Villevaut (1 volume, publié en 1755, d'après le manuscrit laissé par Secousse); 4° M. de Bréquigny, associé à M. de Villevaut, mais en réalité travaillant seul (5 volumes, de 1763 à 1790); 5° après la création de l'Institut, M. de Pastoret (6 volumes, de 1811 à 1841).

[2] Ce dépôt fut créé, en 1762, par M. Bertin, ministre de la maison du roi. Des arrêts du conseil (8 octobre 1763 et 18 janvier 1764) réglèrent l'ordre du travail et pourvurent aux dépenses qu'il exigeait. Voyez la notice de M. Champollion-Figeac sur le Cabinet des Chartes et Diplômes de l'histoire de France, 1827.

hommes studieux. Le temps paraissait donc venu pour qu'un regard plus pénétrant fût jeté sur les origines et les révolutions de la société française, pour que nos diverses traditions, rendues précises par la science, fussent rapprochées, conciliées et fixées, d'une manière invariable, dans une théorie qui serait la vérité même. Tout cela semblait infaillible, et pourtant il n'en arriva rien. Au contraire, il se fit, dans la manière d'envisager le fond et la suite de notre histoire, une déviation qui la jeta tout d'un coup aussi loin que possible de la seule route capable de conduire au vrai. Cette déviation, du reste, fut nécessaire : elle tenait à des causes supérieures au mouvement de la science elle-même, à un mouvement universel de l'opinion qui devait agir sur tout et laisser partout son empreinte.

Déjà se préparait dans les idées l'immense changement qui éclata dans les institutions en 1789. L'instinct d'une rénovation sociale, d'un avenir inconnu qui s'avançait et auquel rien, dans le passé, ne pouvait répondre, lançait fortement les esprits hors de toutes les voies historiques. On sentait d'une manière vague, mais puissante, que l'histoire du pays, celle des droits ou des priviléges des différents corps de l'État, des différentes classes de la nation, ne pouvait fournir à l'opinion que des forces isolées ou divergentes, et que, pour fondre ces classes si longtemps ennemies ou rivales dans une société nouvelle, il fallait un tout autre élément que la tradition domestique. Au-delà de tout ce que nous pouvions ressaisir par la tradition, au-delà du christianisme et de l'empire romain, on alla chercher dans les républiques anciennes un idéal de société, d'institutions et de vertu sociale conforme à ce que la raison et l'enthousiasme pouvaient concevoir de meilleur, de plus simple et de plus élevé. C'était la démocratie de Sparte et de Rome, abstraction faite de la noblesse et de l'esclavage qu'on laissait de côté, ne prenant du vieux monde que ce qui répondait aux passions et aux lumières du monde nouveau. En effet, l'idée du peuple, dans le sens politique de ce mot, l'idée de l'unité nationale, d'une société libre et homogène, ne pouvait être clairement conçue, frapper tous les yeux et devenir le but de tous les efforts que par une similitude plus ou moins forcée entre les conditions de l'état social moderne et le principe des états libres de l'antiquité; l'histoire de France ne la donnait pas. Il fallait que cette histoire fût dédaignée ou faussée, pour que l'opinion publique prît son élan vers des réformes dont le but final était marqué dans les secrets de la Providence.

Au xvi⁵ siècle, la renaissance des études classiques avait amené, par toute l'Europe, une invasion subite, mais passagère, des idées et des maximes politiques de l'antiquité. Ce mouvement, poussé à l'extrême en France durant les guerres civiles qu'amena la réformation, et interrompu ensuite par le repos des partis religieux et la forte administration de Richelieu et de Louis XIV, fut repris, à la fin du xvii⁵ siècle, sous des formes d'abord voilées par la fiction et la poésie. Fénélon, cette âme ardente pour le bien général, cet esprit qui devina tant de choses que l'avenir devait réaliser et qui, le premier, initia la nation à ses nouvelles destinées, offrit aux imaginations rêveuses le monde antique, l'Égypte et la Grèce, comme les modèles de la perfection et des vertus sociales. Au charme de ces illusions poétiques succéda, pour continuer, avec plus de sérieux, le même pouvoir sur les esprits, une version de l'histoire de l'antiquité sobrement embellie par la plume naïve de Rollin. Chrétien comme Fénélon, Rollin jeta sur les rudes et austères vertus des républiques païennes un reflet de la morale de l'Évangile; il fit aimer des caractères qui, peints avec des couleurs complétement vraies, n'eussent excité que la surprise ou une froide admiration. Le prodigieux succès de son histoire ancienne, et de ce qu'il publia de l'histoire romaine, fraya le chemin à ceux qui vinrent après lui, avec plus de conscience de ce qu'ils faisaient, poursuivre la même œuvre, d'une manière bien autrement directe, par la logique et par l'éloquence. Le premier de ces avocats de la société antique contre le monde moderne, l'abbé de Mably, trouva des auditeurs préparés, et quelques âmes déjà ouvertes à l'enthousiasme des grandes vertus et du dévouement civiques. Il fixa par la démonstration et le raisonnement, il érigea en principes sociaux, les choses que la poésie et le simple récit avaient fait aimer et admirer. Il prêcha la liberté, l'égalité sociale et l'abnégation patriotique; il présenta le bonheur de tous comme fondé sur l'absence du luxe, l'austérité des mœurs et le gouvernement du peuple par lui-même; il fit entrer dans le langage usuel les mots de patrie, de citoyen, de volonté générale, de souveraineté du peuple, toutes ces formules républicaines qui éclatèrent avec tant de chaleur et d'empire dans les écrits de Jean-Jacques Rousseau [1].

Mably, logicien froid, mais intrépide, non content d'attirer les esprits hors de l'histoire nationale, résolut de la transformer elle-même, de lui

---

[1] Voyez, sur ces deux écrivains, d'admirables pages de M. Villemain, Cours de Littérature française, t. II, leçons 1re et 2e.

imposer son langage, et de la faire servir de preuve à ses maximes de gouvernement. Telle fut la tentative qui donna naissance à l'ouvrage intitulé *Observations sur l'histoire de France*, ouvrage dont la première partie parut en 1765, et la seconde vingt-trois ans après [1]. L'auteur de cette nouvelle théorie historique différa surtout de ses devanciers, en se plaçant en dehors de toutes les opinions traditionnelles, et en appelant les faits sur le terrain de ses propres idées et de sa croyance individuelle. Ne prenant de chaque tradition de classe ou de parti que ce qui lui convenait, il n'en rejeta aucune, et les employa toutes, mutilées et tronquées à sa guise. Son système, formé capricieusement de lambeaux de tous les autres, n'eut rien de neuf que sa phraséologie empruntée à la politique des anciens. Aussi n'entreprendrai-je pas d'en donner le sommaire complet; ce serait tomber dans une foule de redites, dont rien ne compenserait l'ennui. J'ai pu résumer les systèmes de Boulainvilliers et de Dubos, ils sont tout d'une pièce, et dans cette unité il y a quelque chose d'imposant. Chacun d'eux, en outre, est sorti des entrailles de l'histoire de France; mais il n'en

[1] Dans l'édition de 1765, publiée par l'auteur, l'ouvrage s'arrêtait au règne de Philippe de Valois, et contenait 4 livres. La suite forma 4 nouveaux livres dans l'édition posthume de 1788.

est pas de même pour celui de Mably, fruit d'une inspiration étrangère à notre histoire, composé d'emprunts disparates faits aux théories précédentes, et de capitulations peu franches et rarement habiles avec la science contemporaine.

Le propre de ce système, son caractère essentiel est, je le répète, de mêler et de confondre des traditions jusque là distinctes, de rendre commune au tiers-état la démocratie des anciens Franks, et d'abandonner, pour ce même tiers-état, son vieil héritage de liberté, le régime municipal romain. L'abbé de Mably admet, avec Boulainvilliers, une république germaine transplantée en Gaule pour y devenir le type idéal et primitif de la constitution française, et, avec Dubos, la ruine de toute institution civile par l'envahissement de la noblesse. Il part du même point que François Hotman, d'une nationalité gallo-franke, pour arriver à sa conclusion politique, le rétablissement des états-généraux. S'il n'érige pas, comme le publiciste du xvie siècle, les Franks en libérateurs de la Gaule, le choix libre des lois personnelles a pour lui la même vertu que cette délivrance, celle de faire un seul et même peuple des conquérants et des vaincus. La tradition romaine se trouve ainsi éliminée sans aucun détriment, et même avec une apparence de profit pour les classes qui l'avaient conservée durant des siècles avec tant de fidélité, et maintenue si énergiquement par l'organe de leurs avocats et de leurs publicistes. Ce qui ressort de plus clair au milieu de cette confusion historique, c'est la prédilection de l'auteur pour la forme démocratique du gouvernement des Franks au-delà du Rhin, telle qu'on peut l'induire du livre de Tacite, et la découverte, sous Charlemagne, d'un gouvernement mixte de monarchie, d'aristocratie et de démocratie avec trois états, clergé, noblesse et peuple, prenant part à la formation des lois dans des assemblées constitutionnellement périodiques. Après avoir bâti cet idéal de gouvernement monarchique, Mably le montre avec regret incapable de durer, comme il avait montré, avec des regrets semblables, la république des Franks incapable de se soutenir après la conquête de la Gaule. Tous ses raisonnements là-dessus, fondés sur des considérations puisées dans la lecture des politiques de l'antiquité, sur les vices et les vertus des peuples, sur la passion de la gloire et celle des richesses, sur l'imprévoyance et la prévoyance de l'avenir, sont vides, creusement sonores, et parfaitement inapplicables aux temps et aux hommes [1].

L'abbé de Mably ne fait aucun effort pour

---

[1] Observations sur l'histoire de France, liv. i et xi.

éluder ou atténuer le fait de la conquête. Il en avoue toutes les violences, mais avec cette singulière apologie : « L'avarice des empereurs et « l'insolence de leurs officiers avaient accoutumé « les Gaulois aux injustices, aux affronts et à la « patience. Ils ne sentaient point l'avilissement « où la domination des *Français* [1] les jetait, « comme l'aurait fait un peuple libre. Le titre « de citoyens romains qu'ils portaient n'appar- « tenait depuis longtemps qu'à des esclaves [2]. » Parti de là, il entre en plein système, en établissant pour toute personne vivant sous la domination franke, la prétendue faculté de changer de loi, et dès-lors la race gallo-romaine s'absorbe pour lui politiquement dans la société de ses vainqueurs [3]. « Un Gaulois, dit-il, après avoir « déclaré qu'il renonçait à la loi romaine pour « vivre sous la loi salique ou ripuaire, de sujet « devenait citoyen, avait place dans les assem- « blées du champ de mars, et entrait en part « de la souveraineté et de l'administration de « l'état... [4]. » Le point capital est atteint, mais

---

[1] Montesquieu et Dubos s'étaient gardés de ce ridicule anachronisme; ils avaient toujours écrit les Francs.

[2] Observations sur l'histoire de France, édition de 1788, tom. I, p. 243.

[3] Voy. plus haut chap. II, p. 81 et suiv.

[4] Observations sur l'histoire de France, t. I, p. 248.

une grave difficulté se présente. Comment expliquer la distinction légale qui subsiste jusqu'au xe siècle entre les Franks et les Romains? L'auteur ne s'en émeut guère; ses réminiscences des rhéteurs anciens lui viennent en aide, et il ajoute avec une assurance imperturbable : « Malgré « tant d'avantages attachés à la qualité de Fran- « çais, il est vrai que la plupart des pères de « famille gaulois ne s'incorporèrent pas à la « nation française et continuèrent à être sujets. « On ne concevrait pas cette indifférence à pro- « fiter de la faveur de leurs maîtres, si l'on ne « faisait attention que la liberté que tout Gau- « lois avait de devenir Français lavait la honte « ou le reproche de ne l'être pas. Le long despo- « tisme des empereurs, en affaissant les esprits, « les avait accoutumés à ne pas même désirer « d'être libres[1]. »

Le Charlemagne de l'abbé de Mably est, de même que celui du comte de Boulainvilliers, le restaurateur des assemblées nationales, mais, en outre, il a des vertus que le publiciste gentilhomme ne s'était pas avisé de lui prêter, c'est un philosophe ami du peuple. « Quelque humi- « lié que fût *le peuple* depuis l'établissement des

---

[1] Observations sur l'histoire de France, t. I, p. 249. — Remarques et preuves, p. 315 et 316.

« seigneuries et d'une noblesse héréditaire, il en
« connaissait les droits imprescriptibles, et avait
« pour lui cette compassion mêlée de respect
« avec laquelle les hommes ordinaires voient un
« prince fugitif et dépouillé de ses états. Il fut
« assez heureux pour que les grands consen-
« tissent à laisser entrer *le peuple* dans le champ
« de mars, qui par là redevint véritablement
« l'assemblée de la nation.... Il fut réglé que
« chaque comté députerait au champ de mars
« douze représentants choisis dans la classe des
« rachimbourgs ou, à leur défaut, parmi *les*
« *citoyens les plus notables de la cité*, et que les
« avoués des églises; qui n'étaient alors que des
« *hommes du peuple*, les accompagneraient[1]. »
Ce portrait du premier empereur frank et cette
interprétation de quelques articles de ses capitulaires sont de grandes extravagances, et pourtant
j'ai à peine le courage de les qualifier ainsi. Il y
eut de la puissance morale dans ces rêves d'une
représentation universelle des habitants de la
Gaule aux assemblées du champ de mai, et d'un
roi s'inclinant, au VIIIe siècle, devant la souveraineté du peuple. Ils infusèrent au tiers-état

---

[1] Observations sur l'hist. de France, t. II, p. 78, 81. — Remarques et preuves, p. 295, 299.

cet orgueil politique, cette conviction de ses droits à une part du gouvernement, qui jusque-là n'avaient apparu que chez la noblesse. C'étaient de singulières illusions; mais ces chimères historiques ont contribué à préparer l'ordre social qui règne de nos jours, et à nous faire devenir ce que nous sommes.

Une fois que l'abbé de Mably, prêtant ses idées à Karle-le-Grand, a érigé, par les lois de ce prince, le peuple en pouvoir politique, le peuple, ou, comme il le dit lui-même, ce qui fut depuis le tiers-état, devient le héros de son livre. Il suit la destinée de ce souverain déchu, rétabli, et déchu de nouveau, avec une affection qui s'inquiète peu des tortures qu'elle fait subir à l'histoire. Il signale d'abord comme un grand vice dans les institutions carolingiennes, la prétendue division de l'assemblée nationale en trois ordres distincts et indépendants l'un de l'autre; puis, sous les successeurs de Charlemagne, il voit, ce sont ses propres expressions, les trois ordres cesser de s'entendre et le peuple n'être plus compté pour rien. En analysant le reste de l'ouvrage, on y trouve, pour thèses principales, les propositions suivantes : « Le peuple tomba dans « un entier asservissement par la révolution qui « rendit héréditaires les grands offices, et sou- « veraines les justices des seigneurs. — L'affran-

« chissement des communes et la ruine du gou-
« vernement féodal lui rendirent quelque liberté
« dans les villes. Il profita de ces changements
« qui ne furent pas son ouvrage, mais il ne
« recouvra pas ses anciens droits politiques. —
« Une ombre de ces droits reparut au xive siècle
« dans les états-généraux. Ces assemblées ne
« furent qu'une image imparfaite de celles que
« Charlemagne avait jadis instituées. — Les états-
« généraux de 1355 et ceux de 1356 montrèrent
« quelque connaissance des droits de la nation;
« mais l'incapacité et l'imprévoyance de ces deux
« assemblées rendirent infructueux les efforts
« qu'elles firent pour le rétablissement de la
« liberté[1]. » Telle est, pour l'auteur des *Obser-*
vations sur l'histoire de France, la série des
grands faits politiques; toutes les autres considérations ne sont à ses yeux que secondaires.
Pour employer le langage de l'école, ce sont là
ses prémisses, et voici sa conclusion énoncée par
lui-même, conclusion qui renferme tout l'esprit
du livre et embrasse à la fois, pour la France,
le passé et l'avenir : « En détruisant les états-
« généraux pour y substituer une administra-
« tion arbitraire, Charles-le-Sage a été l'auteur

---

[1] Observations sur l'hist. de France, liv. III, chap. I et VII; liv. IV chap. III; liv. V, chap. II et III.

« de tous les maux qui ont depuis affligé la mo-
« narchie. Il est aisé de démontrer que le réta-
« blissement de ces états, non pas tels qu'ils ont
« été, mais tels qu'ils auraient dû être, est seul
« capable de nous donner les vertus qui nous
« sont étrangères et sans lesquelles un royaume
« attend, dans une éternelle langueur, le moment
« de sa destruction [1]. »

Ce vœu du publiciste ne tarda guère à se réaliser; le rétablissement des états-généraux eut lieu en 1789, et il fut aussitôt suivi d'une immense révolution qui renouvela la société, balayant tout ce qu'il y avait d'ancien dans les institutions de la France, les états-généraux comme le reste. C'était le but de la Providence, le grand dessein à l'accomplissement duquel travaillèrent, sans le connaître, les écrivains du XVIIIe siècle, par la philosophie et par le sophisme, par le faux et par le vrai, par l'histoire et par le roman. Il y a plus de roman que d'histoire dans le système de Mably, mais qu'importait à ses contemporains? Ce qu'ils demandaient, ce qu'il leur fallait, c'était l'excitation révolutionnaire, non la vérité scientifique; c'est ce qu'on doit se dire, en jugeant ce livre pour lui marquer exactement sa place. L'auteur n'avait aucune science des

---

[1] *Observations sur l'histoire de France*, t. VI, p. 213.

antiquités nationales; les études de toute sa vie avaient roulé sur l'antiquité classique et sur la diplomatie moderne. Il fit tardivement et rapidement la revue des monuments de notre histoire; mais l'idée systématique de son livre fut antérieure à toutes recherches des documents originaux, et conçue d'après des ouvrages de seconde main. Il eut pourtant la prétention de donner ses idées pour la voix de l'histoire elle-même, et de présenter une longue série de textes qui rendissent témoignage pour lui.

Tel est l'objet des *Remarques et preuves* placées à la fin de chaque volume, et où se mêle, à des citations textuelles, la défense polémique des principales assertions de l'auteur. Il y a ainsi, dans l'ouvrage, deux parties distinctes : l'une, l'exposition dogmatique, raide, guindée et sentencieuse; l'autre, la discussion accompagnée de preuves, plus simple, plus claire, mais dépourvue de suite, d'ordre et de profondeur. Cette seconde portion du livre semble appliquée à la première comme des étais mis contre un bâtiment qui, de lui-même, ne resterait pas debout. Là se trouve le titre le plus sérieux de l'abbé de Mably à la réputation d'interprète de notre histoire, et toutefois ses *Remarques et preuves* ne sont guère qu'un assemblage de négations ou d'affirmations téméraires, de doutes capricieux, d'attaques presque toujours gratuites contre des opinions antérieures, et d'allégations peu intelligentes des documents originaux. L'abbé Dubos est, pour le nouveau publiciste du tiers-état, un adversaire perpétuel. C'est contre lui que se dirige le plus fort de sa polémique; il le réfute d'après Montesquieu, puis il s'attaque à Montesquieu lui-même contre lequel il argumente à tort et à travers, frappant tantôt sur quelque assertion vulnérable, tantôt sur des opinions beaucoup mieux fondées que les siennes [1]. Quant à Boulainvilliers, il ne le reprend qu'une seule fois et sur un point unique, sa fameuse proposition : *Tous les Franks furent gentilshommes et tous les Gaulois roturiers* [2]; et en effet, ce seul point de dissidence levé, tout le fond du système de Boulainvilliers, pour ce qui regarde l'histoire des deux premières races, rentre dans le système de Mably.

Ce qu'il y a de plus aigre et de plus dédaigneux dans cette polémique s'adresse à la partie la plus vraie et la plus féconde du système de Dubos, la persistance du régime municipal romain [3]. Mably nie la durée de ce régime avec une suffisance

[1] Observations sur l'hist. de France, t. II; remarques et preuves, p. 254, 272.
[2] Ibid., p. 243.
[3] Ibid., t. III; remarques et preuves, p. 315, 325.

incroyable. Il impute à des chimères de vanité la tradition qui attribuait à plusieurs villes un droit immémorial de juridiction sur elles-mêmes. Il voit un signe de peu de science historique dans l'arrêt du parlement de Paris, favorable à l'antique liberté municipale de Reims [1]. Il ne trouve rien de commun entre les sénats des cités gallo-romaines et l'échevinage des villes du xiie siècle, rien dans les actes publics ou privés des deux premières races qui dénote l'existence d'une magistrature et d'une justice urbaines. « Prétendre,
« dit-il assez cavalièrement, que quelques villes
« ont pu conserver leur liberté pendant les trou-
« bles qui donnèrent naissance au gouvernement
« féodal, et reconnaître cependant un seigneur,
« c'est avancer la plus grande des absurdités...
« Soutenir que quelques villes, en se révoltant,
« ont pu secouer le joug de leur seigneur avant
« le règne de Louis-le-Gros, c'est faire des con-
« jectures qui n'ont aucune vraisemblance et que
« tous les faits semblent démentir [2]. »

Du reste, Mably n'a pas toujours heurté aussi rudement la vérité historique ; il se trouve même en plusieurs points d'accord avec elle. Il a vu juste sur l'ancienne organisation des tribus frankes,

[1] Observations sur l'histoire de France, t. III ; remarques et preuves, p. 325.
[2] Ibid., ibid.

sur l'absence chez elles d'un corps de noblesse privilégiée, et sur le sens si controversé des mots *terre salique*, mots qui désignaient simplement l'héritage en biens-fonds, le domaine paternel chez les Franks saliens, et non une terre concédée pour un service public, non pas même un lot de terres conquises [1]. Les nations germaines qui ne devinrent point conquérantes comme les Franks et restèrent établies au-delà du Rhin, excluaient de même les filles de tout partage de la succession immobilière. La loi des Thuringiens s'énonce là-dessus de manière à rendre parfaitement clairs les motifs d'une pareille exclusion; voici les termes de cette loi :

« Que l'héritage du mort passe au fils et non
« à la fille. Si le défunt n'a pas laissé de fils, que
« l'argent et les esclaves appartiennent à la fille,
« et la terre au plus proche parent dans la ligne
« de descendance paternelle. S'il n'y a pas de
« fille, la sœur du défunt aura l'argent et les
« esclaves, et la terre passera au plus proche
« parent du côté paternel. Que si le défunt n'a
« laissé ni fils, ni fille, ni sœur, et que sa mère
« seulement lui survive, la mère prendra ce
« qu'aurait dû avoir la fille ou la sœur, c'est-à-

---

[1] Observations sur l'histoire de France, t. II; remarques et preuves, p. 243, 363.

« dire l'argent et les esclaves. S'il n'y a ni fils, ni
« fille, ni sœur, ni mère survivants, celui qui
« sera le plus proche dans la ligne paternelle
« prendra possession de tout l'héritage, tant de
« l'argent et des esclaves que de la terre. Quel
« que soit celui auquel la terre sera dévolue,
« c'est à lui que doivent appartenir le vêtement
« de guerre, c'est-à-dire la cuirasse, la vengeance
« des proches, et la composition qui se paie pour
« l'homicide [1]. »

Le succès de l'ouvrage de Mably passa toute
mesure; pour lui, il n'y eut pas de partage de
l'opinion comme pour les théories de Dubos et
de Boulainvilliers, il trouva dans toutes les classes
de la nation des admirateurs et des prosélytes.
Adhérer au nouveau système, c'était faire preuve
de philosophie, de patriotisme et de libéralité
d'âme [2]; il exerçait sur les esprits les plus graves

---

[1] Hereditatem defuncti filius non filia suscipiat. Si filium non habuit qui defunctus est, ad filiam pecunia et mancipia, terra vero ad proximum paterne generationis consanguineum pertineat... ad quemcumque hereditas terre pervenerit, ad illum vestis bellica, id est lorica et ultio proximi et solutio leudis debet pertinere. (Lex Angliorum et Werinorum, hoc est Thuringorum, apud Canciani Barbarorum leges antiq., t. III, p. 31.)

[2] « Ses principes ont été adoptés par tous ceux qui n'ont pas l'âme
« servile, les bons citoyens, tous les Français qui aiment encore la
« patrie. » (Éloge historique de Mably, par l'abbé Brizard, en tête des Observations sur l'histoire de France, édit. de 1788, t. I, p. 46.)

et les plus capables de le juger, une sorte de fascination. En 1787, l'Académie des Inscriptions et Belles-Lettres accepta la mission de décerner le prix d'un concours ouvert pour l'éloge de l'auteur des *Observations sur l'histoire de France*. Cette académie, gardienne de la méthode et de la vérité historiques, couronna un discours où, entre autres choses du même genre, se trouvait le passage suivant : « Deux idées neuves et
« brillantes ont frappé tous les esprits. La pre-
« mière est le tableau d'une république des
« Francs qui, quoi qu'on en ait dit, n'est nulle-
« ment imaginaire. On y voit la liberté sortir
« avec eux des forêts de la Germanie, et venir
« arracher la Gaule à l'oppression et au joug
« des Romains. Clovis n'est que le général et le
« premier magistrat du peuple libérateur, et c'est
« sur une constitution libre et républicaine que
« Mably place, pour ainsi dire, le berceau de la
« monarchie... La seconde est la législation de
« Charlemagne. C'est à ce grand homme, qu'il
« regarde comme un phénomène en politique,
« que Mably s'est arrêté avec le plus de com-
« plaisance; il nous montre, dans Charlemagne,
« le philosophe, le patriote, le législateur; il
« nous fait voir ce monarque abjurant le pou-
« voir arbitraire toujours funeste aux princes.
« Charles reconnaît les droits imprescriptibles

CHAPITRE III.

« de l'homme qui étaient tombés dans l'ou-
« bli [1].... »

L'approbation expresse ou tacite que donnèrent à ces niaiseries emphatiques des hommes tels que MM. de Bréquigny, du Theil, Gaillard, Dacier, montre à quel point la véritable science était alors timide et indécise. Déjà bridée, pour ainsi dire, par la constitution despotique du gouvernement et par les habitudes d'esprit qui en résultaient, elle le fut dans un autre sens par l'entraînement universel vers les idées démocratiques. Le courant de l'opinion la dominait et la forçait, quoi qu'elle en eût, de souscrire aux raisonnements *à priori* sur les questions fondamentales. La science, du reste, bornée de plus en plus à des recherches partielles, se montrait singulièrement peu inventive en conclusions de quelque généralité; elle ne parlait guère pour son propre compte, et se mettait au service de ceux qui cherchaient après coup, dans les faits, la preuve de leurs idées. En un mot, il y avait une sorte de divorce entre le travail de collection des documents originaux et la faculté d'en comprendre et d'en exprimer le sens intime.

Par exemple, dans les grands recueils de monuments historiques, où l'éditeur, en présence

---

[1] Éloge historique de Mably, par l'abbé Brizard, t. I, p. 41.

des textes, aurait dû ressentir avec inspiration le besoin de prêter un sens à la suite chronologique des récits ou actes originaux qui se déroulaient sous sa plume, cet éditeur, quelque intelligent qu'il fût, s'abstenait presque de toute vue d'ensemble, de tout commentaire tant soit peu large, sur les mœurs, les institutions, la physionomie des époques importantes. Dom Bouquet et la plupart de ses successeurs dans le travail de la collection des historiens de la France et des Gaules, poussèrent jusqu'à l'excès cette réserve, ou, pour mieux dire, cette faiblesse. Leurs préfaces, du premier tome au dixième inclusivement, n'offrent que deux dissertations *ex professo*, l'une sur les mœurs des Gaulois, l'autre sur l'origine des Franks et quelques usages du gouvernement mérovingien, toutes les deux incomplètes et sans portée, soit dans la solution, soit dans la position des problèmes historiques. Ni la question de la conquête et de ses suites politiques, si vivement controversée alors, ni les lois des Franks et les autres documents législatifs de la première race, ni la révolution qui mit fin au règne de cette dynastie, ni la législation de Charlemagne qui donnait lieu à tant d'hypothèses et d'imaginations fantastiques, ni la dissolution de l'empire frank, ni les causes et le caractère du démembrement féodal, ne sont l'objet d'aucun examen, d'aucune explication, soit critique, soit dogmatique. Le tome XI, publié en 1767, présente des considérations, assez nombreuses il est vrai mais partielles et détachées, sur la succession à la couronne, l'association au trône, le droit d'aînesse, le sacre, le domaine des rois, les cours plénières et d'autres institutions de la troisième race; puis, l'absence de toute dissertation revient après ce volume, et se prolonge jusqu'à ceux qui, postérieurs à la révolution française, appartiennent au XIXe siècle et à dom Brial, le dernier des bénédictins, devenu membre de l'Institut.

On avait moins à demander, en fait de conclusions historiques, aux éditeurs du recueil des ordonnances des rois de la troisième race; leur cercle était plus borné, mais, dans ce cercle même, ils auraient pu faire davantage pour l'interprétation des monuments qu'ils rassemblaient. Laurière et Secousse, dont les noms se succèdent en tête de ce recueil conduit par eux jusqu'au neuvième volume, n'ont traité, dans leurs préfaces, que des points isolés ou secondaires de l'ancienne législation française. *Les amortissements, les francs-fiefs, le droit d'aubaine, le droit de bâtardise, les guerres privées, les gages de bataille, l'arrière-ban, les monnaies,* surtout *le domaine de la couronne* du XIIe au XVe siècle, sont les principaux thèmes de leurs dissertations qui offrent seulement, çà et là, quelques pages sur les états-généraux et particuliers du royaume. Les réformes législatives de saint Louis avec leurs conséquences politiques, la transformation du droit coutumier sous l'influence du droit romain, cette marche graduelle vers l'unité sociale qui se poursuit de règne en règne, tantôt sur un point, tantôt sur l'autre; rien de tout cela n'est signalé par les deux savants éditeurs auxquels, certes, la sagacité ne manquait pas. Des considérations de détail, qu'ils jettent comme au hasard, les occupent uniquement, et il faut aller jusqu'au tome XI pour trouver une question véritablement grande, celle des communes, traitée en 1769 par leur successeur, Bréquigny. Je m'arrête sur ce nom déjà célèbre et qui doit grandir de nos jours, car c'est celui de l'homme aux travaux duquel se rattache une vaste entreprise, tentée par le siècle dernier, interrompue à son commencement, et que notre siècle veut reprendre, la collection générale des *chartes, diplômes, titres et actes concernant l'histoire de France.*

Feudrix de Bréquigny, d'une famille noble de Normandie, s'était montré, dès sa jeunesse, passionné pour la carrière de l'érudition. Après avoir, durant vingt ans, partagé ses études entre l'antiquité classique et le moyen âge, il se livra tout entier à la recherche et à la publication des monuments de notre histoire. Plus de cent registres in-folio, conservés à la Bibliothèque royale, sont remplis des pièces qu'il a retrouvées et transcrites à la Tour de Londres et dans les autres dépôts de l'Angleterre. Cinq volumes de la collection des ordonnances, publiés de 1763 à 1790, sont de lui ; et, quand le gouvernement de Louis XV entreprit de donner un recueil universel des actes publics de la France, c'est lui qui fut chargé de cet immense travail, conjointement avec son ami La Porte du Theil. Leur association produisit trois volumes in-folio, un de chartes et diplômes de l'époque mérovingienne, et deux de lettres des papes [1]. Ils les présentèrent au roi Louis XVI, en 1791, et, un an après, l'ouvrage était suspendu par ordre révolutionnaire, les exemplaires étaient jetés au rebut, et les matériaux enfouis dans les cartons de la Bibliothèque nationale. Bréquigny mourut en 1795 ; il a fallu quarante années pour que son héritage scientifique fût recueilli, pour que l'Académie des Inscriptions et Belles-Lettres reçût la mission de construire l'édi-

---

[1] Diplomata, Chartæ, Epistolæ et alia documenta ad res Francicas spectantia, ex diversis regni exterarumque regionum archivis ac bibliothecis, jussu Regis Christianissimi, multorum eruditorum curis, plurimum ad id conferente congregatione S. Mauri, eruta. — Le premier volume eut pour éditeur Bréquigny, les deux autres furent publiés par La Porte du Theil.

fice dont il n'avait posé que les fondements[1].

A ses mérites comme investigateur et éditeur infatigable, Bréquigny joint celui d'avoir fait en histoire critique les deux morceaux qui ont le moins vieilli parmi tous les traités de la même date. Ce sont le Mémoire sur les Communes, et le Mémoire sur les Bourgeoisies, servant de préface, l'un au tome XI et l'autre au tome XII du recueil des ordonnances. Pour la première fois, le problème des libertés municipales au moyen âge fut nettement posé et embrassé largement. La dissertation sur les communes, la plus importante des deux, établit des distinctions qui n'avaient pas encore été faites : celle de l'ancien municipe conservant des franchises immémoriales, et de la commune affranchie par l'insurrection et constituée par le serment; celle de la ville de commune civilement et politiquement libre, et de la ville de bourgeoisie privilégiée quant aux droits civils, sans aucune liberté politique. Ainsi les divers éléments du sujet sont aperçus et démêlés avec une rare intelligence, mais cette fermeté de vue ne se soutient pas dans

---

[1] Au mois de mars 1832, elle a été chargée par le gouvernement de publier la collection complète des chartes, diplômes et actes de tout genre, et de continuer la table chronologique des pièces déjà imprimées. — Voyez la préface de M. Pardessus, en tête du quatrième volume de cette table chronologique.

le cours de la discussion historique. L'auteur s'y préoccupe trop de l'idée de la commune légale ; idée de jurisconsulte qui jette un jour douteux, sinon faux, sur les déductions de l'historien. Suivant la définition de Bréquigny, la ville de commune est celle qui, « outre ses coutumes parti-
« culières, outre ses franchises, outre sa juridic-
« tion propre, jouissait de l'avantage d'avoir des
« citoyens unis en un corps par une confédéra-
« tion jurée, *soutenue d'une concession expresse*
« *et authentique du souverain* [1]. » S'il énonce que l'acte fondamental de la commune était « la
« confédération des habitants unis ensemble par
« serment pour se défendre contre les vexations
« des seigneurs, » il observe aussitôt que « *cette*
« *confédération n'était proprement qu'une révolte*
« *tant qu'elle n'était pas autorisée ;* » et il ajoute :
« *Le seigneur immédiat et principal devait con-*
« *tribuer à l'établissement de la commune ; et*
« *lui donner en quelque sorte une première*
« *forme ; le roi devait l'autoriser par une con-*
« *cession spéciale.* — *La même autorité qui*
« *avait établi la commune pouvait seule la modi-*
« *fier, la supprimer ou la rétablir.* — *Les sou-*
« *verains qui accordaient les communes, n'épui-*
« *saient pas leur autorité à cet égard par une*

[1] Ordonnances des rois de France, t. XI, préface, p. 5.

« *première concession ; ils demeuraient toujours
« les maîtres d'y faire les changements qu'ils
« croyaient convenables. Leur qualité de légis-
« lateur attachait à leur personne le pouvoir
« inaliénable d'exercer leur autorité sur cette
« portion du droit public de leur royaume* [1]. »

Rien de plus exact que ces propositions considérées du point de vue judiciaire, selon la pratique des parlements et du conseil ; mais, sous le rapport historique, elles sont étroites, incomplètes, bornées à une seule face de la question. En effet, le pouvoir législatif de la royauté, dans les temps où les villes s'affranchirent et se constituèrent en communes, était loin d'être universel comme il l'a été depuis. Au xiie siècle, son action était nulle sur les deux tiers du sol moderne de la France, et très-imparfaite sur le reste. Il suit de là qu'on fait un anachronisme et qu'on dénature le grand événement de la révolution communale, quand on le resserre dans les limites posées par la teneur des actes royaux. Bréquigny a mis en relief quelques traits de cet événement, mais il en a méconnu, selon moi, le sens et la portée. Il y eut, au xiie et au xiiie siècles (qu'on me passe l'expression) une immense personnalité municipale que les siècles suivants mitigèrent et amor-

[1] Ordonnances des rois de France, t. XI, préface, p. 23, 27 et 46.

tirent de plus en plus. C'est ce dont les aperçus de l'illustre érudit, quelque justes qu'ils soient d'ailleurs, ne donnent pas la moindre idée, car ils feraient croire que les conditions de l'existence communale ont été les mêmes dans tous les temps. Il est vrai qu'il admet la révolte populaire comme principe de l'affranchissement attribué avant lui à la politique de Louis-le-Gros, mais c'est la révolte fortuite, isolée, provenant de griefs locaux et individuels, non l'insurrection suscitée par des causes sociales qui agissent invinciblement, dès que le temps est venu, et propagent d'un lieu à l'autre l'impulsion une fois donnée. Enfin, il n'a point reconnu le double mouvement de cette révolution, le mouvement de réforme qui, parti de l'Italie, gagnant les villes du midi de la Gaule, et travaillant sur le vieux fonds romain de leurs institutions municipales, les rendit plus libres, plus complètes, plus artistement développées, et le mouvement d'association pour la défense des intérêts civils qui, se produisant dans les villes du nord, d'une façon plus rude, plus simple, et en quelque sorte élémentaire, y créa des constitutions énergiques, mais incomplètes, dont les éléments hétérogènes furent pris de tous côtés comme au hasard, et qu'on pourrait nommer des constitutions d'aventure.

Bréquigny a, le premier, mis le main au débrouillement des origines du tiers état; c'est une gloire que notre siècle, s'il est juste, doit attacher à son nom. Peut-être n'eut-il pas clairement la conscience de ce qu'il faisait; personne, du moins, de ses contemporains ne vit, dans ce travail sur les communes et sur les bourgeoisies, un trait de lumière jeté sur une face inconnue de notre histoire, un point de départ pour des recherches à la fois neuves et fécondes. Le public n'y fit aucune attention; emporté alors dans les voies du système de Mably, il n'attacha pas plus d'importance qu'auparavant à la question des communes, et l'opinion de routine, celle de leur affranchissement par Louis-le-Gros, continua de dominer; son règne n'a fini que de nos jours. Pour la renverser, il a fallu que le temps vînt où l'on pourrait appliquer aux révolutions du passé le commentaire vivant de l'expérience contemporaine, où il serait possible de faire sentir, dans le récit du soulèvement d'une simple ville, quelque chose des émotions politiques, de l'enthousiasme et des douleurs de notre grande révolution nationale.

Il y a, pour l'histoire du tiers état qui est, à proprement parler, l'histoire de la société nouvelle, deux grandes questions autour desquelles gravitent, pour ainsi dire, toutes les autres, celle de la durée du régime municipal romain après la conquête germanique, et celle de la fondation des communes. Bréquigny avait traité la seconde; une occasion s'offrit pour lui de toucher à la première : elle trouvait sa place naturelle dans les prolégomènes du volume où il réunit tous les actes, soit inédits, soit déjà publiés, de l'époque mérovingienne [1]. Mais, loin de la résoudre à l'aide de tant de documents rassemblés pour la première fois, Bréquigny ne se l'est pas même proposée. Dans ce volume, premier tome d'une collection qui devait être gigantesque, son talent, comme éditeur de textes, se montre admirable. Sa discussion de l'authenticité de chaque diplôme est un modèle de sagacité et de sens critique; mais, quand il disserte sur les mœurs et sur les institutions du temps, quand il veut présenter l'esprit de ces actes dont la teneur a été si nettement établie par lui, ses vues sont courtes et embarrassées. Rien de ce qu'il y a de grand dans le spectacle du vi^e et du viie siècles ne lui apparaît, ni l'antagonisme des races, ni celui des mœurs, ni celui des lois, ni celui des langues; il n'est frappé ni de la vie barbare, ni de la vie romaine coexistant et se mêlant sur le

[1] Ces prolégomènes, commentaire critique et historique très-développé, occupent 380 pages en tête du volume dont voici le titre : *Diplomata, Chartæ, etc. Pars prima quæ diplomata, chartas et alia ad id genus instrumenta, quotquot ab origine regni Francici repetita supersunt, vel huc usque anecdota vel ad fidem manuscriptorum codicum diligenter recognita, complectitur.* Tomus I.

même sol; il se préoccupe de questions secondaires et de points légaux tels que la majorité des rois, le rôle de la puissance royale dans l'élection des évêques, le pouvoir des évêques sur les monastères, les immunités du clergé. Cette légalité dont on croyait alors devoir suivre le fil, à travers douze siècles, jusqu'à l'établissement de la monarchie, pèse sur lui, comme il en avait porté le poids dans ses considérations sur les communes. Au lieu d'être saisi par ce qu'il aperçoit de plus étranger à son temps, il s'inquiète surtout de relever les choses qui sont à la fois du présent et du passé; et pourtant, au moment même où il écrivait ses prolégomènes, tout ce qui avait racine dans le passé, l'œuvre des douze siècles, s'écroulait déjà sous la main de l'assemblée constituante. Bréquigny avait entendu le bruit de cette révolution au milieu de ses chartes dont le dépôt, formé par tant de soins, allait être clos ou dispersé; il y fait allusion, mais dans de singuliers termes qui prouvent qu'il ne se rendait pas un compte bien juste des grands faits sociaux de notre histoire; le titre de *roi des Français*, donné à Louis XVI par la nouvelle constitution, lui semble un retour au style officiel de la première race [1].

---

[1] « Le titre de roi des Francs ou des Français, dont l'antiquité véné-

Le penchant à conclure et à systématiser, la hardiesse d'inductions que Bréquigny n'avait pas, lui plaisait, à ce qu'il paraît, dans autrui; il encouragea, de son approbation et de ses conseils, une nouvelle tentative faite dans le but de découvrir la véritable loi fondamentale de la monarchie française, tentative qui eut cela de singulier, entre toutes les autres, qu'elle fut l'œuvre d'une femme. Il y avait, en 1771, dans un château éloigné de Paris, une jeune personne éprise d'un goût invincible pour les anciens monuments de notre histoire, et qui, selon le témoignage d'un contemporain, s'occupait avec délices des formules de Marculfe, des capitulaires et des lois des peuples barbares [1]. Blâmée d'abord et combattue par sa famille, qui ne voyait dans cette passion qu'un travers bizarre, mademoiselle de Lézardière, à force de persévérance, triompha de l'opposition de ses parents, et obtint d'eux les moyens de suivre son penchant pour l'étude et les travaux historiques. Elle y consacra ses plus belles années, dans une profonde retraite, igno-

---

« rable remonte à l'origine de notre monarchie, et que nos rois ont porté
« durant tant de siècles, vient enfin de leur être rendu par la voix una-
« nime de la nation assemblée, et confirmé par la sanction du roi même.»
(Diplomata, Chartæ, Epistolæ et alia documenta ad res Francicas spectantia. Prolegomènes, p. 172.)

[1] Journal des Savants, article de M. Gaillard. Avril 1791.

rée du public, mais soutenue par le suffrage de quelques hommes de science et d'esprit, et par l'ambition, un peu téméraire, de combler une lacune laissée par Montesquieu dans le livre de l'*Esprit des lois*. Telle fut l'origine de l'ouvrage anonyme imprimé, en 1790, sous le titre de *Théorie des lois politiques de la monarchie française*, et publié, après la révolution, sous celui de *Théorie des lois politiques de la France*[1].

Dans cet ouvrage, dont le plan, à ce qu'on présume, fut suggéré par Bréquigny, tout semble subordonné à l'idée de faire un livre où les textes originaux parlent pour l'auteur, et qui soit, en quelque sorte, la voix des monuments eux-mêmes : intention louable, mais sujette à de grands mécomptes, et qui donna lieu ici au mode le plus étrange de composition littéraire. Chaque volume est divisé en trois sections qui doivent être lues, non pas successivement, mais collatéralement, et qui se répondent article par article. La première, appelée *discours*, expose, sous une forme dogmatique, l'esprit de chaque époque et les lois que l'auteur y a découvertes

---

[1] « M. de Montesquieu, après avoir donné le titre de théorie à son « ouvrage sur nos anciennes lois civiles, a exprimé le regret de ne pou- « voir y joindre la théorie de nos lois politiques. Voilà l'autorité qui « m'a donné à la fois la première idée du titre et de l'ouvrage, » (Théorie des lois politiques, etc., t. I, avertissement de l'auteur.)

ou cru découvrir; la seconde, appelée *sommaire des preuves*, rapporte ces lois réelles ou prétendues à leurs sources, c'est-à-dire aux documents législatifs et historiques; la troisième contient, sous le nom de *preuves*, des fragments de textes latins accompagnés d'une version française. L'auteur et ses savants amis croyaient à la vertu d'un pareil cadre pour exclure toute hypothèse et n'admettre rien que de vrai; mais c'était de leur part une illusion. Le pur témoignage des monuments historiques ne peut sortir que de ces monuments pris dans leur ensemble et dans leur intégrité; dès qu'il y a choix et coupure, c'est l'homme qui parle, et des textes compilés disent, avant tout, ce que le compilateur a voulu dire. La vanité de ce grand appareil de sincérité historique se montre à nu dès l'épigraphe du livre, composée de mots pris çà et là dans le prologue de la loi salique : *La nation des Francs, illustre... forte sous les armes... profonde en conseil... car cette nation est celle qui, brave et forte, secoua de sa tête le dur joug des Romains...* Dans ce peu de lignes, élaguées avec intention, il y a tout un système en germe, ou en puissance, comme disent les mathématiciens [1].

---

[1] Les suppressions portent sur ce qui présente un caractère d'étrangeté sauvage, et rappelle l'idée de la barbarie. Voici le passage entier :

Le fond de ce système n'est pas difficile à pénétrer; il consiste à voir, chez la nation des Franks, avec l'énergie guerrière, l'instinct politique et une prudence capables de lui donner, en Gaule, l'empire moral en même temps que la domination matérielle; à faire, de la lutte acharnée entre les Franks et les Romains, une guerre de principe où la liberté germanique et le despotisme impérial sont aux prises, et où la liberté triomphe. C'est là, en effet, le point de départ, la base première de la *Théorie des lois politiques de la monarchie française*[1]. Dans le système de mademoiselle de Lézardière, la conquête devient, sinon en intention, du moins par le fait, une délivrance pour les Gaulois; et cette

---

Gens Francorum inclyta, *auctore Deo condita*, fortis in armis, *firma pacis fœdere*, profunda in consilio, *corpore nobilis et incolumis, candore et forma egregia, audax, velox et aspera....* Hæc est enim gens, quæ fortis dum esset et robore valida, Romanorum jugum durissimum de suis cervicibus excussit. (Prologus ad pactum legis salicæ, apud Script. rer. gallic. et francic., t. IV, p. 122, 123.)

[1] « L'état des Gaulois, sous le gouvernement impérial, fut la servi-
« tude politique la plus avilissante et la plus cruelle. Les Germains in-
« dépendants et vainqueurs ne connurent ce gouvernement que pour le
« détester et le détruire. Leur législation primitive fut le triomphe des
« principes et des coutumes germaniques sur les principes opposés de la
« législation romaine... Les Francs, en établissant leur puissance dans
« les Gaules, substituèrent un gouvernement qui leur fut exclusivement
« propre, au gouvernement que les Gaulois avaient connu sous le joug
« des empereurs romains. » (Théorie des Lois politiques, etc., t. VIII, conclusion, p. 80.)

nouvelle théorie, construite à grands frais d'érudition, de raisonnement et de preuves, nous ramène, par une voie toute savante et toute philosophique, à l'hypothèse puérile du vieux François Hotman. A un système de ce genre, il faut nécessairement, pour support, l'admission des Gallo-Romains au partage de tous les droits de la nation franke. Mably faisait dériver cette admission de la prétendue faculté accordée aux Gaulois de renoncer à la loi romaine pour vivre sous la loi salique, et de s'incorporer ainsi à la société des vainqueurs. L'auteur de la *Théorie des lois politiques*, ne trouvant aucune preuve suffisante de cette liberté de naturalisation, l'abandonne ; mais, par une conjecture plus étrange encore, elle avance que les Gaulois, restés, comme vaincus, inférieurs et dégradés quant aux droits civils, devinrent les égaux des Franks en droits politiques, et cela par un trait de haute prévoyance de ces habiles et sages conquérants [1].

---

[1] « Les Francs associèrent toutes les nations soumises à leur empire
« au gouvernement qu'ils avaient adopté, et ne laissèrent subsister au-
« cune différence entre le sort politique des vaincus et des vainqueurs...
« L'intérêt le plus cher des Francs avait déterminé cette communica-
« tion du droit politique national aux nations assujetties et même aux
« malheureux Gaulois. Si les Francs n'avaient pas associé les divers
« citoyens de l'état aux avantages qu'ils avaient stipulés pour eux-mêmes
« en établissant la royauté, on eût vu les rois se servir des nations sou-
« mises pour asservir les conquérants mêmes, et la monarchie eût péri

Cette thèse, purement logique, a, sur celle de Mably, l'avantage d'être plus tranchante et de n'admettre aucune exception. Selon mademoiselle de Lézardière, tous les Gallo-Romains de condition libre siégent dans les assemblées législatives; ils sont membres du souverain, au champ de mars comme au champ de mai, sous Clovis comme sous Charlemagne; Charlemagne n'est plus le restaurateur des droits du peuple, car le peuple, depuis la conquête, n'a jamais cessé de jouir de ses droits dans toute leur plénitude; le peuple, c'est l'armée; l'armée, c'est la collection de tous les hommes libres vivant sous la monarchie franke, sans distinction de race, de langue et de loi [1].

Jamais les Franks, qui avaient joué de si sin-

« sous le despotisme. » (Théorie des Lois politiques, t. VIII, conclusion, p. 80.)

[1] « L'assemblée des calendes de mai fut la même que l'assemblée
« des calendes de mars ; l'époque seule changea. — L'assemblée générale
« qui était appelée champ de mai, synode ou placite, était envisagée
« comme l'assemblée des Francs ou de tous les Francs. — L'assemblée
« des Francs, qui était appelée champ de mai, synode ou placite, était
« encore connue comme assemblée générale du peuple, ce qui signifie
« qu'elle réunissait les diverses nations qui composaient le peuple franc.
« — Les citoyens des diverses nations qui formaient le peuple de la
« monarchie avaient séance et voix délibérative aussi bien que les Francs
« aux placites généraux. » (Ibid., t. III, discours, p. 8, 9 et 11.) —
« La réunion des citoyens formait l'armée générale, et cette armée par-
« tageait le pouvoir politique dans les placites généraux. »(Ibid., t. VIII,
discours, p. 57.)

guliers rôles dans nos histoires systématiques, n'en avaient reçu un plus bizarre. D'une main, ils frappent sur les Gaulois, ils les dépouillent de leurs biens, ils les oppriment civilement [1]; de l'autre, ils les affranchissent et les élèvent jusqu'à eux-mêmes, au plus haut degré de la liberté politique, au partage de la souveraineté. Ils les font entrer dans une constitution à la fois libre et monarchique; c'est le plus bel alignement d'institutions qu'on puisse voir, c'est quelque chose d'artistement conçu, de savamment balancé, de parfaitement homogène [2]. Quand les textes manquent à l'auteur, ou refusent de lui fournir les preuves de cette constitution imaginaire, de prétendues coutumes germaniques,

---

[1] « Les droits de guerre et de conquête furent exercés par les Francs « dans toute leur barbarie, et ils s'approprièrent tous les domaines dont « ils purent se saisir pendant leurs conquêtes dans les provinces gau- « loises. » (Théorie des Lois politiques, etc., t. II, discours, p. 9.) — « On en appelle à l'esprit et à la lettre du premier code salique; on y « trouve partout le Romain traité avec infériorité à l'égard du Franc ou « du Barbare. » (Ibid., t. II, sommaire des preuves, p. 28.)

[2] « On remarque dans ces lois une attention égale à prévenir les en- « treprises des rois contre la liberté du peuple, et les entreprises du « peuple contre les prérogatives de la royauté, et cette balance est véri- « tablement le caractère distinctif du gouvernement monarchique. » (Ibid., t. III, discours, p. 37.) — « On trouve, dans la constitution pri- « mitive, l'alliance de la liberté politique et d'une dépendance réglée. « On retrouve l'esprit et la lettre des coutumes germaniques dans les « plus grands traits et dans les moindres détails des lois et du gouverne- « ment. » (Ibid., t. VIII, conclusion, p. 80.)

trouvées ou devinées par une induction plus ou moins arbitraire, sont les sources où elle va puiser. C'est par des règles émanées de ces coutumes qu'elle supplée au silence des documents originaux ou qu'elle les interprète à sa guise [1]. Les règles primitives, comme elle les appelle, sont le fondement de son livre; elle les voit toujours subsistantes, toujours immuables sous les deux races frankes dont le gouvernement lui apparaît comme identique.

De Clovis à Charles-le-Chauve, elle n'aperçoit aucun changement social qui soit digne d'être noté; il n'y a pas, selon elle, de révolution dans cet intervalle de trois siècles; on y trouve seulement les oscillations inévitables d'une constitution mixte, où la souveraineté, le droit de paix et de guerre, la puissance législative et judiciaire, se partagent entre le prince et le peuple. Pour former cette constitution, les principes de la liberté germanique, énoncés d'après Tacite, s'en vont refluant jusqu'au-delà du règne de Charlemagne, et l'administration de Charlemagne reflue

---

[1] « Les diverses nations qui composèrent avec les Francs le peuple « de la monarchie, passèrent sous le même gouvernement que les Francs. « Ce sera donc dans les règles politiques admises par les Francs, à l'épo- « que où commença la conquête, que l'on reconnaîtra les lois fondamen- « tales d'où dérivèrent les droits respectifs des rois et des divers sujets « dans la monarchie franque. » (Théorie des Lois politiques, etc., t. VIII, discours, p. 4.)

jusqu'au règne de Clovis : vue chimérique à l'égal des plus grandes chimères de Mably, et sous un rapport plus contraire à l'histoire; car, du v° au x° siècle, Mably du moins voit des révolutions; il les définit mal, il se trompe sur leurs causes, mais cette fabuleuse immobilité d'un droit public imaginaire ne se trouve pas parmi les vices de son système [1]. Quoiqu'il ait en histoire le jugement faux, il observe les règles de la méthode historique, il déduit chronologiquement; l'entier oubli de ces règles élémentaires ne pouvait naître que d'une étude exclusive des documents législatifs séparés de l'histoire elle-même, que d'un travail tout spéculatif, où la chronologie ne jouerait aucun rôle. Et cependant, on doit le reconnaître, ce travail, chez mademoiselle de Lézardière, est complet; ingénieux, souvent plein de sagacité. Elle paraît douée d'une remarquable puissance d'analyse ; elle

[1] C'est à la fin du règne de Charles-le-Chauve que s'arrêtent les deux premières parties de l'ouvrage, les seules qui aient été publiées. Dans sa préface, l'auteur annonçait comme achevée *et prête pour l'impression* la troisième partie, qui devait *exposer les modifications et la tradition du droit public de la monarchie, depuis la division de l'ancien empire franc jusqu'au règne de Philippe-le-Bel*. Il serait curieux de voir comment, avec son idée d'une constitution primitive exclusivement germanique, mademoiselle de Lézardière envisageait, à l'époque du xiie siècle, la renaissance du droit romain, la renaissance des villes municipales sous le nom de communes, et l'établissement de la puissance royale sur une nouvelle base, d'après des maximes toutes romaines.

cherche et pose toutes les questions importantes, et ne les abandonne qu'après avoir épuisé, en grande partie, les textes qui s'y rapportent. Il ne lui arrive guère de se tromper grossièrement sur le sens et la portée des documents qu'elle met en œuvre, elle ne leur fait pas violence non plus d'une manière apparente; elle les détourne peu à peu de leur signification réelle avec beaucoup de subtilité. En un mot, il n'y a pas ici comme dans les systèmes précédents, un triage arbitraire des éléments primitifs de notre histoire : ils sont tous reconnus, tous admis, et c'est par une suite de flexions graduelles et presque insensibles, qu'ils se dénaturent pour entrer et s'ordonner, au gré de l'auteur, dans le cadre de ses idées systématiques.

Soit modestie, soit crainte de heurter l'opinion dominante, mademoiselle de Lézardière s'abstient de toute remarque sur l'ensemble du système de Mably. Sa polémique, dont elle est, du reste, assez sobre, est presque uniquement dirigée contre l'historiographe de France Moreau, écrivain personnellement nul, mais disciple de Dubos et exagérateur de son système. Il semble que l'entraînement du siècle vers la liberté politique conduisît à extirper une à une toutes les racines de ce système qui, à l'établissement de la monarchie, ne savait montrer que deux choses, la royauté absolue et la liberté municipale. On avait contre la première une aversion de plus en plus décidée; la seconde paraissait mesquine et indigne du moindre regard, auprès de la souveraineté nationale que le tiers état ambitionnait pour l'avenir, et dont il prétendait avoir au moins une part dans le passé. Son exigence, toute puissante alors, devenait une loi pour l'histoire, et l'histoire y obéissait; elle rejetait, pour la France, toute tradition rattachant, d'une manière quelconque, les origines de la société moderne à la société des derniers temps de l'empire romain. Marchant comme Mably dans cette voie, mais d'une allure plus ferme et plus scientifique, l'auteur de la *Théorie des lois politiques de la monarchie française* nie, avec de longs développements, que rien de romain ait subsisté en Gaule sous la domination des conquérants germains, ni la procédure criminelle, ni les magistratures, ni l'impôt, ni le gouvernement municipal. Les justices urbaines et les justices de canton sont pour elle une seule et même chose; elle attribue aux comtes de l'époque mérovingienne toute l'administration des villes, et fait ainsi abstraction de tout vestige de l'organisation gallo-romaine des municipes et des châteaux. Elle ne veut, pour la Gaule franke, qui, selon elle, est la France primitive, aucune institution dérivant de l'empire romain [1]. L'idée même de cet empire lui est tellement odieuse, qu'elle la poursuit jusque dans la personne de Charlemagne, à qui elle ne reconnaît d'autre titre que celui de roi des Franks, et, chose encore plus singulière, elle lui prête à cet égard ses propres sentiments, une forte répugnance pour le titre d'empereur et l'autorité impériale [2].

J'aurais voulu être moins sévère en jugeant ce livre. Car sa destinée eut quelque chose de triste. Fruit de vingt-cinq années de travail, il fut, durant ce temps, l'objet d'une attente flatteuse de la part d'hommes éminents dans la science et dans la société; M. de Malesherbes en suivait les progrès avec une sollicitude mêlée d'admiration; tout semblait promettre à l'auteur un grand succès et de la gloire; mais la publication fut trop

---

[1] « Des noms barbares, des noms germains viennent remplacer dans « la Gaule même les noms de curies et de curiales, dès que la Gaule passe « sous le gouvernement franc, pour anéantir jusqu'aux traces du despo- « tisme impérial, et pour lier, en toutes choses, les principes monar- « chiques et les idées de liberté. » (Théorie des Lois politiques, etc., t. VII, sommaire des preuves, p. 175.)

[2] « Comme Charlemagne n'était empereur que des Romains, comme « les deux gouvernements de l'Italie et de la France, établis sur des « principes différents, ne pouvaient s'identifier… Charlemagne apprécia « ces deux titres; il dédaigna celui d'empereur, et eut peine à l'accepter. « Il affecta de se prévaloir du titre de roi des Francs. Dans la charte « de division de son empire, il n'attribua le titre d'empereur à aucun « de ses fils, et chercha à éteindre dans sa maison ce titre étranger. » (Ibid., t. VIII, discours, p. 53.)

tardive, et les événements n'attendirent pas. La *Théorie des lois politiques de la monarchie française* s'imprimait en 1791, et elle était sur le point de paraître; lorsque la monarchie fut détruite. Séquestré, par prudence, durant la terreur et les troubles de la révolution, l'ouvrage promis depuis tant d'années ne vit le jour qu'en 1801, au milieu d'un monde nouveau, bien loin de l'époque et des hommes pour lesquels il avait été composé. S'il eût paru dans son temps, peut-être aurait-il partagé l'opinion et fait secte à côté du système de Mably; peut-être, comme plus complet, plus profond, et en apparence plus près des sources, aurait-il gagné le suffrage des esprits les plus sérieux. Au fond, malgré les différences qui séparent ces deux théories, leur élément intime est le même; c'est le divorce avec la tradition romaine; il était dans le livre de Mably, il est dans celui de mademoiselle de Lézardière, plus fortement marqué, surtout motivé plus savamment. Telle était l'ornière où le courant de l'opinion publique avait fait entrer de force l'histoire de France, ornière qui se creusait de plus en plus. On s'attachait à un fantôme de constitution germanique; on répudiait tout contact avec les véritables racines de notre civilisation moderne; et cela, au moment même où l'inspiration d'une grande assemblée investie par le vœu national d'une mission pareille à celle des anciens législateurs, allait reproduire dans le droit civil de la France, dans son système de divisions territoriales, dans son administration tout entière, la puissante unité du gouvernement romain.

L'heure marquée arriva pour cette révolution, terme actuel, sinon définitif, du grand mouvement de renaissance sociale qui commence au XIIe siècle. Après cent soixante-quinze ans d'interruption, les états-généraux furent convoqués pour le 5 mai 1789. L'opinion de la majorité nationale demandait, pour le tiers-état, une représentation double, et cette question, traitée en sens divers, du point de vue de l'histoire et de celui du droit, donna lieu à de grandes controverses. Elle fut tranchée par un homme dont les idées fortes et neuves eurent plus d'une fois le privilége de fixer les esprits et de devenir la loi de tous parmi les incertitudes sans nombre d'un renouvellement complet de la société. *Qu'est-ce que le tiers état? Tout. Qu'a-t-il été jusqu'à présent dans l'ordre politique? Rien. Que demande-t-il? A être quelque chose* : tels furent les termes énergiquement concis dans lesquels l'abbé Sieyes formula ce premier problème de la révolution française. Son célèbre pamphlet, théorique avant tout suivant les habitudes d'esprit de l'auteur, fut le développement de cette proposition hardie : *le tiers état est une nation par lui-même, et une nation complète*[1]. Les faits actuels, les rapports nouveaux qu'il s'agissait de reconnaître et de sanctionner par des lois constitutives, furent la base des démonstrations du publiciste logicien; il n'y eut que peu de mots pour l'histoire, mais ces mots furent décisifs; les voici :

« Que si les aristocrates entreprennent, au
« prix même de cette liberté dont ils se montre-
« raient indignes, de retenir le peuple dans l'op-
« pression, il osera demander à quel titre. Si
« l'on répond : à titre de conquête, il faut en
« convenir, ce sera vouloir remonter un peu
« haut; mais le tiers état ne doit pas craindre de
« remonter dans les temps passés; il se repor-
« tera à l'année qui a précédé la conquête, et
« puisqu'il est aujourd'hui assez fort pour ne pas
« se laisser conquérir, sa résistance sans doute
« sera plus efficace. Pourquoi ne renverrait-il
« pas dans les forêts de la Franconie toutes ces
« familles qui conservent la folle prétention
« d'être issues de la race des conquérants et
« d'avoir succédé à des droits de conquête? La
« nation, épurée alors, pourra se consoler, je

---

[1] *Qu'est-ce que le tiers état?* p. 59 et suiv., édit. de 1820.

« pense, d'être réduite à ne plus se croire com-
« posée que des descendants des Gaulois et des
« Romains. En vérité, si l'on tient à distinguer
« naissance et naissance, ne pourrait-on pas révé-
« ler à nos pauvres concitoyens que celle qu'on
« tire des Gaulois et des Romains vaut au moins
« autant que celle qui viendrait des Sicambres,
« des Welches et autres sauvages sortis des bois
« et des marais de l'ancienne Germanie? Oui,
« dira-t-on ; mais la conquête a dérangé tous les
« rapports, et la noblesse a passé du côté des
« conquérants. Eh bien! il faut la faire repasser
« de l'autre côté; le tiers redeviendra noble en
« devenant conquérant à son tour [1]. »

Les Welches sont ici de trop, et le sens donné à ce nom accuse l'inexpérience de Sieyes en philologie historique [2]; mais la dédaigneuse fierté de ses paroles peut servir à mesurer l'immensité du changement qui avait eu lieu, depuis soixante ans, dans la condition et dans l'esprit du tiers état. Soixante ans auparavant, le système de Boulainvilliers soulevait d'indignation les classes roturières; il effrayait comme une menace, contre laquelle on n'était pas bien sûr de prévaloir, et qu'on repoussait, en s'abritant d'un contre-système

---

[1] *Qu'est-ce que le tiers état?* p. 70.

[2] C'est le nom des Gaulois et des Romains eux-mêmes, dans l'idiome des nations germaines.

qui niait la conquête[1]. La théorie qui, en 1730, causait tant de rumeur, est acceptée avec un sang-froid ironique par l'écrivain de 1789, et, de cette acceptation, il fait sortir un défi de guerre et des menaces bien autrement significatives que toutes celles qu'on eût jamais faites, au nom de la descendance franke, à la postérité présumée des vaincus du vi[e] siècle.

En dépit des précédents historiques, la double représentation du tiers fut décrétée et les états-généraux s'assemblèrent; ils furent comme un pont jeté pour le passage du vieil ordre de choses à un ordre nouveau; ce passage se fit, et aussitôt le pont s'écroula. A la place des trois états de la monarchie française, il y eut une assemblée nationale où dominait l'élite du troisième ordre préparé à la vie politique par le travail intellectuel de tout un siècle. Ces représentants d'un grand peuple qui, selon l'expression vive et nette d'un historien, n'était pas à sa place et voulait s'y mettre[2], n'eurent besoin que de trois mois pour bouleverser de fond en comble l'ancienne société et aplanir le terrain où devait se fonder le régime nouveau. Après la fameuse nuit du 4 août 1789, qui vit tomber tous les priviléges,

---

[1] Voyez plus haut, ch. ii, p. 96 et suiv.
[2] M. Mignet, Histoire de la Révolution française.

l'assemblée nationale, changeant de rôle, cessa de détruire et devint constituante. Alors commença pour elle, avec d'admirables succès, le travail de la création politique, par la puissance de la raison, de la parole et de la liberté. Ce travail, dans ses diverses branches, fut une synthèse où tout partait de la raison pure, du droit absolu et de la justice éternelle; car, selon la conviction du siècle, les droits naturels et imprescriptibles de l'homme étaient le principe et la fin, le point de départ et le but de toute société légitime. L'assemblée constituante ne manqua pas à cette foi qui faisait sa force et d'où lui venait l'inspiration créatrice; elle demanda tout à la raison, rien à l'histoire, et toutefois, dans son œuvre, purement philosophique en apparence, il y eut quelque chose d'historique. En établissant l'unité du droit, l'égalité devant la loi, la hiérarchie régulière des fonctions publiques, l'uniformité de l'administration, la délégation sociale du gouvernement, elle ne fit que restaurer sur notre sol, en l'accommodant aux conditions de la vie moderne, le vieux type d'ordre civil légué par l'empire romain [1]; et ce fut la

---

[1] L'autorité des empereurs, tout absolue qu'elle était, dérivait d'un principe essentiellement populaire. Si la volonté du prince a force de loi, « c'est, disent les jurisconsultes romains, que le peuple lui a transmis et « a placé en lui son empire et toute sa puissance : Quod principi placuit

partie la plus solide de ses travaux, celle qui, reprise et complétée, dix ans plus tard, par la législation du consulat, est demeurée inébranlable au milieu des secousses et des changements politiques. Toutes les tentatives faites, durant l'intervalle, pour se rattacher au monde des républiques anciennes, à ce monde idéal de Mably et de Jean-Jacques Rousseau, ont avorté et disparu, ne laissant après elles que des souvenirs tristes et une répugnance nationale qui va jusqu'à l'aversion. Depuis 1791, les constitutions ont passé vite et changé souvent; elles changeront sans doute encore, elles sont le vêtement de la société; mais, sous cet extérieur qui varie, quelque chose d'immuable se perpétuera, l'unité sociale, l'indivisibilité du territoire, l'égalité civile et la centralisation administrative.

Les noms des grands orateurs de l'assemblée constituante sont aujourd'hui célèbres et leur biographie est populaire; mais il y eut au-dessous d'eux, dans cette assemblée, une foule d'hommes d'une merveilleuse activité d'esprit, dont les motions devinrent des lois, et qui, pour récompense, n'ont guère obtenu qu'une renom-

« legis habet vigorem, utpote quum... populus ei et in eum omne suum
« imperium et potestatem conferat. » (Digest. lex I, tit. IV, lib. I; Institut., lib. I, tit. II, § VI.) V. Digest., leg. XXXII, tit. III, lib. I, § I, præfat., § VII.

mée collective. Au premier rang de ces génies pratiques, il faut placer Thouret, député du tiers état de Rouen, membre du comité de constitution, élu quatre fois président de l'assemblée nationale, et, après 1791, nommé président du tribunal de cassation qu'il avait proposé d'établir. Cet homme, à qui revient une grande part dans les travaux les plus glorieux de l'assemblée constituante, éprouva, quand il eut fini sa tâche de législateur, le besoin de renouer la chaîne des souvenirs que la révolution semblait rompre, et de rattacher le nouvel œuvre social aux origines même de notre histoire. Pour satisfaire ce besoin d'un esprit éminemment logique, Thouret ne s'adressa ni aux textes originaux, ni aux œuvres des bénédictins, il était trop pressé de conclure, et ce fut dans les systèmes faits avant lui qu'il chercha les données et les matériaux du sien. Par un éclectisme tout nouveau, il adopta à la fois deux de ces systèmes et il les réunit ensemble, dans le même livre, sans s'inquiéter de les concilier. Son *Abrégé des révolutions de l'ancien gouvernement français* se compose d'un précis pur et simple de l'ouvrage de Dubos et d'un précis raisonné de l'ouvrage de Mably [1].

---

[1] Abrégé des révolutions de l'ancien gouvernement français, ouvrage élémentaire extrait de l'abbé Dubos et de l'abbé Mably.

Ce fut pour Dubos, en plein discrédit depuis quarante ans, un commencement de réhabilitation, et, dans cette confiance rendue à un écrivain dédaigné, il est permis de voir autre chose qu'un caprice littéraire. On peut croire que Thouret, législateur de 1791, fut amené, par la vue même du renouvellement social auquel il avait coopéré, à un retour d'intérêt pour les derniers temps de l'ancienne société civile, et d'estime pour le mécanisme uniforme et grandiose de l'administration gallo-romaine[1]. Reprenant pour son compte le système tout romain que l'opinion avait délaissé, il le remit de pair avec la théorie en faveur, le système tout germain de Mably, et c'est dans ce grossier symptôme d'une nouvelle tendance historique que consiste l'originalité de son livre qui, du reste, est d'une monstrueuse incohérence. Après avoir décrit l'administration de la Gaule au ve siècle et exposé, selon les idées de Dubos, que le gouvernement et tout le système administratif restèrent, sous la première race des rois franks et en partie sous la seconde, ce qu'ils étaient sous l'empire romain, Thouret, d'après Mably, fait venir de Germanie la démocratie pure, qui s'altère, sous les premiers Mérovingiens, par la

---

[1] Voy. ci-après, p. 184, l'opinion de François de Neufchâteau.

coalition des rois, des évêques et des leudes contre le peuple, se transforme en despotisme sous les maires du palais, puis renaît en partie sous Charlemagne, pour disparaître sans retour sous ses successeurs. Quant au fond du système, entre l'auteur des *Observations sur l'Histoire de France* et son abréviateur, il n'y a pas une seule variante; mais, dans ses conclusions politiques, Thouret dépasse de beaucoup l'écrivain qu'il abrège, et, pour cela, il n'a pas besoin d'une grande hardiesse, il lui suffit de s'accommoder à l'esprit de son temps et aux événements accomplis. A l'époque où il s'avisa de devenir historien, il avait vu 1792 et l'abolition de la royauté; il acceptait, comme légitime, cette phase extrême de la révolution; elle lui semblait motivée et amenée de loin par toute la série des faits antérieurs, et, pour lui, notre histoire, du vi^e siècle à la fin du xviiie, n'était, en dernière analyse, que le passage de la république des Franks à la république française. C'est pour l'instruction d'un fils alors très-jeune qu'il composa son livre, qui fut publié avec un grand succès en 1801, et dont la vogue, affaiblie sous l'empire, parut se ranimer dans les premières années de la restauration [1]. En voici quelques fragments :

---

[1] Il y eut une édition stéréotype; la dernière est de 1820.

« Aujourd'hui que la révolution la plus pure
« dans ses principes et la plus complète dans ses
« effets a fait justice de toutes les usurpations et
« de toutes les tyrannies, un jour nouveau luit
« sur notre histoire. Il faut donc, mon enfant,
« l'approfondir mieux et t'attacher à y voir, sans
« déguisement : 1° l'injustice des origines de tant
« d'autorités et de priviléges aristocratiques que
« la révolution a anéantis, 2° l'excès des maux
« qu'ils avaient accumulés sur la nation. C'est
« par là que tu pourras juger sainement de la
« nécessité de la révolution, de son importance
« pour la prospérité nationale, et par consé-
« quent de l'obligation où nous sommes tous de
« concourir de tous nos efforts à sa réussite [1].

« La révolution a aboli la royauté. Nous avons
« vu que la royauté avait envahi la souveraineté
« nationale; cette usurpation fut faite par les
« premiers successeurs de Clovis qui changèrent
« leur qualité de premiers fonctionnaires de la
« république en celle de monarques souverains.
« Mais le pouvoir monarchique, n'ayant jamais
« été délégué aux Mérovingiens par le peuple,
« fut une véritable tyrannie; car la tyrannie est
« proprement l'usurpation de la souveraineté

---

[1] Abrégé des révolutions de l'ancien gouvernement français, p. 69, éd. de 1820.

« nationale. Le peuple a eu le droit incontesta-
« ble d'abolir cette royauté dont l'origine ne
« peut être justifiée [1].

« Tu as vu, mon enfant, ce que firent les rois
« des deux premières races... Ils furent les pre-
« miers instruments de l'oppression du peuple.
« Hugues Capet et sa race eurent aussi les mêmes
« torts envers la nation, tant parce qu'ils perpé-
« tuèrent, à leur profit, l'usurpation de la sou-
« veraineté nationale, que parce qu'ils ne s'oc-
« cupèrent jamais sincèrement du soulagement
« du peuple........ Louis XVI n'avait pas d'autre
« droit au trône que celui dont il avait hérité de
« Hugues Capet, et celui-ci n'avait aucun droit.
« Si Charles, duc de Lorraine, avait été le plus
« fort, il aurait fait condamner Hugues Capet
« comme un sujet rebelle et factieux; si le peu-
« ple français avait été en état de défendre ses
« droits, il aurait puni Hugues Capet comme
« un tyran. Le temps qui s'est écoulé jusqu'à
« Louis XVI n'avait pas pu changer en droit
« légitime l'usurpation qui avait mis le sceptre
« dans la famille des Capets.... [2].

« Le moment marqué pour le réveil de la
« raison et du courage du peuple français n'est

---

[1] Abrégé des révolutions de l'ancien gouvernement français, p. 92.
[2] Ibid., p. 129-131.

« arrivé que de nos jours. La nation venge, par
« une révolution à jamais mémorable, les maux
« qu'elle a soufferts pendant douze siècles et les
« crimes commis contre elle pendant une si
« longue oppression. Elle donne un grand exem-
« ple à l'univers [1]. »

Il semble que rien ne puisse accroître l'étrange
effet de ces pages empreintes, à la fois, de la douceur du sentiment paternel et de l'âpreté d'une
conviction absolue qui transporte sa logique
dans l'histoire ; et pourtant, les circonstances où
elles furent écrites ajoutent à leur bizarrerie quelque chose de sombre. L'auteur alors était pros-
crit, emprisonné au Luxembourg, d'où il ne
sortit que pour aller à l'échafaud, avec Despré-
ménil et Chapelier, ses collègues à l'assemblée
constituante, et Malesherbes, le défenseur de
Louis XVI [2]. Il avait vu la puissance révolutionnaire, s'égarant et se dépravant par la longueur
de la lutte, tomber, de classe en classe, jusqu'à
la plus nombreuse, la moins éclairée et la plus
violente dans ses passions politiques; il avait vu
trois générations d'hommes de parti régner et
périr l'une après l'autre ; lui-même était arrêté
comme ennemi de la cause du peuple, et sa foi

---

[1] Abrégé des révolutions de l'ancien gouvernement français, p. 344.
[2] 3 floréal an II (22 avril 1794).

dans l'œuvre de 1789 et dans l'avenir de la liberté n'était pas diminuée. On ne peut se défendre d'une émotion triste et pieuse quand on lit, en se recueillant et en faisant abstraction de l'absurdité des vues historiques, ce testament de mort de l'un des pères de la révolution française, ce témoignage d'adhésion inébranlable donné par lui à la révolution, au pied de l'échafaud, et sur le point d'y monter parce qu'elle le veut [1].

[1] « Mon malheureux père les composait (ces deux résumés) pour mon instruction dans la prison du Luxembourg, sous les yeux du citoyen François de Neufchâteau, dont il partageait la chambre, *escalier de la Liberté*. Il s'attendait à la mort, qui était due à son innocence, et la précipitation avec laquelle il écrivait ne lui permit pas d'apercevoir, ou du moins d'effacer, quelques fautes de langage. » (Abrégé des révolutions de l'ancien gouvernement français, discours préliminaire de G.-T.-A. Thouret, p. 9.)

CHAPITRE IV.

Méthode suivie dans cet examen chronologique des théories de notre histoire. — Conséquences de la révolution de 1789. — Nouveaux intérêts, nouveaux partis. — Bonaparte premier consul de la république française. — Divergence des opinions historiques. — Demande d'un nouveau système faite au nom du premier consul. — M. de Montlosier. — Fin de la république, établissement de l'empire. — Fausse application des souvenirs de Charlemagne. — L'idée de nos limites naturelles, sa puissance, ses fondements historiques. — Travaux d'érudition repris et continués par l'institut. — Faveur d'opinion rendue à l'histoire du moyen âge. — Réaction contre l'empire. — Restauration des Bourbons. — Sens providentiel de cet événement. — Préambule historique de la charte constitutionnelle. — Scission nationale en deux grands partis. — Le livre de *la Monarchie française*, système de M. de Montlosier. — Effet de sa publication. — Polémique fondée sur l'antagonisme des Franks et des Gaulois. — Nouvelle école historique, son caractère. — Questions résolues ou posées. — M. Guizot. — Esprit de la science actuelle. — Prédominance définitive de la tradition romaine.

Avant d'aller plus loin, d'entrer dans le XIXe siècle et de toucher à des choses contemporaines, je dois fixer l'idée de la méthode suivant laquelle je procède. J'examine, d'un double point de vue, les théories de notre histoire et les opinions diverses qu'ont soulevées ses problèmes fondamentaux; je les considère en elles-mêmes, et dans leurs rapports avec les mouvements généraux de l'opinion et les changements de la société. Ainsi, la critique des systèmes et l'exposition des controverses historiques se lient, d'époque en époque, à une vue des partis sociaux et des révolutions nationales. Dans l'absence de solutions nouvelles, je m'attache à recueillir les signes du degré de faveur qui reste aux anciennes; lorsque manquent les théories complètes, les ouvrages traités *ex professo*, je m'adresse ailleurs pour saisir la trace des doctrines qui, par intervalles, ont eu force et crédit. J'ai cité, à ce propos, des pamphlets politiques, je le ferai encore, et, s'il y a lieu, je citerai des écrits officiels. Mon but final est de marquer le caractère et la portée du mouvement récent des études historiques, de lui assigner sa place parmi les différentes évolutions qui forment la série des progrès de notre histoire nationale. Ce mouvement, comme tous ceux dont il est la suite, provient de deux ordres de causes, d'un travail intérieur de la science, et d'une influence extérieure, celle qui résulte de l'état de la société et de la vue des grands événements politiques Dans l'examen que je vais poursuivre jusqu'à nos jours, je rencontrerai plus d'une fois des questions qui, pour nous, contemporains, sont des questions de parti; c'est une nécessité de mon sujet, il faut que je l'accepte; je ne puis changer de marche, et, en parlant des travaux modernes, faire abstraction du temps où ils sont nés et dont ils relèvent selon moi.

Tout ce qu'avait produit, dans l'ordre politique, la succession des événements arrivés en Gaule depuis la chute de l'empire romain, cessa d'exister par la révolution française. Ses résultats nécessaires ou accidentels, calculés ou imprévus, amenèrent dans l'état des personnes et de la propriété un bouleversement égal à celui que ses principes avaient causé dans la sphère des idées. Les domaines accumulés, durant une longue suite de siècles, dans les mains du clergé furent en masse déclarés nationaux, et les terribles lois portées contre les émigrés frappèrent de confiscation une partie des biens de la noblesse. Près de la moitié du territoire changea ainsi de possesseurs et passa des classes anciennement privilégiées à celles des bourgeois et des paysans. Victimes de leur opposition à un mouvement irrésistible, les gentilshommes périrent par milliers sous les drapeaux de l'émigration, dans les champs de bataille de la Vendée ou par la hache des tribunaux révolutionnaires. Les trois quarts de la noblesse française disparurent dans cette tempête, et toutes les hautes fonctions publiques, tous les emplois civils et militaires furent occupés par des hommes sortis de la masse du peuple. A la place des anciens ordres, des classes inégales en droits et en condition sociale, il n'y eut plus qu'une société homogène; il y eut vingt-cinq millions d'âmes, formant une seule classe de citoyens, vivant sous la même loi, le même règlement, le même ordre. Telle était la France nouvelle, une et indivisible, comme le proclamait sa république passagère, uniforme dans la circonscription des parties de son territoire, dans son organisation judiciaire, dans son système d'impôts, dans toutes les branches de son régime administratif [1].

Mais les événements qui venaient de conduire le pays à cette admirable unité de loi et de condition civiles avaient laissé après eux dans les intérêts et les esprits une division profonde. Deux grands partis existaient, séparés par l'antipathie de leurs doctrines et par la violence des faits accomplis, le parti de la révolution et celui de la contre-révolution. C'était un schisme politique analogue au schisme religieux que fit naître dans la France du xvi° siècle l'établissement de la

[1] Voyez les fragments recueillis dans l'ouvrage intitulé : Napoléon, ses opinions et jugements sur les hommes et sur les choses, 2 vol., 1838. Je reproduis quelques traits de ces admirables esquisses, il m'a été impossible de les oublier.

réforme ; là était le côté faible de la révolution, la plaie sociale qu'elle avait faite, et qu'il fallait cicatriser. Quand le xixᵉ siècle s'ouvrit, la liste des émigrés contenait plus de cent mille personnes ; les violences physiques ou morales exercées contre les prêtres rendaient hostiles au nouvel ordre de choses tout ce qui restait de foi religieuse ; entre les adversaires de la révolution et ses partisans de toute nuance, il y avait, comme barrière, l'exil, la mort civile, une terreur mutuelle, d'horribles représailles, des répugnances aveugles et des rancunes impitoyables. Mettre fin à cette scission, amortir l'hostilité des intérêts, rapprocher les opinions par la tolérance commune, rétablir l'accord entre le présent et le passé, telle était la tâche imposée au nouveau siècle, tâche difficile, devant laquelle la raison de tous semblait reculer, et que l'instinct public confia d'abord au génie d'un seul homme [1]. Bonaparte créé dictateur sous le nom de consul, chargé de pacifier, de réunir et de fixer enfin la nation, avait pour cette mission réparatrice des aptitudes merveilleuses. Étranger au vice commun des intelligences contemporaines, à l'enivrement des principes et à l'obstination logique, il voyait, avant tout, la

---

[1] Voyez l'Histoire de la Révolution par M. Mignet, et l'Histoire de la Restauration par M. Lacretelle, introduction.

réalité des choses, et préférait dans ses déterminations l'instinct au raisonnement. Il rentra audacieusement dans les voies délaissées, il prit là où il voulut, parmi les institutions détruites, les éléments d'un ordre nouveau; il chercha à ramener et à fondre les partis dans la masse nationale, et à donner à cette masse de la cohésion par des moyens éprouvés dans la pratique des siècles, avoués par le bon sens du genre humain. Il rétablit la religion du pays, rappela les émigrés, rendit les biens non vendus, associa dans les emplois publics les hommes que séparaient le plus leurs opinions ou leurs actes. La réconciliation des Français, la fin des vengeances, l'oubli des haines, tel fut, comme il l'a dit lui-même, son *grand principe*, l'esprit et le but de sa politique. Consul temporaire, consul à vie, empereur, il porta ce détachement absolu de toute affection de parti dans les phases successives de sa glorieuse destinée; c'est le point fixe de son caractère, la règle dont il ne dévia jamais au milieu des égarements de la toute-puissance [1].

---

[1] « Mes idées libérales à l'égard des prêtres et des nobles, mon sys-
« tème de fusion, un des principes les plus grands de mon administra-
« tion et qui la caractérisera spécialement... mon grand principe était
« d'ensevelir entièrement le passé, et jamais on ne m'a vu revenir sur
« aucune opinion ni proscrire aucun acte... Depuis que je suis à la tête
« du gouvernement, m'a-t-on jamais entendu demander ce qu'on était,
« ce qu'on avait été, ce qu'on avait dit, fait, écrit? Qu'on m'imite... Je

Le grand homme qui, au rebours de l'assemblée constituante, s'appuyait dans ses créations sur l'expérience du passé, ne pouvait manquer de songer à l'histoire nationale, et de se préoccuper à cet égard de l'état où la révolution venait de laisser les esprits. Le même cataclysme qui avait englouti l'ancienne société avait fait disparaître les anciennes études, et détruit la vie des systèmes historiques en dispersant leurs sectateurs. Il y eut pour la France près de dix années où l'action était tout, où la pensée de chacun s'absorbait dans les nécessités de l'heure présente, l'intérêt ou la passion du moment. Dès qu'un premier temps d'arrêt eut rendu aux intelligences le repos et du loisir, on se reprit à la réflexion, aux souvenirs, à l'histoire; quelques signes du besoin inné de connaître ce qui fut et de le comparer à ce qui est, reparurent alors, mais isolément, comme les sommités du terrain quand l'inondation décroît. Ce n'était plus ces courants d'opinion qui, au siècle précédent, soulevaient les esprits pour ou contre telle doctrine historique; il n'y avait guère, soit dans le vrai, soit

« n'épouse aucun parti que celui de la masse; ne cherchez qu'à réunir ;
« ma politique est de compléter la fusion. Il faut que je gouverne avec
« tout le monde, sans regarder à ce que chacun a fait. » (Napoléon, ses opinions et jugements recueillis par ordre alphabétique, t. II, p. 180, 185, 188 et 268.)

dans le faux, que des croyances individuelles.

François de Neufchâteau, homme de lettres devenu homme d'état en 1795, admirait le livre de Dubos, moins toutefois son hypothèse monarchique; il se plaisait à y considérer le tableau de l'administration romaine, et faisait cette remarque frappante de justesse et de nouveauté : « Après avoir parcouru un long cercle d'aber-« rations politiques, nous semblons revenir à « beaucoup de parties du plan adopté par les « Romains [1]. » Chénier, poëte et philosophe enthousiaste, pour qui les faits sans les principes étaient peu de chose, trouvait dans l'œuvre de Mably la vérité tout entière [2]. Des hommes de sens et d'esprit, rayant comme indignes de la moindre étude, treize siècles de l'histoire de France, en plaçaient le vrai commencement vers

---

[1] Voici le passage entier écrit en 1800, à propos de l'ouvrage de Thouret : « Le précis de l'abbé Dubos est un chef-d'œuvre d'analyse… « L'extrait de Thouret donne une idée très-nette des formes du gouver-« nement que les Romains avaient établi dans les Gaules et qui fut à « peu près suivi par Clovis et par ses successeurs. La division du pays, « les magistrats municipaux, les subsides, etc., sont des objets d'autant « plus dignes de notre attention, qu'après avoir parcouru un long cercle « d'aberrations politiques, nous semblons revenir à beaucoup de parties « du plan adopté par les Romains. » Le Conservateur, ou recueil de morceaux inédits d'histoire, de politique, de littérature et de philosophie, tirés du portefeuille de François de Neufchâteau de l'institut national, t. I, préface, p. 16 et 21.

[2] Œuvres de M. J. Chénier, t. III, p. 145 et 169.

l'année 1789; d'autres la faisaient dater de 1792 avec l'ère républicaine. Dans des opuscules fort goûtés alors, ils expliquaient, d'une manière plus ou moins subtile, plus ou moins forcée, par les révolutions d'Athènes, de Sparte, de Corinthe, de Syracuse, de tous les états libres de l'antiquité, les crises de la révolution française. Un jeune écrivain dont le nom devait être l'un des plus grands noms du siècle, mêlait à sa défense du christianisme contre la philosophie et l'instinct révolutionnaire, les souvenirs de l'héroïsme chevaleresque et des splendeurs de la monarchie détruite. Il ramenait vers l'histoire, par la poésie, cette société née de la veille, qui reniait ses aïeux, se proclamant fille, non du temps, mais de la raison.

Parmi ce chaos d'idées ou plutôt de sentiments historiques, surnageait un livre publié récemment, l'*Abrégé des révolutions de l'ancien gouvernement français*, dont il a été parlé plus haut. Mais ce livre, sans unité, sans largeur de vues, était incapable de fournir un point de ralliement aux opinions divergentes. Par son double système, il avait le défaut d'être un véritable tourment, non un repos pour les esprits attentifs, et, par ses conclusions ultra-révolutionnaires, il creusait un abîme entre le présent et le passé; il laissait la France pour ainsi dire suspendue au berceau de sa constitution républicaine, forme vieillie en moins de dix ans, et d'où la vie se retirait. Sentant à merveille quelle serait l'influence d'un ouvrage où la même vue historique embrasserait à la fois l'ancien régime, sa chute violente et le rétablissement de l'ordre, Bonaparte voulut en avoir un; mais, en cela comme en tout, il voulut créer d'un mot. Il ne s'adressa pas aux écrivains ralliés dans l'Institut; ceux-là auraient demandé trop de temps, et d'ailleurs il les jugeait trop mal guéris des préventions philosophiques du siècle dont ils conservaient les lumières. Il chercha dans le parti contre-révolutionnaire un homme connu pour s'être occupé studieusement de questions historiques, d'un esprit vif et aventureux, capable de produire en quelques mois un système nouveau qui ralliât les grands faits politiques de la monarchie aux restaurations sociales du consulat près de se compléter par l'empire.

Parmi les émigrés compris dans l'amnistie et traités par le gouvernement avec une faveur particulière, se trouvait M. de Montlosier, ancien député de la noblesse aux états-généraux, attaché depuis sa rentrée en France au ministère des relations extérieures. Il s'était montré à l'assemblée nationale l'un des plus fougueux défenseurs des priviléges, et, du fond de l'exil, en Angleterre, il

n'avait cessé de combattre la révolution de ses démarches et de sa plume. Comme écrivain, il avait un talent inégal, un savoir confus, peu de logique, mais une certaine force inculte et un accent déclamatoire capable de faire impression. C'est sur lui que s'arrêta le choix du premier consul. Il reçut en 1804, par l'intermédiaire du ministre dont il dépendait, l'ordre de composer un ouvrage où il rendrait compte; « 1° de l'an-
« cien état de la France et de ses institutions;
« 2° de la manière dont la révolution était sortie
« de cet état de choses; 3° des tentatives faites
« pour la combattre; 4° des succès obtenus par
« le premier consul à cet égard et de ses diverses
« restaurations [1]. » Cet ordre dont la rédaction nette et précise tient de ce qu'on pourrait nommer la formule napoléonienne, assignait à l'historien futur un délai fixe pour son œuvre, comme s'il se fût agi de quelque travail administratif. Le livre devait être prêt et publié à l'époque où serait déclaré un grand changement alors prochain, la dernière transformation de la république française, la délégation de la souveraineté de tous à un seul, et le rétablissement de la monarchie héréditaire, mais avec un tout autre principe, celui du vœu national.

[1] De la Monarchie française depuis son établissement jusqu'à nos

Le publiciste à qui cette tâche était donnée se mit à l'œuvre avec des matériaux recueillis dans un autre temps, lorsqu'il protestait au nom de l'histoire et du droit contre les réformes de l'assemblée constituante; mais son travail ne put s'improviser comme on le lui demandait et comme lui-même l'avait cru possible. Les mois, des années se passèrent, et bien avant que le livre commandé fût prêt, la république devint l'empire, et Bonaparte Napoléon Ier [1]. On ne sait si l'empereur regretta beaucoup l'absence du nouveau système historique dont l'apparition devait accompagner son avénement; mais tout prouve qu'il continua de s'intéresser à l'ouvrage et à l'auteur. Il attendait un livre qui mît en lumière toutes les époques d'ordre et de grandeur nationale, où il n'y eût rien d'immolé que les principes anarchiques, où l'ancienne France et la France nouvelle, réconciliées sur le terrain de l'histoire, se donnassent fraternellement la main. Il comptait sans les passions contre-révolutionnaires, qui, par un singulier hasard, se trouvaient chez l'historien de son choix, à leur plus haut degré de vivacité.

jours, par M. le comte de Montlosier, député de la noblesse aux états-généraux, 1814, t. I, avertissement, p. 5.

[1] Le gouvernement impérial fut établi par le sénatus-consulte du 28 floréal an XII (18 mai 1804).

En effet, M. de Montlosier, homme d'une parfaite bonne foi, mais d'une conviction intraitable, était revenu de l'émigration plein de ressentiment de la grande défaite de 1791. Cette rancune qui débordait en lui, son imagination la refoulait au loin dans le passé, et toute sa théorie de notre histoire en était empreinte; il avait rapporté de ses luttes politiques et de son exil d'émigré des formules étranges, nouvelles, plus énergiques d'expressions et non moins orgueilleuses que celles de Boulainvilliers. Selon lui, le vrai peuple français, la nation primitive, c'était la noblesse, postérité des hommes libres des trois races mélangées sur le sol de la Gaule; le tiers état était un peuple nouveau, étranger à l'ancien, issu des esclaves et des tributaires de toutes les races et de toutes les époques. Jusqu'au xiie siècle, l'ancien peuple avait seul constitué l'état; mais depuis lors, le nouveau peuple, entré en lutte et en partage avec lui, l'avait dépouillé graduellement de son pouvoir et de ses droits, usurpation couronnée, après six siècles, par les résultats sociaux du mouvement de 1789. Tel était pour M. de Montlosier le fond de l'histoire de France; il croyait voir la vérité dans cette thèse passionnée, et ce fut elle qu'il appliqua intrépidement au programme du premier consul. Indépendant de caractère, il fit par ordre ce qu'il aurait fait de lui-même si la pensée lui en était venue; il profita de la mission qui lui était donnée comme d'un privilége qui lui assurait la pleine liberté d'écrire. Son ouvrage, qu'il termina en 1807, tendait à faire un axiome historique de la proposition suivante : dans ses luttes de tous les temps contre la bourgeoisie et les communes, la noblesse française a soutenu une cause juste et défendu des droits incontestables.

Ainsi la guerre intérieure était posée comme une nécessité de notre histoire, et ce livre désiré dans des vues de réconciliation entre le passé et le présent, établissait que nul accord entre eux n'était possible; que toujours, quelle que fût la forme des événements, il y aurait au fond la même chose, deux peuples ennemis sur le même sol. Il eût été difficile d'imaginer un résultat plus contraire aux intentions de celui qui l'avait provoqué. Le manuscrit de M. de Montlosier fut soumis à l'examen d'une commission qui, sans lui refuser les éloges de politesse, décida qu'il ne serait pas imprimé. Rentré dans le portefeuille de l'auteur, il y demeura jusqu'au jour où une révolution l'en fit sortir, celle qui fit tomber l'empire. Quant à l'empereur, il y eut là pour lui un singulier désappointement; mais sa conviction de la puissance de l'histoire et l'idée de la mettre, comme les autres forces sociales, en régie administrative, cette pensée de génie et de despotisme ne l'abandonna point; seulement il n'essaya plus de renouveler le fond de la théorie historique, il se rabattit sur des régions moins élevées de la science et s'occupa de faire continuer jusqu'à l'année 1800 les ouvrages de récit réputés classiques ou simplement d'une lecture usuelle. L'Histoire de France de Millot fut complétée sous la surveillance d'un de ses ministres, et il voulut qu'un autre ministre dirigeât de même la continuation des histoires de Velly et du président Hénault. On a de lui, sur ses volontés à cet égard, une note impérieuse et pleine de verve dictée à Bordeaux, en 1808, au milieu des premiers soucis de l'immense et fatale affaire d'Espagne [1].

---

[1] En voici de curieux fragments : « Je n'approuve pas les principes « énoncés dans la note du ministre de l'intérieur ; ils étaient vrais, il y « a vingt ans, ils le seront dans soixante, mais ils ne le sont pas aujour- « d'hui. Velly est le seul auteur un peu détaillé qui ait écrit sur l'his- « toire de France. L'abrégé chronologique du président Hénault est un « bon livre classique ; il est très-utile de les continuer l'un et l'autre. « Velly finit à Henri IV, et les autres historiens ne vont pas au-delà du « règne de Louis XIV. Il est de la plus grande importance de s'assurer « de l'esprit dans lequel écriront les continuateurs. J'ai chargé le mi- « nistre de la police de veiller à la continuation de Millot, et je désire « que les deux ministres se concertent pour faire continuer Velly et le « président Hénault...

« On doit être juste envers Henri IV, Louis XIII, Louis XIV et « Louis XV, mais sans être adulateur. On doit peindre les massacres de « septembre et les horreurs de la révolution du même pinceau que l'in-

La révolution avait eu de bonne heure une double tendance : au dedans l'égalité sociale, au dehors l'agrandissement du territoire. Elle atteignit, du premier élan de ses conquêtes, la limite du Rhin et des Alpes ; elle aurait dû marquer là d'une manière invariable les bornes du sol français, et s'imposer la loi de ne franchir ces bornes que pour combattre, non pour conquérir ; elle ne le fit pas, et ce fut le grand vice de sa politique extérieure. Sous le consulat, notre précieuse unité nationale était déjà compromise par des incorporations qui changeaient d'une manière bizarre la configuration du territoire et que repoussaient tous les souvenirs [1]. L'empire

« quisition et les massacres des Seize. Il faut avoir soin d'éviter toute
« réaction en parlant de la révolution, aucun homme ne pouvait s'y op-
« poser. Le blâme n'appartient ni à ceux qui ont péri ni à ceux qui ont
« survécu. Il n'était pas de force individuelle capable de changer les élé-
« ments et de prévenir les événements qui naissaient de la nature des
« choses et des circonstances.

« Il faut faire remarquer le désordre perpétuel des finances, le chaos
« des assemblées provinciales, les prétentions des parlements, le défaut
« de règle et de ressort dans l'administration, cette France bigarrée, sans
« unité de lois et d'administration, étant plutôt une réunion de vingt
« royaumes qu'un seul état, de sorte qu'on respire en arrivant à l'époque
« où l'on a joui des bienfaits de l'unité de lois, d'administration et de ter-
« ritoire... L'opinion exprimée par le ministre, et qui, si elle était sui-
« vie, abandonnerait un tel travail à l'industrie particulière et aux spé-
« culations de quelque libraire, n'est pas bonne et ne pourrait produire
« que des résultats fâcheux. » Notice sur la vie et les écrits de Fontanes, par M. S. Beuve. Œuvres de Fontanes, t. I.

[1] Le Piémont fut réuni au territoire français, le 11 septembre 1802 ;

se jeta dans cette voie, et bientôt il n'en connut plus d'autre; ce fut une course effrénée vers la monarchie universelle, une manie de conquêtes sans fin; un jeu ruineux et périlleux. Alors, pour trouver des précédents historiques, on remonta jusqu'au règne de Charlemagne, et l'on établit entre les deux empires un rapprochement faux et puéril. Napoléon couronné de la main du pape prêtait à cette illusion que lui-même sembla partager; mais entre la France de 1805 et la prétendue France du ixe siècle, il n'y avait dans le fait rien de commun. Charlemagne, quelle qu'ait été l'influence de son génie administratif et de son instinct civilisateur, ne représentait, au plus haut de sa puissance, qu'une nationalité extrêmement restreinte, celle du peuple frank qui dominait toutes les autres sans les avoir effacées et sans avoir détruit leur tendance à la séparation. L'empire des Carolingiens était né pour passer vite, et ce n'était pas à ce type de transition, mais à quelque chose d'homogène et de durable, qu'il eût fallu rattacher l'idée du nouvel état français; il y avait là une lourde méprise en histoire et en politique.

On peut dire qu'au milieu de l'enivrement des

---

il forma les départements du Pô (chef-lieu Turin), de Marengo (chef-lieu Alexandrie), de la Sezia (chef-lieu Verceil), de la Stura (chef-lieu Coni), et de la Doire (chef-lieu Ivree).

succès militaires et malgré ces crises d'ambition qui travaillent les peuples comme les individus, la nation ne voulut fermement et constamment que le maintien de nos limites naturelles. Quelle que soit notre fortune, bonne ou mauvaise, l'idée de les reprendre ne se perdra jamais; elle est profondément nationale et profondément historique. Elle se réfère non pas aux Franks, qui ne furent qu'un accident passager, et superficiel, en quelque sorte, dans notre nationalité, mais au fond même, au fond primitif et vivace de cette nationalité, à la Gaule, soit indépendante, soit romaine. On la voit poindre au XIIe siècle avec la renaissance du droit civil quand la fusion des races nouvelles au milieu du fond commun s'est accomplie; il y en a des traces visibles dans la politique de Philippe-Auguste et dans sa double action vers le nord et vers le midi. On la voit reparaître dans la politique de Louis XI, ce roi du tiers état qui semble avoir anticipé l'esprit de la révolution française [1]. Sous Louis XIV, elle

---

[1] « Aussi désiroit fort qu'en ce royaume on usât d'une coutume, « d'un poids, d'une mesure, et que toutes ces coutumes fussent mises « en français en un beau livre..... et si Dieu lui eût donné la grâce de « vivre encore cinq ou six ans sans être trop pressé de maladie, il eût « fait beaucoup de bien à sondit royaume. » (Mémoires de Ph. de Comines, liv. VI, ch. VI, t. I, p. 398, éd. de Godefroy, 1723.) — Voyez les Études historiques de M. de Chateaubriand, t. IV, p. 219, et le Cours d'histoire moderne de M. Guizot, 1828, XIe leçon.

fut près de se réaliser ; enfin la révolution la reprit avec une force irrésistible, atteignit le but, et, par malheur, alla plus loin.

Pendant que l'empire français dévorait de proche en proche les états de l'Europe, républiques, principautés, royaumes, que les événements les plus gigantesques des temps passés se reproduisaient sous nos yeux, et préparaient des catastrophes qui devaient, en nous frappant, rendre nos esprits plus ouverts à l'intelligence de l'histoire, les études historiques se relevaient peu à peu du grand choc de la révolution. La troisième classe de l'Institut renouait le fil un moment brisé des traditions scientifiques; elle continuait l'œuvre des bénédictins de la congrégation de Saint-Maur et tous les travaux commencés sous le patronage des deux derniers rois. De 1806 à 1814, trois volumes du recueil des historiens, deux du recueil des ordonnances, et un de l'Histoire littéraire de la France, furent publiés [1]. Mais ce retour d'activité, dans un

---

[1] L'Histoire littéraire de la France fut entreprise en 1728 par Dom Rivet, assisté de Dom Poucet et de Dom Colomb, religieux de l'abbaye de Saint-Vincent du Mans. De 1733 à 1747, Dom Rivet publia 8 volumes in-4° de ce grand ouvrage, qui aujourd'hui en forme 20. Le neuvième volume fut publié en 1750 par dom Taillandier. Les 3 suivants, de 1756 à 1763, par Dom Clément et Dom Clémencet; l'ouvrage resta interrompu. En 1800, Bonaparte chargea l'Institut de le continuer. La classe d'histoire et de littérature ancienne, qui, en 1814, reprit son an-

petit cercle d'érudits, avait peu de retentissement et peu d'influence au dehors; il ne féconda pas le talent des écrivains découragés par la pression de plus en plus accablante du despotisme impérial; aucun essai de combinaison nouvelle des éléments de notre histoire ne parut; tout resta, quant à sa théorie, au point où le dernier siècle l'avait laissé. La renommée de Mably, héritage de ce siècle, continua de dominer toutes les autres; seulement l'ouvrage de mademoiselle de Lézardière, peu répandu dans le public, mais recherché des personnes studieuses, se plaçait dans leur opinion à côté et même au-dessus du sien. La forme sévère de cet ouvrage qui, sous un de ses aspects, n'est qu'un centon de fragments originaux, ramena, en histoire, à la religion des textes quelques penseurs que le règne absolu de la philosophie avait habitués à n'avoir de foi que dans les idées. D'un autre côté, le sentiment historique dans les choses d'imagination commençait à éclore d'une manière vague, il est vrai, indécise et même parfois niaise, mais vive et capable d'entraîner. Il y eut réaction contre

cien nom, *Académie des inscriptions et belles-lettres*, a publié, de 1814 à 1841, 8 volumes dont le dernier achève l'histoire littéraire du xiiie siècle. Pour le recueil des Historiens des Gaules et de la France et le recueil des Ordonnances des rois de la 3e race, voyez plus haut, ch. iii, p. 119.

l'anathème jeté par l'école philosophique sur l'histoire du moyen âge; la *Gaule poétique* de M. de Marchangy, pleine d'enthousiasme et de fatras, obtint un succès de vogue au déclin de l'empire [1]; et dans le même temps les romances à la mode ne parlaient que de châtelaines et de troubadours. La popularité de ce nouveau goût, quelque léger qu'il fût, prépara les voies qui devaient conduire plus tard à un renouvellement sérieux de la forme et de l'esprit des compositions historiques.

Une des grandes fautes de Bonaparte, consul et empereur, fut d'écarter obstinément de ses combinaisons d'ordre social la liberté intellectuelle et la liberté politique, de ne voir dans l'une et dans l'autre que des rêveries d'idéologues, de ne pas comprendre que, par le mouvement de tout le xviii® siècle, ce double instinct avait reçu chez nous la sanction que donne l'histoire, qu'il fallait compter avec lui comme avec un fait réel. Une fois reposée de l'anarchie et rassasiée de gloire militaire, la nation devait se reprendre à désirer les droits pour lesquels elle avait combattu dix ans et que lui refusait l'empire. Ce principe de vie publique se réveilla tout

---

[1] La Gaule poétique, ou l'histoire de France considérée dans ses rapports avec la poésie, l'éloquence et les beaux-arts. 4 vol. in-8°. 1813.

d'un coup, stimulé par les souffrances inouies des dernières années du régime impérial, par l'excès de la police, l'immense abus de la conscription, la justice prévôtale des commissions militaires, l'énormité des impôts, la tyrannie des prohibitions commerciales. Au milieu de nos désastres de 1814, il y eut une sorte de résurrection du parti constitutionnel de 1789; l'idée de la liberté politique reparut, moins absolue qu'autrefois, cherchant, non le règne impossible de tous sur tous, mais de fortes garanties pour les droits et les intérêts civils[1]. C'est l'accord soudain de cette idée avec les désirs et les projets des partisans de l'ancienne royauté qui amena la restauration que les étrangers, dans leur victoire, n'avaient ni cherchée ni prévue[2].

Toutes choses, en ce monde, ont leur fin dernière, leur but idéal qu'elles n'atteignent pas toujours, il s'en faut, mais qui n'en est pas moins

---

[1] « Que Sa Majesté soit suppliée de maintenir l'entière et constante « exécution des lois qui garantissent aux Français les droits de la liberté, « de la sûreté, de la propriété, et à la nation le libre exercice de ses « droits politiques. » (Rapport des cinq commissaires nommés par le corps législatif, Lainé, Raynouard, Gallois, Flaugergues et Maine de Biran, 30 décembre 1813.)

[2] « Le sénat, considérant que, dans une monarchie constitutionnelle, « le monarque n'existe qu'en vertu de la constitution ou du pacte social; « que Napoléon Bonaparte, pendant quelque temps d'un gouvernement « ferme et prudent, avait donné à la nation des sujets de compter pour

marqué dans la logique de l'esprit humain. Quel fut ce but pour la révolution qui ramena en France et remit sur le trône la famille des Bourbons ? En d'autres termes, quelle fut la tâche politique imposée alors à cette famille ? la voici : reprendre d'une manière pratique, sur un terrain nivelé, sur la base d'une société homogène, dans le calme d'un parfait accord entre le roi et la nation, l'œuvre avortée des grands théoriciens de 1791; remonter historiquement, bien au-delà des dernières luttes, jusqu'aux grandes époques du rôle social de la royauté, et de là, dominer sur les passions et les factions contemporaines; adopter, dans ses principes légitimes et dans ses résultats nécessaires, la révolution que le peuple français avait faite et que l'Europe avait reconnue; enfin, comme gage de cette alliance, joindre aux vieux insignes de la monarchie les couleurs nationales de 1789, et, selon la noble expression d'un orateur patriote, placer les fleurs

---

« l'avenir sur des actes de sagesse et de justice, mais qu'ensuite, il a dé-
« chiré le pacte qui l'unissait au peuple français...

« Considérant que, par toutes ces causes, le gouvernement impérial
« établi par le sénatus-consulte du 28 floréal an XII, ou 18 mai 1804, a
« cessé d'exister...

« Le Sénat déclare et décrète ce qui suit :

« Napoléon est déchu du trône, le droit d'hérédité est aboli dans sa
« famille, le peuple français et l'armée sont déliés envers lui du serment
« de fidélité. » (Sénatus-consulte du 2 avril 1814.)

de lis de Bouvines sur le drapeau d'Austerlitz [1]. Une pareille mission était belle, mais elle ne fut pas acceptée; rien de cela ne fut compris nettement par le prince en faveur de qui venait de s'accomplir un événement providentiel.

Louis XVIII perdit une admirable occasion que le temps ne devait plus ramener. En donnant la charte constitutionnelle, il ne s'éleva point jusqu'à la pensée d'un pacte égal et définitif entre le présent et le passé de la France, entre la raison pure et l'histoire. Il tâcha de prendre fortement son point d'appui dans l'histoire et, en cela, il eut raison; mais il se méprit sur la nature des grands changements sociaux dont la succession remplit les six derniers siècles; il ne sut reconnaître ni ce qu'il y avait eu de révolutionnaire dans le progrès opéré sous l'ancienne monarchie et par elle, ni ce qu'il y avait eu de légitime dans la révolution de 1789. S'il est vrai que cette erreur fut en grande partie le fruit de préoccupations intéressées, il n'est pas moins vrai que l'incertitude qui

---

[1] « La cocarde tricolore marque l'époque du plus grand développe-
« ment de l'esprit humain, de la plus haute gloire qui ait jamais été ac-
« cumulée sur une nation, de la régénération entière de l'ordre social...
« Si jamais l'auguste auteur de la charte rétablissait le signe que nous
« avons porté pendant un quart de siècle, assurément ce ne serait pas
« les ombres de Philippe-Auguste et de Henri IV qui s'indigneraient
« dans leurs tombeaux de voir les fleurs de lis de Bouvines et d'Ivry sur
« les drapeaux d'Austerlitz. » (Discours du général Foy à la chambre des députés, séance du 7 février 1821.)

régnait alors dans la théorie de notre histoire, que l'anarchie des systèmes légués par le xviiie siècle, y contribua. On en voit la preuve irrécusable dans ce préambule de la charte, qu'une révolution nouvelle a fait disparaître, et qui, privé aujourd'hui de toute sanction légale, reste comme un triste monument de l'état des idées historiques à l'époque où il fut écrit :

« Nous avons considéré que, bien que l'auto-
« rité tout entière résidât en France dans la per-
« sonne du roi, nos prédécesseurs n'avaient point
« hésité à en modifier l'exercice, suivant la diffé-
« rence des temps ; que c'est ainsi que les com-
« munes ont dû leur affranchissement à Louis-le-
« Gros, la confirmation et l'extension de leurs
« droits à saint Louis et à Philippe-le-Bel ; que
« l'ordre judiciaire a été établi et développé par
« les lois de Louis XI, de Henri II et de Charles IX ;
« enfin, que Louis XIV a réglé presque toutes les
« parties de l'administration publique par diffé-
« rentes ordonnances dont rien encore n'avait
« surpassé la sagesse.

« Nous avons dû, à l'exemple des rois nos pré-
« décesseurs, apprécier les effets des progrès tou-
« jours croissants des lumières ; les rapports nou-
« veaux que ces progrès ont introduits dans la
« société, la direction imprimée aux esprits
« depuis un demi-siècle, et les graves altérations

« qui en sont résultées : nous avons reconnu que
« le vœu de nos sujets, pour une charte consti-
« tutionnelle, était l'expression d'un besoin réel ;
« mais, en cédant à ce vœu, nous avons pris toutes
« les précautions pour que cette charte fût digne
« de nous et du peuple auquel nous sommes
« fiers de commander....

« Nous avons cherché les principes de la Charte
« constitutionnelle dans le caractère français et
« dans les monuments vénérables des siècles pas-
« sés. Ainsi, nous avons vu, dans le renouvellement
« de la pairie, une institution vraiment nationale,
« et qui doit lier tous les souvenirs à toutes les
« espérances en réunissant les temps anciens et
« les temps modernes.

« Nous avons remplacé par la Chambre des
« députés, ces anciennes assemblées des champs
« de Mars et de Mai et ces chambres du tiers état,
« qui ont si souvent donné tout à la fois des
« preuves de zèle pour les intérêts du peuple,
« de fidélité et de respect pour l'autorité des rois.
« En cherchant ainsi à renouer la chaîne des
« temps, que de funestes écarts avaient interrom-
« pue, nous avons effacé de notre souvenir,
« comme nous voudrions qu'on pût les effacer
« de l'histoire, tous les maux qui ont affligé la
« patrie durant notre absence....

« À ces causes, nous avons, volontairement et

« par le libre exercice de notre autorité royale,
« accordé et accordons, fait concession et octroi
« à nos sujets, tant pour nous que pour nos suc-
« cesseurs, et à toujours, de la Charte constitu-
« tionnelle qui suit [1]. »

Jamais théorie de l'histoire de France n'avait été proclamée de si haut et jamais il n'y avait eu rien de plus faux, rien de si arbitraire, une telle confusion de faits et d'idées. D'abord apparaît le système de Dubos dans sa conclusion finale : *L'autorité tout entière a toujours résidé en France dans la personne du roi;* mais si la thèse monarchique de ce système est complétement admise, l'autre thèse, le droit traditionnel de liberté municipale, est totalement supprimée; c'est à l'autorité royale modifiant d'elle-même son exercice qu'est attribuée l'origine des municipalités libres : *Les communes ont dû leur affranchissement à Louis-le-Gros;* et cette grande institution des communes du moyen âge où la tradition fut rajeunie et fécondée par l'action populaire, se trouve bizarrement rangée dans la classe des réformes administratives et rapprochée, à ce titre, des lois et ordonnances du xvie et du xviie siècles. Ensuite vient une réminiscence du système de Mably dans la plus absurde de ses

---

[1] 4 juin 1814.

thèses, la présence d'une députation bourgeoise aux assemblées nationales des Franks : *Nous avons remplacé par la chambre des députés, ces anciennes assemblées des champs de Mars et de Mai, et ces chambres du tiers état...* [1]. Voilà de quelle manière est donné l'esprit des temps anciens, et, quant aux temps modernes, la rénovation nationale de 1789, source des principes libéraux de la charte constitutionnelle, n'est pas une seule fois mentionnée dans le préambule de cette charte; il n'y a sur elle que des allusions vagues et mesquinement haineuses [2]; il y a effort pour la retrancher du nombre des belles époques législatives, pour reculer ces époques au delà du dernier siècle et les marquer toutes du nom d'un roi. Les réticences et les méprises historiques tendent ici au même but : on veut prouver que la royauté fut, de tout temps en France, l'unique pouvoir constituant, qu'elle exerça en tout et sur tout, sans aucune interruption, un droit

---

[1] Voyez plus haut, chap. III, p. 128 et 129. — Cette thèse de Mably était prise au sérieux par Napoléon; lui-même la consacra officiellement dans les cent-jours, en convoquant, à Paris, les membres des colléges électoraux en *assemblée extraordinaire du champ de mai*. (Décret impérial du 13 mars 1815.)

[2] « La direction imprimée aux esprits depuis un demi-siècle, et les « *graves altérations qui en sont résultées...* Renouer la chaîne des temps « que de *funestes écarts* avaient interrompue. » (Préambule de la charte constitutionnelle de 1814.)

législatif absolu et universel, prétention historiquement vaine, et de plus injurieuse à la nation qui, vingt-cinq ans auparavant, s'était reconstituée par sa propre initiative. Le pouvoir constituant n'appartient à qui que ce soit d'une façon permanente et exclusive; c'est le levier de la Providence; elle le met, à chaque époque de renouvellement politique, aux mains des mieux inspirés. Chez nous, le roi, le peuple, les corps de l'état, des assemblées, des hommes de génie, l'ont exercé tour à tour; et c'est de leurs travaux, accumulés durant des siècles, qu'est sorti l'édifice lentement construit de notre société civile.

Sous ces références illusoires du passé au présent, sous les effusions de sentiment plus ou moins sincères qu'amenaient les mots sans cesse prononcés de paix, d'amour, de légitimité, de royauté paternelle, se cachait, pour la restauration, une réalité sombre et périlleuse. C'est qu'elle relevait à l'état de parti organisé, de parti vainqueur sans combat, de parti dans le gouvernement, l'ancienne noblesse, les émigrés, tous les opprimés de la révolution, tous ceux qui la condamnaient dans ses principes et dans ses actes, sans s'inquiéter de faire le partage du bien et du mal, du vrai et du faux, de la violence et du droit. L'amnistie de 1800 était prise à rebours; la légitimité passant du côté du drapeau anti-révolutionnaire, l'émigration cessait de se considérer comme amnistiée; c'était elle, à son tour, qui amnistiait la nation [1]. Ainsi la subordination nécessaire des partis à la masse nationale était subitement rompue; l'œuvre de fusion dans un nouvel ordre de choses, entreprise par Bonaparte, se trouvait arrêtée court; il y avait tendance en arrière vers un but que personne ne pouvait désigner clairement, ni ceux qui le désiraient, ni ceux qui s'indignaient, ni ceux qui prévoyaient des catastrophes inévitables [2]. Entraînée par la violence de passions et

---

[1] « Il est bien reconnu que les *régnicoles* comme les *émigrés* appelaient de tous leurs vœux un heureux changement, lors même qu'ils n'osaient encore l'espérer. A force de malheurs et d'agitations, tous se retrouvaient donc au même point, tous y étaient arrivés: les uns en suivant une ligne droite sans jamais en dévier, les autres, après avoir parcouru plus ou moins les phases révolutionnaires, au milieu desquelles ils se sont trouvés. » (Discours prononcé par M. le comte Ferrand, ministre d'état, en présentant la loi sur la restitution des biens nationaux non vendus, 13 septembre 1814.) — « L'armée comme la France n'a pas besoin de grâce, l'armée comme la France n'a besoin de la clémence de personne. Ne parlez jamais d'amnistie aux armées nationales ni aux peuples; l'amnistie n'est que pour ceux qui ont combattu sous les drapeaux étrangers contre leur patrie. » (Discours du général Foy à la chambre des députés, séance du 28 mars 1822.)

[2] « Que résultera-t-il de tout cela, deux peuples sur le même sol, acharnés, irréconciliables, qui se chamailleront sans relâche et s'extermineront peut-être... Et qui peut dire les crises, la durée, les détails de tant d'orages? Car l'issue n'en saurait être douteuse, les lumières et le siècle ne rétrograderont pas! » (Napoléon, ses opinions sur les hommes et sur les choses, t. I, p. 167.)

d'opinions obstinément rétrogrades, la royauté de saint Louis et de Henri IV, puissance à qui la tradition et sa propre nature faisaient une loi de l'impartialité, ne pouvait plus remplir son rôle et s'identifier avec la nation tout entière. Un parti, lié avec elle par la fidélité et le malheur, la revendiquait pour lui seul, avec une apparence de droits acquis. Il fallait de deux choses l'une, ou qu'elle pesât sur la nation avec les principes de ce parti, ou qu'elle luttât contre lui pour se soustraire à la tyrannie de ses exigences. C'est dans l'alternative de ces deux tendances contraires qu'est toute l'histoire de la monarchie restaurée. Là se trouve la fatalité qui la perdit, l'écueil contre lequel elle se brisa au moment même où elle se croyait le plus sûre de sa force et de son avenir.

C'est au milieu de cette nouvelle situation politique, du trouble moral qu'elle faisait naître et des intérêts opposés qu'elle mettait en présence, que fut publié, sous ce titre, *De la Monarchie française*, l'ouvrage de M. de Montlosier, dont il a été parlé plus haut. Le manuscrit rejeté par l'empire, trouvait, dans la division qui venait de renaître au sein du pays, un triste et bizarre commentaire; il parut sans aucun changement. Je vais en donner une idée complète; et il le mérite à double titre, car il est, en dehors de la science actuelle, le dernier des grands systèmes historiques; et de 1814 à 1820, son action, bien qu'indirecte, fut considérable. Il remua fortement les esprits, par les vives répugnances qu'il soulevait; il provoqua, sur le terrain de l'histoire, l'opposition et la controverse politiques. Quant à sa part d'originalité, elle consiste surtout en ce que le point capital de la nouvelle théorie se trouve placé, non, comme d'ordinaire, à l'établissement de la monarchie franke, mais à l'affranchissement des communes et au berceau du tiers-état. Venu après Boulainvilliers, Dubos, Montesquieu, Mably et d'autres moins célèbres, l'auteur n'avait plus cette simplicité de conviction des premiers historiens systématiques; et comme, pour construire son thème, il travaillait, non sur les textes originaux, mais sur des livres de seconde main, sa méthode fut de glisser, pour ainsi dire, entre tous les systèmes antérieurs. Il les effleure tour à tour, emprunte à chacun d'eux quelque chose, et les oppose l'un à l'autre, avec un certain art de logicien [1]. Il

[1] « Il m'est impossible de prendre un parti entre les opinions qui « ont divisé M. de Boulainvilliers et M. l'abbé Dubos. Je ne puis être de « l'avis de M. de Montesquieu quand il regarde le gouvernement féodal « comme établi avec les Francs et par les Francs. Je ne puis penser non « plus avec M. le président Hénault que ce soit un effet de la faiblesse « des derniers rois carlovingiens; je ne puis penser avec M. de Valois « et M. le président Hénault qu'il n'y ait point eu de noblesse en France.

chemine ainsi en louvoyant jusqu'au xiie siècle, et là, changeant tout d'un coup de marche et de procédé, il s'enfonce d'une manière directe, avec une force et des développements qui lui sont propres, dans la thèse antimonarchique et antiplébéienne du comte de Boulainvilliers. Voici les propositions historiques, ou prétendues telles, dont la série constitue ce qu'on peut nommer le corps de son système :

« L'origine des grandes institutions de la
« France se confond avec l'origine même des
« trois grandes nations dont la nôtre s'est formée;
« aucun fait historique, aucune date ne marque
« leur commencement. — Lorsque les Romains
« entrèrent dans les Gaules, les justices seigneu-
« riales, la servitude de la glèbe, les censives, les
« guerres particulières existaient déjà; il y avait
« des hommes ingénus et des hommes tribu-
« taires; les terres elles-mêmes avaient des con-
« ditions et des rangs. — La domination romaine,

« sous les deux premières races; je ne puis penser avec M. de Montes-
« quieu qu'elle ait résidé dans l'ordre des Anstrustions.

« Si je parcours tout ce qui s'est écrit sur ce sujet à l'époque des états-
« généraux, je me trouve dans le même embarras. Je ne puis penser
« avec les membres de l'ordre de la noblesse que son institution se rap-
« porte aux *magnates* et aux *principes* qui composaient l'ordre des
« grands de l'état aux assemblées des champs de Mars et de Mai, ni
« avec les écrivains du tiers état, que celui-ci ait le moindre rapport
« avec ce qui figure sous le nom de peuple aux assemblées des deux
« premières races. » (De la Monarchie française, t. I, p. 78.)

« en s'établissant sur le pays, n'altéra point cette
« hiérarchie : on continua à distinguer, dans les
« Gaules, des terres libres et des terres asservies,
« des hommes libres et des tributaires; les jus-
« tices seigneuriales furent maintenues, et les
« cités continuérent de guerroyer entre elles. —
« Les Francs n'exercèrent point le droit de con-
« quête, et respectèrent l'ordre de choses établi
« avant eux. Clovis gouverna le pays selon les
« coutumes gauloises ; il conserva le régime des
« campagnes qui étaient distribuées en seigneurs
« et en colons; il conserva de même le régime
« des cités, leurs sénats, leurs curies, leurs mi-
« lices. — Le lien féodal résulta des clientèles
« qui dans la Gaule franque, étaient de trois
« espèces : la clientèle gauloise, la romaine et la
« germaine. Par la première, qui était servile, le
« faible faisait hommage au puissant, de ses biens,
« et lui payait redevance; par la seconde, qui
« était civile, des liens s'établissaient entre le
« client et le patron, sans que leur condition
« respective changeât; par la troisième, qui était
« militaire, des guerriers se dévouaient à l'un
« d'entre eux, le suivaient et partageaient avec
« lui les profits de la guerre. Ces clientèles, en
« se mêlant, produisirent la féodalité. — Les
« hommes cherchèrent la protection des hommes,
« les domaines la protection des domaines; les

« hommes et les domaines s'associèrent dans les
« mêmes devoirs et les mêmes services. La clien-
« tèle gauloise, où l'on donnait servilement sa
« terre, s'anoblit en s'unissant à la clientèle ger-
« manique, où l'on donnait sa foi et son cou-
« rage [1]. »

« Comme il fut permis à tous les hommes
« libres d'adopter la loi salique, les distinctions
« d'origine s'effacèrent. La nationalité franque,
« les mœurs et les coutumes germaniques s'éten-
« dirent par degrés à tous les habitants de la
« Gaule, moins les tributaires et les esclaves. —
« Nos premiers rois n'avaient auprès d'eux qu'une
« poignée de Francs sous le nom de Leudes. Au
« commencement de la deuxième race, toute la

---

[1] De la Monarchie française, t. I, p. 2, 7, 10, 12, 13, 31, 33, 35, 39. — Je n'ai pas besoin de relever tout ce qu'il y a de méprises et d'anachronismes dans ce prétendu tableau des institutions primitives de la Gaule, dans la confusion des mœurs des Celtes avec les mœurs des Germains et avec les mœurs féodales, ni ce qu'il y a d'absurde dans l'assertion que le régime des tribus gauloises se conserva sous les Romains, ni ce qu'il y a d'impossible dans l'hypothèse d'un mélange par égale part entre les mœurs gauloises, les mœurs romaines et les mœurs germaniques. Quelques rapports grossièrement saisis entre le clan celtique, la tribu germaine et la seigneurie du moyen-âge, sont le fondement de cette théorie, qui a, par-dessus tout, cela d'étrange, qu'elle part de prémisses analogues à celles de Dubos pour arriver à une conclusion identique à celle de Boulainvilliers. — Voyez l'Essai sur la féodalité et les institutions de saint Louis, par M. Mignet, notes, p. 212 (1822), et l'Histoire des Gaulois par mon frère Amédée Thierry.

« France en est couverte. Sous Charles-le-Chauve,
« l'union est consommée; on désigne par le nom
« de Franc tous les hommes libres. — Selon les
« mœurs des Germains, le service personnel,
« avili chez les autres nations, était quelque
« chose de noble; prendre quelqu'un dans sa
« domesticité, c'était lui accorder une distinction
« particulière. Cette disposition, que l'exemple
« des Francs propagea peu à peu dans la Gaule,
« fit renvoyer à la profession des métiers et à la
« culture des terres, ces misérables que les Gau-
« lois, ainsi que les Romains, faisaient servir
« dans l'intérieur des maisons. Il en résulta un
« grand mouvement qui éleva tous les anciens
« esclaves à la condition de tributaires ou de rotu-
« riers, et abolit ainsi la servitude personnelle. —
« Un autre caractère essentiel des mœurs germa-
« niques était la prédilection pour le séjour de la
« campagne. Cette habitude, se communiquant
« par degré à tous les hommes libres, sans dis-
« tinction de races, il arriva que les villes, délais-
« sées par les familles de quelque considération,
« perdirent leurs sénats, leurs curies, leurs mi-
« lices, et ne furent plus peuplées que d'artisans,
« c'est-à-dire de tributaires; l'organisation muni-
« cipale, fondée par les Romains, et respectée
« par la conquête franque, disparut ainsi. —
« Lorsque tous les Gaulois nobles ou pleinement

« libres furent devenus Francs, et que les mœurs
« franques se furent totalement propagées, les
« domaines gagnèrent l'importance que perdaient
« les villes; ils se modelèrent sur les anciennes
« cités, ils devinrent des *châteaux*. Alors, la
« guerre qui, auparavant, était de cité à cité, se
« fit de domaine à domaine. — Voilà pour le
« régime domestique et pour le régime civil;
« quant au régime politique, les changements ne
« furent pas moindres. Sous la première race, on
« n'avait vu en scène, pour les délibérations légis-
« latives, que les grands et quelques leudes; tous
« les hommes libres étant devenus Francs, ils furent
« tous appelés à délibérer sur les affaires de l'état [1]. »

« Vers le douzième siècle, temps où les mœurs
« franques étaient complétement établies, l'ordre
« social se distinguait par deux caractères prin-
« cipaux; la puissance politique et législative

---

[1] De la Monarchie française, t. I, p. 21, 23, 24, 25, 28, 146.— Il n'y a rien de commun entre la guerre privée des Germains, homme contre homme, famille contre famille, et la guerre publique des cités gauloises ou de quelques villes gallo-romaines l'une contre l'autre. L'extension des mœurs frankes à tous les ingénus de la Gaule, et l'abandon des villes par la population libre, sont des inductions purement gratuites. Quand on consulte avec attention et réflexion les monuments historiques des deux premières races, on n'y aperçoit pas un seul indice de la prétendue disparition du régime municipal. Il resta toujours dans les cités assez de mœurs romaines, et dans les coutumes assez de droit romain pour qu'une réaction pût avoir lieu contre les mœurs et les coutumes germaniques.

« était morcelée entre tous les domaines, et il n'y
« avait plus d'esclaves. — Il y avait, d'un côté,
« les hommes francs, et de l'autre, la classe des
« tributaires, classe qui formait l'immense ma-
« jorité de la population, et que l'établissement
« des communes éleva tout d'un coup à la *fran-*
« *chise,* c'est-à-dire à la condition de Francs. —
« Par l'octroi des chartes de commune, il fut
« permis aux habitants des villes de former un
« sénat, de s'imposer des tailles, de rendre ou
« faire rendre la justice, de battre monnaie, de
« tenir sur pied une milice réglée. Il n'est pas
« jusqu'au droit de guerre, ce fameux privilége
« des Francs, qui ne leur ait été accordé.—Quel-
« que énormes que semblent ces concessions,
« elles n'avaient en soi rien d'extraordinaire,
« c'était la pratique ancienne de la monarchie.
« Au temps de la première et de la deuxième
« races, les tributaires affranchis, ou pour mieux
« dire anoblis, sous le nom de *Dénariés,* par-
« ticipaient sans réserve à tous les droits des
« hommes francs; mais, entre les anciens affran-
« chissements et les nouveaux, il y eut de nota-
« bles différences. — Et d'abord, les affranchis-
« sements anciens, qui portaient un homme de
« la classe des tributaires dans celle des Francs,
« étaient des actes purement individuels, sans
« conséquence pour l'état des conditions et des

« rangs. Il n'en fut pas de même d'une mesure
« par laquelle les villes devenaient des espèces de
« souveraineté, mesure générale qui, s'associant
« à une autre mesure générale, l'affranchissement
« des campagnes, créa dans l'état un nouveau
« peuple, égal en droits à l'ancien peuple, et de
« beaucoup supérieur en nombre. Il y eut d'au-
« tres différences encore plus graves. — Dans les
« temps anciens, quand un tributaire parvenait à
« la condition de Franc, il renonçait, dès lors,
« aux habitudes et aux professions affectées à la
« classe tributaire, il adoptait les mœurs fran-
« ques. Ici, au contraire, c'est une classe immense
« qu'on appelle au partage de tous les droits de
« la condition franque, en lui laissant les mœurs,
« les habitudes et les professions serviles [1].

« Les rois de la troisième race se firent les
« patrons et les promoteurs de cette grande inno-
« vation qui bouleversait tout dans l'état, les
« rangs, les mœurs, les lois, la constitution. —
« Quant à la noblesse, elle n'avait pas le droit de
« s'opposer à ce que le roi accordât des chartes

---

[1] De la Monarchie française, t. I, p. 41, 103, 141, 149, 150, 151, 152. — Le singulier abus que l'auteur fait ici du mot *franc*, et la confusion entre le sens primitif de ce mot comme appellation nationale et son sens dérivé, comme qualification sociale, l'assimilation des affranchissements des villes et des bourgades aux manumissions *par le denier*, d'après la loi salique ou celle des Ripuaires, sont de telles énormités en histoire qu'il est inutile de les réfuter.

« d'affranchissement aux villes qui lui apparte-
« naient. Elle ne l'essaya pas, au contraire elle
« fut entraînée par l'exemple, et les hauts barons
« établirent, comme le suzerain, des communes
« dans leurs domaines. Mais on ne se contenta
« pas de cette marche graduelle et volontaire.
« Comme il se trouva quelques seigneurs en
« retard, on provoqua le changement par des
« révoltes. Des agents du roi parcouraient les
« villes à la manière de nos derniers propa-
« gandistes. Partout où les affranchissements
« n'étaient point accordés, ils étaient arrachés;
« partout où ils étaient accordés, le roi s'établis-
« sait comme le seul maître. — L'affranchisse-
« ment des campagnes, qui vint après celui des
« villes, fut conduit dans le même esprit. Une
« ordonnance de Louis X avait proclamé que,
« *selon le droit de nature, chacun doit être*
« *Franc;* cette doctrine des *droits de l'homme* eut
« son effet, les paysans se soulevèrent, et l'on se mit,
« comme dans ces derniers temps, à massacrer
« les nobles et à incendier les châteaux. Ne nous
« étonnons point des excès de la Jacquerie[1]... »

Là se trouve, comme je l'ai déjà dit, le point
culminant du système de M. de Montlosier ; c'est

---

[1] De la Monarchie française, t. I, p. 153 à 157. — Si ce bizarre aperçu de ce qu'on pourrait nommer la partie révolutionnaire du rôle de l'ancienne royauté, manque de justesse et de mesure, il faut recon-

de là que l'auteur éclate à la fois contre la puissance royale, l'unité sociale, l'égalité civile, l'ordre judiciaire, les mœurs romaines et le droit romain. Il le fait avec des formules d'idées qui lui sont propres, et qui l'emportent de beaucoup en véhémence sur celles de Boulainvilliers; on sent que la révolution, avec sa dureté de langage dans un sens ou dans l'autre, et ses luttes à main armée, a passé par là. Chez M. de Montlosier, les regrets aristocratiques ont, dans leur amertume, quelque chose de sauvage; le dépouillé du 4 août 1789 a pris en haine tous les principes, tous les éléments constitutifs de la société moderne, tout ce qui, depuis six siècles, grandit et s'élève : la souveraineté publique, la justice sociale, la loi civile, la propriété mobilière, la vie laborieuse, l'importance du travail, l'estime accordée à la science et aux facultés de l'esprit. Il donne à ses invectives chagrines un ton nouveau, par l'emploi d'une phraséologie originale, qui substitue, à l'idée de classes et de rangs, celle de nations diverses, qui applique, à la lutte des classes ennemies ou rivales, le vocabulaire de l'histoire des migrations de peuples, des envahissements terri-

---

naître qu'en 1814 il avait le mérite d'être, pour ce qui regarde le mouvement communal des XIIe et XIIIe siècles, plus près des faits réels que ne l'était l'opinion alors en crédit, celle de l'affranchissement des communes par voie de réforme administrative.

toriaux et des conquêtes. L'histoire critique, d'ordinaire si terne et si peu animée, prend par là, sous sa plume, un air de vie qu'elle n'avait eu, ni dans l'ouvrage de Boulainvilliers, ni dans celui de Dubos, ni dans celui de Mably. On jugera, par quelques citations, de l'effet de cette verve fantasque qui rajeunit, par la forme et les accessoires, un thème usé depuis longtemps :

« Deux peuples divers figurent dans l'état.
« L'un, tout antique, se retranche vers la dignité
« et s'empare de tout le lustre; l'autre, tout
« nouveau, cherche à acquérir l'importance et
« s'empare de toute la force. Pendant quelque
« temps, les deux peuples vivent parallèlement
« l'un à l'autre, comme s'ils n'avaient aucun
« rapport de régime et d'origine. A la fin, cepen-
« dant, il s'embarrassent, se heurtent et s'atta-
« quent. Mais un peuple nouveau qui n'a rien de
« droit, pour qui tout est de grâce, convient
« beaucoup à l'autorité. Ce peuple a pour lui le
« monarque; il se saisit, avec son aide, de la
« magistrature de l'état et de sa législation. Le
« nouveau magistrat repousse sans cesse une
« constitution qu'il ne connaît pas ou qu'il n'a
« connue que dans une situation qui lui rappelle
« de douloureux souvenirs. Désormais, toutes
« les lois sont du jour, tous les principes du mo-
« ment. Il se forme une nouvelle liberté, qui est

« de détruire l'ancienne liberté; une nouvelle
« franchise qui est de détrire l'ancienne fran-
« chise; le nouveau droit public est de détruire
« l'ancien droit public.

« Cependant, auprès de ce peuple nouveau,
« que deviendra l'ancien peuple? Il a laissé se
« former tranquillement ce nouvel ordre social :
« il espérait y demeurer étranger; il va s'y trou-
« ver enveloppé. Quand il existait seul, il avait
« façonné à sa manière ses rangs, sa hiérarchie
« et sa magistrature; il avait ses comtes, ses pairs,
« ses seigneurs suzerains et dominants. Les noms
« se conservent, les réalités sont effacées. L'ancien
« peuple se voit privé peu à peu de ses anciens
« juges, de ses lois anciennes, de ses anciennes
« formes. Il faut qu'il se courbe sous des lois que
« ses pères n'ont point connues, qu'il adopte
« des mœurs que ses pères ont repoussées. Il est
« établi, comme loi de l'état, que ses persécu-
« teurs sont ses juges, ses inférieurs ses souve-
« rains. Dans ce renversement général, les lois
« de la France sont réputées étrangères, des lois
« étrangères sont devenues les lois de la France.
« Les libertés de l'ancien peuple ne s'appellent
« plus que priviléges; son ancienne indépen-
« dance, barbarie [1].....

[1] De la Monarchie française, t. I, p. 163.

« Les propriétés mobilières se balancent avec
« les propriétés immobilières, l'argent avec la
« terre, les villes avec les châteaux. La science
« s'élève de son côté pour rivaliser avec le courage,
« l'esprit avec l'honneur, le commerce et l'indus-
« trie avec les armes. Les lois romaines, que les
« lois franques avaient fait disparaître, reparais-
« sent avec les mœurs romaines, que les mœurs
« franques avaient effacées. Le nouveau peuple,
« s'accroissant de plus en plus, se montre par-
« tout triomphant. Il défait les anciennes formes
« ou s'en empare, rompt tous les anciens rangs ou
« les occupe; domine les villes, sous le nom de
« municipalités; les châteaux, sous le nom de
« bailliages; les esprits, sous le nom d'universités;
« chasse bientôt l'ancien peuple de toutes ses
« places, de toutes ses fonctions, de tous ses
« postes, finit par s'asseoir au conseil du monar-
« que, impose là, de force, son esprit nouveau,
« ses mœurs nouvelles [1]....

« La noblesse (je me servirai désormais de
« cette expression) la noblesse avait, dans ses
« terres, des hommes qui étaient sous son gou-
« vernement, on les lui enlève. Elle avait le droit
« d'impôt, on l'abolit. Elle avait l'usage de s'as-
« sembler dans des fêtes guerrières, on les sup-

[1] De la Monarchie française, t. I, p. 174.

« prime. Elle faisait elle-même le service de ses
« fiefs, on l'en dispense. Elle avait le droit de
« battre monnaie, on s'en empare. Elle avait le
« droit d'être jugée par ses pairs, on l'envoie à
« des commissions de roturiers. Elle mettait une
« grande importance à ne point payer de tributs,
« on l'impose. Enfin, après lui avoir fait subir
« toutes les injustices, toutes les tyrannies, toutes
« les spoliations, on imagine, pour couronner
« toutes ces manœuvres, de la présenter elle-
« même comme coupable de tyrannie et de spo-
« liations. Tel est le système qui est poursuivi
« pendant trois siècles [1]. »

Dans ces pages si étrangement passionnées, sous cette colère qui s'attaque à l'œuvre des siècles écoulés depuis le douzième, il y avait, à l'état de germe, un nouvel aperçu historique, et, si l'auteur a mal conclu, il a nettement posé les deux termes de la question. M. de Montlosier dit vrai : la grande lutte sociale des sept derniers siècles eut lieu entre les traditions de la vie civile, et les instincts de la vie barbare adoucis par le christianisme et colorés par le sentiment de l'honneur et par la foi d'homme à homme ; entre l'égalité devant la loi, et l'inégalité héréditaire sous la sanction de la coutume ; entre l'unité nationale,

---

[1] De la Monarchie française, t. I, p. 181.

et le morcellement de la souveraineté ; entre les mœurs romaines, et les mœurs germaniques. Admirateur enthousiaste du monde féodal qu'il n'avait vu qu'en rêve, et dont il embrassait les derniers vestiges, il fit un système pour prouver que toute liberté et tout pouvoir étaient le droit de la noblesse, et l'effet sérieux de ce système fut de signaler, d'une manière plus frappante, l'apparition du tiers état sur la scène politique. Quelque dose d'extravagance qu'il y eût au fond de sa théorie, le premier il a senti vivement d'où procède l'ordre social moderne, et assigné au XIIe siècle son véritable caractère, en y plaçant une révolution mère de toutes celles qui sont venues depuis [1]. C'est le mérite qu'il faut lui reconnaître, et, sur ce point, l'esprit de parti a servi à donner plus de puissance et de vie à ses aperçus d'historien. Il a vu le mieux ce qu'il haïssait le plus, ce qu'il aurait voulu détruire, dans le passé comme dans le présent [2].

[1] « Telle est cette grande révolution qui a été elle-même la source « d'une multitude de révolutions qui, en se propageant dans toute « l'Europe, l'a couverte de guerres et de troubles, a rempli l'empire « d'Allemagne de villes impériales, l'Italie de républiques, a répandu par- « tout une multitude de droits nouveaux, d'états nouveaux, de doctrines « et de constitutions nouvelles. » (De la Monarchie française, t. I, p. 136.)

[2] Voici, sur la révolution de 1789, son jugement, paradoxal en apparence, mais qui ne manque ni de sens ni de portée historique : « Le « peuple souverain, qu'on ne le blâme pas avec trop d'amertume, il n'a « fait que consommer l'œuvre des souverains ses prédécesseurs ; il a suivi

Le système de M. de Montlosier, qui, s'il eût paru sous l'empire, n'aurait eu d'autre poids que celui d'une opinion isolée, puisait dans l'état des choses et des esprits une véritable importance. Beaucoup de personnes se souviennent d'avoir été frappées de l'espèce de fatalité qui semblait écrite dans ces formules, revenant presque à chaque page du livre : *Deux grands ennemis, l'ancien peuple et le nouveau peuple*[1]. On voyait se refléter là, de siècle en siècle, la division actuelle des partis. Ce fut surtout après les cent-jours et l'invasion de 1815, après la réaction violente qui, en 1816, frappa au hasard, et sans épargner le sang, sur les hommes de l'empire et de la révolution, que cette vue de la France, condamnée par sa propre histoire à former deux camps rivaux et inconciliables, parut aux imaginations quelque chose de grave et de prophétique. La théorie de la dualité nationale (qu'on me passe cette expression) fournit alors à chacun des deux partis opposés, au parti de la révolution et de la charte, comme à celui de la contre-révolution, des allusions et des formules. Les pamphlets et les journaux de l'opinion ultra-royaliste

« de point en point la route qui lui était tracée depuis des siècles par les
« rois, par les parlements, par les hommes de loi, par les savants. »
(De la Monarchie française, t. I, p. 209.)

[1] Ibid., t. II, p. 145 et passim.

faisaient étalage du nom de *Francs*; ce nom dont M. de Montlosier avait tant abusé, ils l'appliquaient soit au sens propre, soit par figure, à tout ce qui avait combattu pour la cause de l'ancien régime, même aux paysans bretons et vendéens [1]. A cette revendication semi-poétique d'une nationalité privilégiée, des écrivains de l'autre parti répondirent en proclamant, comme un défi, la nationalité gauloise des communes et du tiers état, et en la revendiquant pour le peuple de la révolution et de l'empire. Contre le nouveau système qui, rattachant la roture à la foule sans nom des tributaires de toute race, lui attribuait une origine ignoblement servile, nous relevâmes l'opinion de l'asservissement par la conquête, le système de Boulainvilliers; je dis nous, parce que je suis l'un de ceux qui, vers 1820, firent de la polémique sociale avec l'antagonisme des Franks et des Gaulois [2]. M. Guizot en fit la thèse principale d'un de ses plus célèbres pamphlets, de son manifeste de rupture avec le pouvoir qui, après six années d'une politique indécise, venait de s'abandonner franchement au parti

---

[1] Voyez le Conservateur, l'Observateur de la marine, et les autres écrits périodiques de la même opinion, 1817, 1820.

[2] Voyez, dans le volume intitulé : Dix ans d'études historiques, p. 272, 288 et 297, les morceaux extraits du Censeur européen, 2 avril, 1er et 12 mai 1820.

contre-révolutionnaire[1]. Voici quelques phrases dont la hauteur d'accent montre que, sous cette forme d'emprunt, la lutte des intérêts présents était encore vive et sérieuse :

« Je me sers de ces mots, parce qu'ils sont
« clairs et vrais. La révolution a été une guerre,
« la vraie guerre, telle que le monde la connaît
« entre peuples étrangers. Depuis plus de treize
« siècles, la France en contenait deux, un peuple
« vainqueur et un peuple vaincu. Depuis plus de
« treize siècles, le peuple vaincu luttait pour
« secouer le joug du peuple vainqueur. Notre
« histoire est l'histoire de cette lutte. De nos
« jours, une bataille décisive a été livrée ; elle
« s'appelle la révolution.

« C'est une chose déplorable que la guerre
« entre deux peuples qui portent le même nom,
« parlent la même langue, ont vécu treize siècles
« sur le même sol. En dépit des causes qui les
« séparent, en dépit des combats publics ou se-
« crets qu'ils se livrent incessamment, le cours
« du temps les rapproche, les mêle, les unit par

---

[1] « Un ministère est tombé sous les coups de la contre-révolution, « un ministère nouveau s'est formé par son influence et à son profit. Le « pouvoir a subitement cherché et trouvé un autre camp, d'autres amis ; « on sait d'où ils viennent, c'en est assez pour savoir où ils vont. » (Du Gouvernement de la France depuis la restauration, et du ministère actuel, par F. Guizot, p. 7, 1820.)

« d'innombrables liens, et les enveloppe dans
« une destinée commune, qui ne laisse voir, à
« la fin, qu'une seule et même nation, là où
« existent réellement encore deux races dis-
« tinctes, deux situations sociales profondément
« diverses.

« Francs et Gaulois, seigneurs et paysans,
« nobles et roturiers, tous, bien longtemps avant
« la révolution, s'appelaient également Français,
« avaient également la France pour patrie. Mais
« le temps, qui féconde toutes choses, ne détruit
« rien de ce qui est; il faut que les germes, une
« fois déposés dans son sein, portent tôt ou tard
« leurs fruits. Treize siècles se sont employés
« parmi nous à fondre, dans une même na-
« tion, la race conquérante et la race conquise,
« les vainqueurs et les vaincus. La division pri-
« mitive a traversé leur cours et résisté à leur
« action. La lutte a continué dans tous les âges,
« sous toutes les formes, avec toutes les armes;
« et lorsqu'en 1789 les députés de la France
« entière ont été réunis dans une seule assem-
« blée, les deux peuples se sont hâtés de re-
« prendre leur vieille querelle: le jour de la vider
« était enfin venu [1]..... »

[1] Du Gouvernement de la France depuis la restauration, et du ministère actuel, p. 2 et 3.

Le système de Boulainvilliers, non-seulement accepté par des plébéiens défenseurs des droits populaires, mais soutenu par eux dogmatiquement, c'était là un singulier phénomène. En politique, cela voulait dire que ceux qui trouvaient bon de s'intituler fils des vaincus du ve siècle étaient les vainqueurs de la veille, sûrs de leur cause pour le lendemain; en histoire c'était le terme extrême de la décomposition des anciens partis. Des deux grandes hypothèses historiques du xviiie siècle, l'une, celle de Dubos, la négation de tout exercice du droit de conquête par les Franks, venait d'être mise en œuvre par M. de Montlosier dans une théorie ultrà-aristocratique; l'autre, celle de l'asservissement des Gaulois, passait de la noblesse à la roture. Ainsi, toutes les deux se trouvaient au service de passions politiques diamétralement contraires à celles que, dans l'origine, elles avaient servies ou flattées. Cet étrange revirement devait être et fut, en effet, leur dernier signe de vie.

J'aborde une époque de travaux remarquables et de grands progrès en histoire. L'année 1820, qui vit finir l'espoir d'une transaction pacifique entre les deux partis que la révolution avait créés, qui remit tout aux chances plus ou moins prochaines, plus ou moins éloignées, d'une crise sociale, eut, par compensation, cela d'heureux, qu'elle marque la date d'un beau mouvement de rénovation dans les sciences morales et politiques. Ceux qui refusaient leur adhésion aux doctrines et aux projets du gouvernement (et la plupart des intelligences jeunes et fortes furent de ce nombre), exclus de la carrière des fonctions publiques, se renfermèrent, en attendant l'avenir, dans l'étude et les travaux solitaires. Ce temps d'arrêt, unique peut-être, où le repos n'était pas de l'oppression, où la délivrance apparaissait comme certaine, fut fécond pour les esprits contraints de se replier sur eux-mêmes, et de borner leur activité aux choses purement spéculatives. Il n'y eut pas, durant dix années, cette absorption de toutes les capacités, cette prodigieuse dépense d'hommes publics que font les gouvernements nationaux et populaires. En s'appliquant aux recherches studieuses, la jeunesse du parti rejeté loin des affaires y porta toute l'ardeur de ses espérances combattues, et le stoïcisme de son attachement aux principes qu'on voulait détruire. Ainsi, il y eut, pour les lettres, une classe d'hommes jeunes et dévoués, dont l'ambition n'avait de chances que par elles; il y eut une passion de renouvellement littéraire associée par l'opinion aux honneurs et à la popularité de l'opposition politique. Le professorat s'éleva au rang de puissance sociale; il y avait pour lui des ovations et des couronnes civiques [1], et, chose qui peut-être ne se reverra plus, il y avait des salons où le succès était pour la parole la plus grave, sur les questions les plus élevées de la philosophie morale, de l'histoire et de l'esthétique. L'histoire surtout eut une large part dans ce travail des esprits et dans ces encouragements du monde. On avait soif d'apprendre, sur ce passé dont l'ombre semblait encore menaçante, la vérité tout entière, et de là vinrent, spécialement pour les études historiques, dix années telles que la France n'en avait jamais vu de pareilles.

A Dieu ne plaise que j'atténue en quelque chose la gloire de la grande école d'érudits, antérieure à la révolution! quel que soit le progrès actuel, quel que puisse être le progrès à venir, cette gloire restera belle et intacte. Les œuvres des bénédictins de Saint-Maur et de Saint-Vannes et celles des savants laïques qui les ont imités sont, comme l'a dit un écrivain de génie, l'intarissable fontaine où nous puisons tous [2]. Ils ont recueilli et mis au jour tout un monde de faits enfouis dans

---

[1] L'immense succès des cours de MM. Villemain et Cousin (littérature française et histoire de la philosophie morale), date de 1819. En 1821, M. Guizot ouvrit son célèbre cours d'histoire moderne, suspendu à la fin de 1822 et repris en 1828. De 1828 aux derniers mois de 1830, ces trois cours, professés concurremment à la Sorbonne, attirèrent une affluence d'auditeurs dont le souvenir est presque fabuleux.

[2] M. de Chateaubriand, Études historiques, préface, p. xix.

la poussière des archives; ils ont fondé la chronologie, la géographie, la critique de l'histoire de France; mais en histoire, il y a deux tâches distinctes, deux ordres de travaux que l'ambition de l'esprit humain tente simultanément, mais qui, pour le succès, en dépit de notre volonté, vont toujours à la suite l'un de l'autre. La recherche et la discussion des faits, sans autre dessein que l'exactitude, n'est qu'une des faces de tout problème historique; ce travail accompli, il s'agit d'interpréter et de peindre, de trouver la loi de succession qui enchaîne les faits l'un à l'autre, de donner aux événements leur signification, leur caractère, la vie enfin, qui ne doit jamais manquer au spectacle des choses humaines. Or, comme j'ai déjà eu l'occasion de le montrer, toutes les tentatives faites, avant 1789, pour répondre à la première de ces tâches, ont été bonnes et grandes; mais celles qui ont eu pour objet de répondre à la seconde, furent presque toutes mesquines et fausses. Le succès en ce genre était réservé à des temps postérieurs; l'ordre logique des idées et la nature des travaux le voulaient ainsi, et, de plus, il y eut à cela des motifs irrésistibles, nés de circonstances extérieures, étrangères au développement de la science.

L'histoire donne des leçons, et, à son tour, elle en reçoit; son maître est l'expérience, qui lui enseigne, d'époque en époque, à mieux voir et à mieux juger. Ce sont les événements, jusque-là inouïs, des cinquante dernières années, qui nous ont appris à comprendre les révolutions du moyen âge, à voir le fond des choses sous la lettre des chroniques, à tirer des écrits des bénédictins ce que ces savants hommes n'avaient point vu, ce qu'ils avaient vu d'une façon partielle et incomplète, sans en rien conclure, sans en mesurer la portée. Il leur manquait l'intelligence et le sentiment des grandes transformations sociales. Ils ont étudié curieusement les lois, les actes publics, les formules judiciaires, les contrats privés; ils ont discuté, classé, analysé les textes, fait dans les actes le partage du vrai et du faux avec une étonnante sagacité; mais le sens politique de tout cela, mais ce qu'il y a de vivant pour l'imagination sous cette écriture morte, mais la vue de la société elle-même et de ses éléments divers, soit jeunes, soit vieux, soit barbares, soit civilisés, leur échappe, et de là viennent les vides et l'insuffisance de leurs travaux. Cette vue, nous l'avons acquise par nos propres expériences, nous la devons aux prodigieuses mutations du pouvoir et de la société qui se sont opérées sous nos yeux; et, chose singulière, une nouvelle intelligence de l'histoire semble naître en nous, à point nommé, au moment où se complète la grande série des renversements politiques, par la chute de l'empire élevé sur les ruines de la république française, qui avait jeté à terre la monarchie de Louis XIV.

Ainsi s'est élevée au xixe siècle une école historique nouvelle; c'est le nom qui lui a été donné, quoiqu'à vrai dire il n'y ait pas école, car il n'y a pas un maître et des disciples, une doctrine et des adeptes; mais une diversité d'esprits, de méthodes et de recherches, et, dans cette diversité, ce qui est remarquable, une grande analogie d'instincts, de tendances et de but. Pour tous, le but commun est de s'attaquer aux problèmes fondamentaux et de poser, d'une manière définitive, les bases de notre histoire nationale. Aussi, depuis cette renaissance des études historiques, la science de nos origines, des vieilles institutions et des vieilles mœurs, a-t-elle atteint un degré de certitude et de fixité dont elle était loin jusque-là. C'est depuis ce temps que les systèmes ne roulent plus les uns sur les autres, que les opinions ne sont plus individuelles, que les questions ne sont plus traitées le même jour d'une façon contradictoire, que les solutions données par un écrivain de sens et de savoir sont acceptées par tous les autres, qu'il y a, sur les points essentiels, un consentement unanime, un travail progressif où chacun ajoute quelque chose

CHAPITRE IV. 233

à l'œuvre de ses devanciers. Dans le siècle dernier, aucune opinion n'était réellement assise ; autant de dissertations nouvelles, autant de nouvelles solutions ; aucune erreur n'était définitivement condamnée, aucune vérité définitivement reconnue. Où l'un ne voyait que du droit romain, l'autre n'apercevait que les mœurs et les lois germaniques ; où l'un trouvait la monarchie pure, l'autre admirait la pure liberté. Il y avait une perpétuelle préoccupation quant à de prétendues lois fondamentales et aux principes du droit public français. La question des bénéfices royaux sous la première race s'embrouillait par le dogme moderne de l'inaliénabilité du domaine ; la souveraineté absolue du roi jetait un nuage sur le problème de l'établissement des communes ; le fait légal, sans cesse présent, empêchait d'avoir une vue nette du fait réel [1].

On peut juger de la valeur et du degré d'ori-

---

[1] M. de Chateaubriand a dit la même chose avec une vivacité d'expression qui n'appartient qu'à lui : « Khlovigh, dans nos annales anté-
« révolutionnaires, ressemble à Louis XIV, et Louis XIV à Hugues
« Capet. On avait dans la tête le type d'une grave monarchie, toujours
« la même, marchant carrément avec trois ordres et un parlement en
« robe longue ; de là, cette monotonie de récits, cette uniformité de
« mœurs, qui rend la lecture de notre histoire générale insipide... Mais
« si nous apercevons les faits sous un autre jour, ne nous figurons pas
« que cela tienne à la seule force de notre intelligence. Nous venons
« après la monarchie tombée, nous toisons à terre le colosse brisé, nous
« lui trouvons des proportions différentes de celles qu'il paraissait avoir

ginalité des travaux historiques modernes, par la nature des questions résolues d'une manière neuve ou posées pour la première fois, depuis vingt ans. Le nombre de ces questions est énorme; je ferai un recensement sommaire de celles qui méritent d'être signalées comme capitales :

Le problème, si difficile et si important, de nos origines nationales, les races primitives, leur filiation, leurs diversités de caractère et d'instincts sociaux ont été l'objet de recherches plus approfondies, de distinctions plus sûres, plus variés, plus délicates. Sur les populations de l'ancienne Gaule et de la Germanie, on a donné autre chose que des redites des écrivains de l'antiquité. On a examiné, peuple à peuple, tribu à tribu, les conquérants du v⁰ siècle, et trouvé, dans des différences de caractère, dans des inégalités de culture morale, la cause des variétés que présente la constitution de leurs établissements sur le ter-

« lorsqu'il était debout; placés à un autre point de la perspective, nous
« prenons pour un progrès de l'esprit humain le simple résultat des
« événements, le dérangement ou la disparition des objets. Le voyageur,
« qui foule aux pieds les ruines de Thèbes, est-il l'Égyptien qui demeu-
« rait sous une des cent portes de la cité de Pharaon. » (Études historiques, préface, p. xl.)

L'homme de génie qui a écrit ces lignes donne à la nouvelle école historique française le beau titre d'école politique; mais en même temps il l'avertit de ne pas trop croire à elle-même et de rendre une pleine justice aux travaux de ses devanciers, conseil bon à suivre, même quand il ne viendrait pas de si haut.

ritoire romain. On a distingué dans le royaume des Franks plusieurs zones politiques, et des nuances de mœurs et de populations sous les noms de Neustrie et d'Austrasie. On a marqué, d'une manière plus ou moins précise, le point d'origine de la nation française, mélange de diverses nationalités préexistantes, et séparé ainsi l'histoire de France proprement dite de l'histoire de la Gaule franke[1].

Le fait de la conquête a été étudié dans ses conséquences politiques et civiles; la société gallo-romaine et la société des conquérants germains ont été analysées chacune à part. L'état des personnes dans les deux races, la classification des conditions sociales, les institutions politiques, les institutions locales ont été envisagées d'une manière plus nette, plus exacte, plus conforme au vrai sens des textes originaux. On a cherché à se faire une juste idée des effets de l'invasion des barbares sur l'état moral de la Gaule; on a fait ressortir le côté politique de l'action et de l'influence du clergé gallo-romain. La perpétuité du droit romain après la chute de l'empire, et

---

[1] « Pour les deux premières races, j'adopte généralement les idées « de l'école moderne. Je ne transforme point les Franks en Français; « je vois la société romaine subsister presque tout entière, dominée par « quelques barbares, jusque vers la fin de la seconde race. » (M. de Chateaubriand, Études historiques, préface, p. cxv.)

la conservation plus ou moins entière du régime municipal ont été reconnues et établies sur des preuves incontestables. On a étudié les variations de l'état frank dans son organisation intérieure et dans ses rapports avec les peuples voisins. On a fixé le caractère, si mal déterminé jusque-là, de la royauté et des assemblées nationales sous les deux premières races; on a rattaché à des transformations de la société, à des mouvements nationaux, à de grandes nécessités politiques, les causes des révolutions successives qui renversèrent les deux dynasties frankes.

Une grande place, mais sans exagération soit romanesque, soit philosophique, a été donnée à Charlemagne, comme administrateur et législateur. On a analysé et décrit son gouvernement sous toutes ses faces. On a suivi la marche et recherché les causes du démembrement de son empire; on l'a expliqué par la grande loi de la séparation des états formés en dépit des convenances naturelles et des répugnances nationales.

Le régime féodal a été considéré d'une manière calme et impartiale, comme une révolution nécessaire. On a étudié, d'époque en époque, le vasselage, la hiérarchie des terres et des services, toute l'organisation, tous les éléments de la société féodale, dans leur variété et leur complexité. On a remarqué, dans le fractionnement du territoire sous la féodalité, des divisions correspondantes aux divisions naturelles et physiques, et d'autres provenant de variétés morales parmi la population mélangée, à différents degrés, de barbares et de Gallo-Romains. Des recherches spéciales ont fait éclater sous un nouveau jour le fait d'une nationalité méridionale, opposée, jusqu'au XIIIe siècle, à la nationalité française, et distincte de celle-ci, par la langue, l'esprit, les mœurs, l'état social, toute la civilisation.

La grande question du mouvement communal, celle que sa popularité croissante pourrait faire nommer, entre toutes, la question du siècle, a été mise pour la première fois à son véritable rang. On a reconnu l'étendue et la puissance de ce mouvement révolutionnaire; on a recherché, par l'analyse, les divers principes, les éléments multiples de la formation des communes; on a suivi leur destinée dans ses progrès, ses fluctuations, sa décadence; on a accordé une large part à l'impulsion populaire dans l'affranchissement ou, pour mieux dire, la renaissance des villes municipales[1].

Le caractère nouveau, le rôle vraiment libéral

---

[1] « Louis-le-Gros n'a point affranchi les communes, comme l'a si long-
« temps assuré l'ancienne école historique; mais le mouvement insurrec-
« tionnel général des communes dans le XIe siècle, qu'a remarqué l'école

de la royauté sous la troisième race, point de vue conforme à la tradition des classes bourgeoises, mais rejeté par la théorie philosophique, à passé définitivement dans la science. Les efforts du pouvoir royal pour se faire une place en dehors de la féodalité, les travaux politiques de Louis-le-Gros, les travaux législatifs de Philippe-Auguste et de saint Louis ont reçu leur appréciation dernière, selon la justice et le bon sens. On a donné toute son importance à la grande lutte des légistes contre l'aristocratie féodale; on a recherché les origines et signalé fortement l'apparition du tiers état. Son histoire manquait, elle était faussée, en sens contraire, par ses amis et par ses ennemis; on a suivi son développement graduel à travers les progrès et à travers la décadence des communes proprement dites.

« moderne, ne doit être admis qu'avec restriction; cette école s'est laissé « entraîner sur ce point à l'esprit de système. » (M. de Chateaubriand, Études historiques, préface, p. cxxii.)

Il est à regretter que l'adhésion de l'illustre écrivain n'ait pas été complète sur ce point fondamental. Ses réserves, quoique vaguement énoncées, ont, par l'immense autorité de sa parole, produit une certaine hésitation et un certain trouble dans la science. A bien la considérer pourtant, cette dissidence n'avait rien d'essentiel, car ceux qui ont accordé le plus au fait de l'insurrection populaire dans l'établissement des communes, ne l'ont point donné comme le principe unique de cet établissement; ils ont toujours distingué trois principes de la révolution communale : les restes du régime municipal romain, l'insurrection et l'octroi libre.

CHAPITRE IV.

La renaissance du droit civil, la transformation des coutumes, le progrès, lent mais continu, vers l'unité de législation, l'unité de territoire, l'unité administrative, l'unité d'esprit national, tout cela a été reconnu et décrit sans prévention d'aucun genre. On a établi, avec une grande abondance d'aperçus, les rapports intimes qui existent entre l'histoire politique de la France et l'histoire de l'église aux différentes époques du moyen âge. Il y a une lacune pour ce qui regarde les états-généraux, ébauche informe et prématurée du système représentatif qui ne devait s'établir chez nous qu'avec l'unité de la nation et l'égalité des droits. L'attention de la nouvelle école historique ne s'est point dirigée de ce côté, comme vers la question des communes. En revanche, elle s'est portée avec un remarquable succès sur une époque toute récente, la révolution de 1789. La question de ce grand mouvement et de ses phases diverses a été posée nettement; une loi était trouvée dans ce désordre, la loi des révolutions combattues, loi dont l'inévitable fatalité a quelque chose de triste et d'effrayant, mais qu'il est impossible de ne pas reconnaître dans la réalité et dans l'histoire.

Tels sont les problèmes historiques dont la réunion forme ce qu'on pourrait nommer le fond commun des études actuelles. Quand bien même on n'admettrait pas, comme définitives, toutes les solutions qu'ils ont reçues, il faudrait avouer qu'ils indiquent, en histoire, un mouvement et une liberté d'esprit supérieurs à ce qui s'était vu jusqu'à nous. Dans cette masse de recherches et d'aperçus, il y a des choses qui appartiennent aux esprits les plus divers et aux méthodes les plus dissemblables; c'est la propriété du siècle, je la laisserai indivise. Tous ceux qui, avec plus ou moins de bonheur, ont mis la main à ce travail des vingt dernières années sont assez connus du public; citer les noms serait inutile, et il ne m'appartient pas d'assigner les rangs. Je ne parlerai que d'une seule œuvre, celle de M. Guizot, parce qu'elle est la plus vaste qui ait encore été exécutée sur les origines, le fond et la suite de l'histoire de France; six volumes d'histoire critique, trois cours professés avec un immense éclat, composent cette œuvre dont l'ensemble est vraiment imposant [1]. Les Essais sur l'histoire de France, l'Histoire de la civilisation européenne et l'Histoire de la civilisation française sont trois parties d'un même

---

[1] Les dissertations dont se compose le volume publié en 1822, sous le titre d'Essais sur l'histoire de France, sont en partie extraites du premier de ces cours qui est encore inédit. Le second, Histoire de la civilisation européenne, et le troisième, Histoire de la civilisation française, ont été reproduits textuellement par la sténographie et publiés en 5 vol. de 1828 à la fin de 1830.

tout, trois phases successives du même travail continué durant dix années. Chaque fois que l'auteur a repris son sujet, les révolutions de la société en Gaule depuis la chute de l'empire romain, il a montré plus de profondeur dans l'analyse, plus de hauteur et de fermeté dans les vues. Tout en poursuivant le cours de ses découvertes personnelles, il a eu constamment l'œil ouvert sur les opinions scientifiques qui se produisaient à côté de lui, et, les contrôlant, les modifiant, leur donnant plus de précision ou d'étendue, il les a réunies aux siennes dans un admirable éclectisme. Ses travaux sont devenus ainsi le fondement le plus solide, le plus fidèle miroir de la science historique moderne dans ce qu'elle a de certain et d'invariable. Il a ouvert, comme historien de nos vieilles institutions, l'ère de la science proprement dite; avant lui, Montesquieu seul excepté, il n'y avait eu que des systèmes.

Qu'on regarde les écrits de ceux qui, depuis la renaissance des lettres, ont voulu donner une vue complète de l'histoire sociale de la France et qu'on passe de l'un à l'autre, de François Hotman à Boulainvilliers, de Boulainvilliers à Mably, de Mably à Montlosier, on ne trouvera, au fond, nul progrès. L'abondance des documents imprimés fut, pour les deux derniers, presque égale à ce qu'elle est pour nous, elle ne leur a servi de rien; toujours des méprises, des variantes sur les mêmes données fausses, des suppositions bâties à côté des faits. Mais, quand on arrive à M. Guizot, à ses théories si fortes devant le contrôle des textes originaux et si largement compréhensives, le progrès éclate de toutes parts. L'auteur des *Essais sur l'Histoire de France* et de l'*Histoire de la civilisation française* s'élève à une vue d'ensemble qui est la pure abstraction des faits réels, qui a le double privilége de frapper comme un trait de lumière la commune intelligence, et de rester inattaquable aux yeux de l'érudition exacte et minutieuse. Doué d'un merveilleux talent d'analyse, il marche, comme en se jouant, à travers les époques obscures, où les disparates abondent, où les éléments de la société se combattent l'un l'autre ou se distinguent à peine. Il excelle à décrire le désordonné, le fugitif, l'incomplet dans l'état social, à faire sentir et comprendre ce qui ne peut être formulé, ce qui manque de couleur propre et de caractère bien précis. Il a au plus haut degré l'impartialité critique, la faculté de tenir une balance équitable entre toutes les notions, traditionnelles ou acquises, dont la multiplicité compose le tableau réel, la vraie théorie de notre histoire nationale.

Les efforts de l'école historique moderne ont

eu pour principal objet d'établir, sur des données positives, la nature, l'origine et le caractère des grandes institutions civiles et politiques du moyen âge. Y a-t-il une conclusion supérieure qui se déduise plus particulièrement de la masse des problèmes posés ou résolus? Y a-t-il un système qui soit, en quelque sorte, la voix de la science actuelle, qui, n'appartenant à personne d'une manière exclusive, soit le résultat des travaux de tous? Je crois qu'il y en a un, et que, s'il n'est pas encore tout à fait dégagé de ses enveloppes, parfaitement distinct, parfaitement sensible à toutes les intelligences, on peut le définir et le nommer. Considérée en elle-même, la science historique de nos jours n'a pour aucun point de doctrine, pour aucune tradition séparée des autres, ni prédilection, ni répugnance ; elle comprend tout, elle est curieuse de tout, elle admet tout dans la mesure de son importance véritable. Mais si l'on rapproche ses aperçus les plus généraux des dernières théories produites par la science du xviiie siècle, du système de Mably et de celui de mademoiselle de Lézardière, elle apparaîtra, dans son ensemble, comme une réhabilitation de l'élément romain de notre histoire. La tradition romaine, cette vieille tradition des classes bourgeoises, eut, dans sa destinée, des phases bien diverses. Conservée isolément jusqu'à la fin du xviie siècle, elle se transforma, dans le livre de Dubos, en un système absolu et exclusif; elle absorba, en quelque façon, toute l'histoire de France. Depuis le milieu du xviiie siècle jusqu'à la révolution de 1789, par une sorte de réaction contre Dubos, elle fut de plus en plus délaissée, méconnue, et, pour ainsi dire, bannie de notre histoire. Elle y rentra par l'opuscule de Thouret, qui réunit, côte à côte, comme deux moitiés de la vérité, les systèmes contradictoires de Dubos et de Mably. Depuis Thouret jusqu'à ce jour, le mouvement de réaction a continué, non point en faveur de Dubos, mais en faveur de la vérité, révélée et compromise à la fois par sa thèse extravagante. L'élément romain que la théorie philosophique repoussait, en s'attachant aux souvenirs, fort embellis par elle, de la liberté barbare, s'est relevé du mépris, grâce à trois choses, le sens commun, l'expérience et l'étude. Le travail intime et caché de l'histoire a été de lui rendre son importance, et de lui assigner invariablement la place qu'il a droit d'occuper.

Le point extrême de cette réaction anti-germanique qui, chose inévitable, eut son moment de fougue et d'excès, se trouve dans l'ouvrage de M. Raynouard, intitulé *Histoire du droit municipal en France*. Né dans le pays qui fut, de ce côté des Alpes, la première province romaine, le célèbre académicien semble avoir porté, dans ses recherches, une sorte de patriotisme méridional, qui se plaisait à rattacher la Provence, et par elle la Gaule entière, à tous les souvenirs des temps romains. Personne ne tint moins de compte que lui de la conquête barbare et de ses conséquences, des institutions, des mœurs, de la langue, et du droit germaniques; personne ne conserva aussi purement, dans ce siècle, l'esprit, les sympathies, les préjugés des écrivains du vieux tiers état. Il incline visiblement, quoique avec une certaine mesure, vers le système suranné de Dubos; la conquête franke est à ses yeux une révolution administrative, non un bouleversement social. Il voit après, tout ce qu'il voyait avant, surtout le régime municipal qu'il fait déborder hors des villes, transformant les tribunaux d'origine barbare en débris conservés des institutions romaines. Il reste tellement enfoncé dans sa conviction de la perpétuité du municipe gallo-romain, qu'il n'aperçoit, en aucune façon, le mouvement de la révolution communale du XIIe siècle. Il n'a aucun sentiment des différences qui apparaissent dans la destinée des villes au moyen âge, selon les diverses régions du territoire; le nom de France lui suffit pour qu'il induise et affirme les mêmes choses sur le nord et le midi de la Gaule. Du reste, son livre présente une véritable surabondance de preuves pour ce qui regarde la durée et la continuité de l'organisation municipale, et, quoique faible de critique, il en a dit assez là-dessus pour éteindre toute controverse [1]. Ce livre, venu à temps, a rendu de grands services, et ses exagérations ou ses méprises sont aujourd'hui sans danger. Je ne sais par quelle opération de l'intelligence publique et du bon sens universel, chaque vérité mêlée d'erreur se dégage promptement de l'alliage qui l'entoure, et va grossir la somme des vérités déjà établies ; ainsi se forme la science, et la passion elle-même, ce qu'il y a de moins logique en nous, y contribue.

En résumé, le nouveau caractère, le cachet d'originalité que la théorie de l'histoire de France a reçu des études contemporaines, consiste, pour elle, à être une, comme l'est maintenant la nation, à ne plus contenir deux systèmes se niant l'un l'autre et répondant à deux traditions de nature et d'origine opposées, la tradition romaine et la

---

[1] L'Histoire du Droit municipal en France fut publiée en 1828. Tout prouve que l'auteur, peu curieux de l'érudition allemande, n'eut aucune connaissance de l'ouvrage où M. de Savigny venait de traiter le même sujet avec une largeur de vue et une sûreté de méthode bien supérieures. L'Histoire du Droit romain au moyen âge (Geschichte des Roemischen Rechts im Mittelalter, etc.), 4 volumes in-8°, parut à Heidelberg, de 1814 à 1826.

tradition germanique. La plus large part a été donnée à la tradition romaine, elle lui appartient désormais, et un retour en sens contraire est impossible. Chacun des travaux considérables qui se sont faits depuis le commencement du siècle a été un pas dans cette voie; on s'y presse aujourd'hui, et l'on y entre par tous les points, surtout par l'étude historique du droit, qui rallie, à travers l'espace de quatorze siècles, notre code civil aux codes impériaux [1]. Il semble que cette révolution scientifique soit une conséquence et un reflet de la révolution sociale accomplie il y a cinquante ans, car elle est faite à son image; elle met fin aux systèmes inconciliables, comme celle-ci a détruit, pour jamais, la séparation des ordres. On ne verra plus notre histoire tourner dans un cercle sans repos, être tantôt germaine et aristocratique, tantôt romaine et monarchique, selon le courant de l'opinion, selon que l'écrivain sera noble ou roturier. Son point de départ, son principe, sa fin dernière, sont fixés dorénavant; elle est l'histoire de tous, écrite pour tous; elle embrasse, elle associe toutes les traditions que le pays a conservées; mais elle place en avant

---

[1] Voyez les diverses publications de MM. Dupin, Pardessus, Lerminier, Laferrière, Laboulaye, Klimrath, et les cours professés à l'école de droit par MM. Rossi et Poncelet.

de toutes, celles du plus grand nombre, celles de la masse nationale, la filiation gallo-romaine par le sang, par les lois, par la langue, par les idées.

CHAPITRE V.

Révolution de 1830. — Son caractère, ses effets. — Elle a fixé le sens des révolutions antérieures. — Travaux de recherche et de publication des matériaux inédits de l'histoire de France. — Anarchie des études historiques, déviation des méthodes. — Voie de progrès pour la science de nos origines. — Vue analytique des grandes révolutions du moyen âge. — La conquête et ses suites. — La féodalité, foyer de son organisation. — Permanence et variations du régime municipal. — Révolution communale du XIIe siècle. — Double mouvement de réforme. — L'institution du consulat. — La *Ghilde* germanique. — Son application au régime municipal. — La commune jurée. — Municipes non réformés — Conclusion.

La révolution de 1830, merveilleuse par sa rapidité et plus encore parce qu'elle n'a pas, un seul instant, dépassé son but, a rattaché, sans retour, notre ordre social au grand mouvement de 1789. Aujourd'hui tout dérive de là, le principe de la constitution, la source du pouvoir, la souveraineté, les couleurs du drapeau national. La fusion des anciennes classes et des anciens partis a repris son cours; elle se poursuit sous nos yeux, et se précipite par la lutte même de ces partis nés d'hier, qui ont remplacé, en la fractionnant de mille manières, la profonde et fatale division du pays en deux camps, celui de la vieille France et celui de la France nouvelle. De tous les pouvoirs antérieurs à notre grande révolution, un seul subsiste, la royauté rajeunie et confirmée par l'adoption populaire. Si l'on regarde ce fait comme l'œuvre de la seule raison politique, on se trompe; il a de plus sa raison historique. Notre histoire témoignait auprès de nous, société renouvelée, en faveur de la royauté; car son développement durant six siècles a marché de front avec celui du tiers état; la révolution a voulu et n'a pu l'abolir, elle n'a pu que lui faire subir une interruption de douze ans si l'on compte jusqu'à l'empire, et de huit ans si l'on s'arrête au consulat à vie, sorte d'ébauche du pouvoir royal. Elle durera sans doute, liée invariablement aux garanties de nos libertés politiques, mais c'est à des conditions expresses; la révolution des trois jours a inscrit en regard du vœu national le fameux *sinon non* des cortez aragonaises [1].

Cette révolution que l'avenir jugera dans ses

---

[1] « Nos otros que, cada uno por si somos tanto como os, os hacemos a nuestro rey, con tanto que guardareis nuestros fueros, sino, no. » (Formule d'intronisation des anciens rois d'Aragon.)

conséquences sociales, a fait faire un pas au développement logique de notre histoire; elle a rendu à la première révolution et à l'empire la place qui leur était contestée parmi les grands faits légitimes, et, en terminant les années de la restauration, elle a commencé pour celle-ci l'ère du jugement historique. Vue de ce point extrême, la série de nos changements sociaux prend un sens plus fixe et plus complet; les époques où Mably et son école ne voyaient que décadence, honte et misère morale, sont réhabilitées. Depuis le xiie siècle jusqu'au milieu du xixe, il y a suite et progression dans la vie nationale; d'un point à l'autre, à travers l'intervalle de sept cents ans, l'œil peut mesurer une même carrière laborieusement parcourue, l'esprit, se figurer un même but, poursuivi sans relâche par toutes les générations politiques, par tous ceux à qui la coutume, la loi ou la force des choses ont tour à tour donné le pouvoir. Les révolutions ont achevé l'œuvre des réformes; les contre-révolutions n'ont point fait disparaître ce qui avait été fondé sur la vraie ligne de ce progrès. De tant de destructions, de créations, de transformations successives sont résultées à la fin trois choses : la nation une et souveraine; la loi une, égale pour tous, faite par les représentants de la nation; le pouvoir royal s'appliquant, sous le contrôle du pays, aux nouvelles conditions de la société. Tout est renouvelé aujourd'hui sans que la tradition soit rompue ; voilà ce qu'a fait le travail des siècles, et voilà pour nous le chemin de l'expérience, la leçon de l'histoire nationale.

Notre histoire dont le gouvernement restauré en 1814 méconnut, pour sa ruine, les véritables voies et la pente irrésistible fut, de la part de ce gouvernement, l'objet de deux actes bien contraires, l'un à jamais déplorable, la destruction du Musée des Monuments français [1], l'autre digne d'éloges et de reconnaissance, la création de l'École des Chartes [2]. Cet établissement dont la pensée première appartient à l'empire et que la restauration nous a légué se trouve lié aujourd'hui à une entreprise colossale, conçue et dirigée par le gouvernement, la recherche et la publication de tous les matériaux encore inédits de l'histoire de France. Le grand travail de collection des monuments de notre ancienne existence politique et civile commencé en 1762 et interrompu en 1792, cette œuvre à laquelle s'attachent, avec le nom de Bréquigny, les noms

---

[1] Fondé par les soins d'Alexandre Lenoir, institué par un décret du 29 vendémiaire an IV (1796), et supprimé par ordonnance royale, le 18 décembre 1816.

[2] Voyez la notice historique publiée par M. Martial Delpit, en tête du recueil intitulé Bibliothèque de l'École des Chartes, 1839.

des ministres Bertin, Miromesnil, Lamoignon, Barentin, d'Ormesson et de Calonne[1], a été reprise, et, dans son nouveau cadre, elle embrasse les documents relatifs à l'histoire intellectuelle et morale du pays, à celle des sciences, des lettres et des arts[2]. L'application de la centralité administrative aux recherches historiques était en quelque sorte une loi pour le XIXe siècle, car elle est, tout à la fois, d'accord avec son esprit et avec la nécessité des circonstances. Nous n'avons plus que deux forces, l'action publique et le zèle individuel; la grande puissance des anciennes corporations savantes, l'association religieuse, a disparu. Il faut marcher cependant avec les moyens qui nous restent, et c'est ce qu'a senti l'homme d'état, grand historien lui-même, dont les plans tendent à élever chez nous l'étude des souvenirs et des monuments du pays au rang d'institution nationale.

[1] Voyez les mémoires suivants publiés par l'historiographe Moreau : Plan des travaux littéraires ordonnés par Sa Majesté, pour la recherche, la collection et l'emploi des monuments de l'histoire et du droit public de la monarchie française, 1782. — Progrès des travaux littéraires ordonnés par Sa Majesté et relatifs à la législation, à l'histoire et au droit public de la monarchie française, 1787.

[2] Voyez les rapports adressés au roi par M. Guizot, le 31 décembre 1833, le 27 novembre 1834 et le 2 décembre 1835; Collection de Documents inédits sur l'histoire de France, publiés par ordre du roi et par les soins du ministre de l'instruction publique.

Mais il faut le dire, la fin de cette grande lutte où la France entière, divisée en deux partis, combattait d'un côté et de l'autre avec toutes les forces de l'opinion, cet événement si heureux dans l'ordre politique a produit dans l'ordre moral et intellectuel le relâchement et la désunion des volontés et des efforts. Par cela même qu'elle a été profondément nationale, qu'elle a appelé à la vie politique tous les enfants du pays capables d'y entrer à quelque titre que ce fût, la dernière révolution a été fatale au recueillement des études et à la perfection du sens littéraire. Elle a dispersé dans toutes les carrières administratives cette nouvelle école d'historiens que de mauvais jours avaient rassemblés. La plupart de ceux qui avaient fait leurs preuves et de ceux qui s'étaient préparés à les faire, ont pris des fonctions publiques; ils sont partis, maîtres et disciples, pour ces régions d'où l'on ne revient guère, et où, parfois, l'on perd jusqu'au souvenir des études qu'on a quittées. La discipline de l'exemple, la tradition des règles s'est affaiblie. Dans une science qui a pour objet les faits réels et les témoignages positifs, on a vu s'introduire et dominer des méthodes empruntées à la métaphysique, celle de Vico, par laquelle toutes les histoires nationales sont créées à l'image d'une seule, l'histoire romaine [1], et cette méthode venue d'Allemagne qui voit dans chaque fait le signe d'une idée et, dans le cours des événements humains, une perpétuelle psychomachie. L'histoire a été ainsi jetée hors des voies qui lui sont propres; elle a passé du domaine de l'analyse et de l'observation exacte dans celui des hardiesses synthétiques. Il peut se rencontrer, je le sais, un homme que l'originalité de son talent absolve du reproche de s'être fait des règles exceptionnelles, et qui, par des études consciencieuses et de rares qualités d'intelligence, ait le privilége de contribuer à l'agrandissement de la science, quelque procédé qu'il emploie pour y parvenir; mais cela ne prouve pas qu'en histoire toute méthode soit légitime. La synthèse, l'intuition historique, doit être laissée à ceux que la trempe de leur esprit y porte invinciblement et qui s'y livrent, par instinct, à leurs risques et périls; elle n'est point le chemin de tous, elle ne saurait l'être sans conduire à d'insignes extravagances.

« Il faut que l'histoire soit ce qu'elle doit être
« et qu'elle s'arrête dans ses propres limites, dit
« M. Victor Cousin ; ces limites sont les limites
« mêmes qui séparent les événements et les faits

[1] Voyez l'ouvrage remarquable publié par M. Joseph Ferrari, sous le titre de : Vico et l'Italie, 1839.

« du monde extérieur et réel, des événements et
« des faits du monde invisible des idées. » Cette
règle, posée par un homme d'une rare puissance
d'esprit philosophique, est la plus ferme barrière
contre l'irruption sans mesure de la philosophie
dans l'histoire. Si les événements les plus généraux, ceux dont le cours marque la destinée de
l'humanité tout entière, peuvent, jusqu'à un certain point, trouver leur type dans une histoire
idéale, il n'en est pas de même des faits qui sont
propres à chaque peuple et révèlent, en la caractérisant, son existence individuelle. Toute histoire
nationale qui s'idéalise et passe en abstractions et
en formules sort des conditions de son essence ;
elle se dénature et périt. La nôtre, après un rapide
mouvement de progrès, risque de se trouver
comme enrayée par l'affectation des méthodes et
des formes transcendantes ; il faut qu'elle soit ramenée fortement à la réalité, à l'analyse ; il faut
qu'on cherche des vues nouvelles, non pas au-dessus, mais au dedans des questions nettement
posées. Au point où est parvenue la science de
nos origines, ce qui peut la pousser en avant, ce
sont des études analytiques sur les institutions du
moyen âge, considérées dans leur action variée
sur les diverses portions du sol de la France actuelle. Là se trouveront les moyens de revenir,
avec des développements neufs et des résultats

certains, sur tous les problèmes agités par l'école historique moderne.

Parmi ces problèmes il en est deux qui, ainsi que le montre ce qui précède, sont comme les pivots autour desquels la théorie de notre vieille histoire roule en sens divers, selon la diversité des systèmes. C'est la question des conséquences sociales de l'établissement des Franks dans la Gaule, et celle de l'origine des grandes municipalités du moyen âge. La première domine toute l'histoire de la société française, la seconde domine toute l'histoire de ce tiers état qui a détruit le régime des ordres et fondé l'unité nationale sur l'égalité des droits. Au début de mes études historiques, une sorte d'instinct m'attira vers ces deux questions fondamentales ; elles ont été le point de ralliement d'une grande part des travaux de ma vie ; je reviens à elles et, dans les pages qui vont suivre, je leur apporte un dernier tribut de réflexions et de recherches.

Il s'en faut de beaucoup que tout soit dit sur la conquête et sur l'établissement des Franks. Selon les systèmes absolus qui, successivement, dominèrent avant ce siècle, la conquête fut considérée : tantôt comme une délivrance de la Gaule, dont les indigènes appelèrent à leur aide les Franks contre les Romains ; tantôt comme une cession politique du pays, faite par les empereurs romains aux rois franks, officiers héréditaires de l'empire; tantôt comme une extirpation, violente mais salutaire, de tout ce qu'il y avait de romain dans les institutions, les lois et les mœurs, et comme l'avénement d'une société et d'une constitution nouvelles, toutes formées d'éléments germaniques. On sait aujourd'hui, de manière à ne plus varier là dessus, que la conquête franke ne fut rien de tout cela; on est fixé sur son caractère de force brutale mais non totalement destructive, d'impuissance à renouveler tout et d'impuissance à tout abolir en fait d'institutions et de lois. Mais ce caractère, établi d'une manière générale, ne rend pas raison de tous les faits; la domination franke ne s'éleva pas d'un seul coup dans toute l'étendue de la Gaule; il y eut, pour chacun de ses progrès, des conditions diverses, et les effets de cette diversité doivent être étudiés séparément dans chaque portion du territoire où elle se montre. Du Rhin à la Somme, les invasions, sans cesse renouvelées pendant près d'un siècle, furent désastreuses sans mesure, et les bandes des Franks, incendiant, dévastant, prenant des terres chacune à part, se cantonnèrent une à une, sans offrir aux indigènes ni capitulation ni merci. Entre la Somme et la Loire, il y eut des capitulations avec le pouvoir municipal représenté surtout par les évêques; les dévastations furent moins furieuses, et les violences moins gratuites; il y eut dans l'invasion des Franks Saliens, sous la conduite d'un seul chef, quelque chose de politique, à prendre ce mot dans le sens applicable à de tels hommes et à de pareils événements. C'est là qu'il faudrait aller chercher la trace de leurs prétendues facultés constituantes; car toute administration provinciale disparut devant eux, et, possesseurs du pays d'une façon moins désordonnée, ils furent maîtres de l'organiser d'après leurs instincts nationaux. Dans leurs conquêtes postérieures au sud de la Loire et vers le Rhône, sur les Visigoths et les Burgondes, ils rencontrèrent les débris du régime romain, non plus à l'état de simples débris, mais déjà liés par un premier essai de gouvernement germanique. Le passage du gouvernement civilisé à la domination barbare, s'était opéré là sans eux, à des conditions qu'ils n'avaient point faites, et qu'eux-mêmes furent contraints de maintenir.

Dans le royaume des Visigoths, l'organisation municipale était non-seulement tolérée, mais garantie d'une manière expresse. Dans ce royaume et dans celui des Burgondes, à côté de la loi du peuple conquérant, on trouvait un code de lois romaines compilé par ordre des rois et sanctionné par eux [1]. Sur tout le territoire où dominaient ces deux peuples, il y avait eu un partage régulier de terres entre les Barbares et les Gallo-Romains; des lois avaient été faites pour maintenir strictement le partage primitif et arrêter les invasions et les spoliations ultérieures [2]. Un pareil ordre de choses dut donner dans ces contrées, qui embrassaient toute la Gaule méridionale, plus de fixité et de solidité à la propriété romaine ébranlée et menacée d'une entière destruction par l'envahissement germanique. Les domaines romains, ceux dont la propriété continua de se régir par les règles du droit civil, restèrent, après l'établissement complet de la domination franke, bien plus nombreux au sud de la Loire qu'ils ne l'étaient au nord de ce fleuve. Des traces de cette variation subsistent, aujourd'hui même, sur la carte de France, où il serait

---

[1] Le code romain du royaume des Visigoths est connu sous le nom de *Breviarium Aniani*; celui du royaume des Burgondes, sous le nom de *Papiani responsa*. Voyez ci-après.

[2] Voyez, dans les lois des Visigoths, les titres suivants : De divisione terrarum facta inter Gothum et Romanum; De silvis inter Gothum et Romanum indivisis relictis; Ne post quinquaginta annos sortes Gothicæ vel Romanæ amplius repetantur (Canciani leg. antiq. barbar., t. IV, p, 175-177), et ce titre de la loi des Burgondes : De removendis Barbarorum personis, quotiens inter duos Romanos de agrorum finibus fuerit exorta contentio. (Ibid., p. 30.)

facile de les relever. Il faudrait noter, par province, les noms de toutes les communes rurales, et mettre à part, d'abord, ceux où figure, comme composant, un nom d'homme de langue teutonique, puis ceux dans la composition desquels s'aperçoit un nom propre, romain ou gaulois, et enfin ceux qui, évidemment contemporains de la conquête, ne présentent ni l'une ni l'autre de ces deux particularités. On établirait, d'après ce triage, pour chaque région du territoire, dans quelle proportion relative les trois classes de noms de lieu y coexistent [1]. Chacune des localités auxquelles un homme de la race conquérante attacha son nom et son orgueil peut être considérée comme un monument des prises de possession de la conquête. Là où apparaissent des noms d'hommes d'origine gallo-romaine, il est clair que les Gallo-Romains ne furent pas dépossédés en masse, et que même ils purent fonder, comme les barbares, des domaines nouveaux et considéra-

[1] Bien entendu que, dans chacune des trois catégories, on ne prendra en considération que les noms de lieu qui peuvent légitimement se rapporter à la période franke, et qu'on négligera ceux que des signes évidents rangent à une époque postérieure. Ainsi, l'on relèvera les noms où se rencontrent, soit au commencement, soit à la fin, les mots *ville*, *villiers*, *court*, *mont*, *val*, *bois*, *font*, *fontaine*, etc., et on négligera ceux où l'on trouve *mas*, *ménil*, *plessis*, etc.; on négligera pareillement ceux qui, par les mots *pré*, *moulin*, etc., semblent indiquer, non un domaine complet, mais de simples dépendances.

bles. Là enfin où d'anciens noms, purement géographiques, se présentent seuls, il est probable que la balance de la propriété, après l'invasion, demeura favorable aux indigènes, que l'expropriation fut partielle à l'égard de chaque domaine, ou que, du moins, elle n'alla pas jusqu'à réunir ensemble plusieurs domaines pour en ériger de nouveaux. La fréquence plus ou moins grande des noms d'hommes, romains ou germaniques, et la loi suivant laquelle ces derniers deviennent de plus en plus rares à mesure qu'on descend du nord au midi, fourniraient ainsi, je ne dis pas la statistique des mutations de propriété opérées après la conquête, mais une ombre de cette statistique impossible à retrouver aujourd'hui, mais quelque chose d'analogue à ce que produit le travail philologique par lequel on recherche, sous la langue vivante, les vestiges d'un idiome perdu [1].

Une autre série de faits curieuse à établir, pour l'appréciation des conséquences politiques de la conquête, est celle qui constate la bizarre des-

---

[1] Franconville et Romainville, près Paris, sont désignés dans les actes du ixe siècle par les curieux noms de *Francorum villa* et *Romana villa*. Dans les dénominations géographiques de la banlieue de Paris, les noms propres d'origine germanique, joints aux mots *ville, villiers, court, mont*, etc., sont beaucoup plus nombreux que les noms romains. Voyez l'ouvrage d'Adrien de Valois intitulé *Notitia Galliarum ordine litterarum digesta*, p. 418, 428 et passim.

tinée du mot frank, passant de sa signification nationale à une signification sociale et, par suite, morale. Il y a dans cette étude de philologie historique bien des révélations sur l'impression que produit l'existence d'un peuple dominateur au milieu d'une société qu'il a vaincue, et dans laquelle il s'est emparé de la souveraineté politique, de la prééminence civile, et de la richesse immobilière. Les causes qui firent que, par degrés, le mot *Franc* devint un titre de condition et d'honneur, exprimant la liberté et la possession par excellence, furent multiples et de différents genres. D'abord, à l'époque même de la conquête, le nom national n'était porté que par les Franks pleinement libres ; eux seuls figurent sous ce nom dans les lois et dans les actes publics ; les autres, non propriétaires et fermiers, sont nommés *lites* [1].
Le nom de Romain, au contraire, n'appartenait pas seulement à des hommes libres et propriétaires, mais aussi à des colons et à des ouvriers

---

[1] On trouve une fois, dans Grégoire de Tours, les mots *franks ingénus* servant à désigner ceux que leur qualité d'hommes libres exemptait de tout tribut public ; mais, homme d'origine gallo-romaine, il emploie ici une formule que les Franks eux-mêmes n'admettaient pas. — *Lite*, *lide*, *lete*, *late*, *laze*, suivant les différents dialectes germaniques, devait signifier un homme de moindre condition, un homme de rang inférieur, un homme du dernier rang ; en anglais *little*, petit, *lesser*, moindre, *laste*, dernier ; en allemand, *letzte*, dernier.

chargés de redevances quasi-serviles [1]. Le peu de division de la propriété en Gaule, au déclin de l'empire, ne permet pas d'évaluer à plus de cent mille le nombre des possesseurs de domaines dans les provinces du nord où se fit l'établissement territorial de la population franke, où se formèrent ensuite les institutions et la langue politique de l'état gallo-frank. Ce nombre, on peut le croire, fut réduit de moitié par les dévastations et les spoliations de la conquête, et il diminua de plus en plus. Il est probable qu'au VIIe siècle, entre le Rhin et la Loire, les domaines possédés par des Franks se trouvaient beaucoup plus nombreux que les domaines conservés ou acquis par des familles indigènes. Les concessions de terres faites par Charles Martel sur les biens des églises, firent pencher encore, d'une manière considérable, la balance du côté des Franks. Les grandes armées du maire du palais se

---

[1] Si quis Romanus homo possessor, id est qui res in pago ubi remanet proprias possidet, occisus fuerit... (Leg. salica. tit. xliv, § 15, apud script. rer. gallic. et francic., t. IV, p. 148.) — Si quis Romanum tributarium occiderit... (Ibid., § 7, p. 147.)—Dedit..... idem Theodo dux, de Romanis tributales homines 80 cum coloniis suis in diversis locis. (Donationes factæ eccles. Salisburgensi; Ducange, Glossar., ad script. mediæ et infimæ latinitatis, verbo *tributales*.) — Tradiditque tributales Romanos ad eumdem locum in diversis locis colonos centum sedecim. (Ibid.)

recrutaient d'aventuriers venus d'outre-Rhin qui, entrant dans son vasselage, abjuraient leur nationalité, et devenaient Franks de nom et de condition. Enfin, le nombre des Franks, possesseurs à titre perpétuel, ne cessa de s'accroître par l'habitude, de plus en plus générale, de l'hérédité des bénéfices, et le nombre des propriétaires gallo-romains de diminuer par l'entrée de cette classe d'hommes dans les ordres ecclésiastiques, ou par leur soumission volontaire au patronage des églises, pour obtenir une sauvegarde contre les violences de leurs voisins barbares, ou celles des officiers royaux.

Quand bien même la proportion du nombre se serait maintenue égale, les Franks l'auraient encore emporté par la grandeur de leurs possessions, par leur importance politique et militaire, par leur valeur sociale, qui légalement était double de celle des Romains, et qui, dans l'orgueil du vainqueur, devait être énormément plus grande [1]. De tout cela, résultèrent de nouvelles formules qui apparaissent dans la langue poli-

---

[1] V. leg. salic., tit. xxxv, §§ 3 et 4 ; tit. xliv, §§ 1, 6 et 15 ; tit. xlv, §§ 1 et 3, et leg. Ripuar., tit. xxxvi, apud script. rer. gallic. et francic., t. IV.—Dans un décret de Hildebert II, qui règle la procédure à suivre à l'égard des coupables de différents crimes, le Romain libre et propriétaire, le lite, le colon et l'esclave domestique sont confondus ensemble, et distingués du Frank par les mots *personne inférieure* (*debilior persona*) : *Si Francus fuerit, ad nostram presentiam dirigatur,*

tique, un siècle après la conquête, et dont l'usage, dès lors, fut de plus en plus fréquent. Sous le règne de la première race, se montrent deux conditions de liberté, la liberté par excellence, qui est la condition du Frank, et la liberté de second ordre, le droit de cité romaine. Sous la seconde race, la liberté franke est seule comptée dans l'ordre politique ; l'autre s'est resserrée dans l'enceinte des villes municipales, où elle dure comme une chose sans valeur et sans nom. L'impression produite sur les esprits et sur le langage, par la haute existence des Franks d'origine, des hommes vivant sous la loi salique, ne se borna pas là ; elle fit de leur nom de nation et de prééminence, l'expression usuelle des qualités nobles de l'âme et du corps, de la force, de la hardiesse, de la promptitude, de la sincérité et de la droiture, de tout ce qui est énergique, décidé, net, complet dans son genre [1].

La durée de la propriété foncière dans les familles gallo-romaines des contrées méridionales

et si debilior persona fuerit, in loco pendatur (Decretio Childeberti II, d. a. 595 apud Baluz, capitul. reg. franc., t. I, p. 19).

[1] Franc, au xiie siècle, signifiait puissant, riche, libre, homme considérable. Les *Francs de France*, pour les grands de France, se trouve dans une chanson de l'époque.—Voyez pour les acceptions actuelles des mots *franc, franchement, franchise*, le Dictionnaire de l'Académie ; plusieurs de ces idiotismes ont passé de notre langue dans les langues étrangères.

fut l'une des causes qui, dans ces contrées, firent reparaître assez promptement le droit romain à l'état de loi territoriale. De là surtout vint que, dès le IXe siècle, on faisait la distinction du pays où les jugements avaient lieu selon la loi romaine, et du pays où les causes se jugeaient d'après une autre loi [1]. Ce que, dans la langue de l'ancien droit français, on nommait le *franc-alleu* du Languedoc, de la Guienne et de la Provence, se rapporte, en dépit de l'étymologie, à une origine plus certainement romaine que germanique [2]. L'allodialité, dérivant des vieilles lois germaines, ne put se maintenir que dans les pays entièrement ou presque entièrement colonisés par des Germains; l'extrême nord de la Gaule fut dans ce cas; la franchise de possession s'y perpétua, même pour des domaines très-peu considérables, en regard de la féodalité [3]. Le berceau de la féodalité française fut la Gaule centrale; une distinction marquée doit s'établir, à cet égard, entre les trois régions du nord, du centre et du

---

[1] In illa terra, in qua judicia secundum legem romanam non judicantur... In illis autem regionibus, in quibus secundum legem romanam judicantur judicia. (Editum Pistense, art. 16 et 26, apud script. rer. gallic. et francic., t. VII, p. 659 et 660.)

[2] Voyez le Traité du Franc-alleu de la province de Languedoc, par Cazeneuve (1645), et l'ouvrage de Dominicy, intitulé *De Prerogativa allodiorum, in provinciis quæ jure scripto utuntur* (1645).

[3] Voyez Histoire de Flandre, par Warnkœnig, t. I, p. 218, 241.

sud ; c'est au centre que domine la maxime : *Nulle terre sans seigneur.* Le berceau de la féodalité européenne fut la France et la Lombardie. Bien qu'il n'y eût dans le système féodal autre chose que le pur développement d'une certaine face des mœurs germaniques, ce système ne s'implanta dans la Germanie que par imitation, d'une manière tardive et incomplète; toutes les terres n'y devinrent pas des fiefs, et il se passa longtemps avant que tous les fiefs y fussent héréditaires [1]. Ce régime bizarre, fruit d'une double impossibilité pour l'administration romaine de rester debout, et pour les institutions germaniques de s'établir sur le sol conquis, dut s'organiser le plus complétement, et s'organisa en effet, dans les pays où cette impossibilité fut la plus grande. Or, quelles en étaient les conditions? Il y en avait deux principales : d'abord, que la population conquérante ne fût pas tellement nombreuse que la face du pays pût être renou-

---

[1] Le mot fief, dans la langue allemande, se rend par une expression comparativement moderne, *lehn* qui signifie chose prêtée, et non par les anciens mots théotisques *fe* ou *feh* (solde, récompense), ou par le composé *fe-od* (propriété-solde), qui ont passé presque intacts dans les dialectes romans. On trouve les mots *feum* et *fevum* dans les actes publics et privés dès le milieu du xe siècle. L'aspiration forte du mot *feh* se permuta en *f* ou en *v* dans la prononciation romane. Les Français disaient *fié* ou *fief*, et les Bourguignons *fied*, dérivé du composé théotisque *fe-od*; en latin *feodum, feudum*.

velée par elle, car ses institutions antérieures auraient donné leur forme à cette recomposition sociale ; en second lieu, que cette population, inférieure en nombre aux anciens habitants du sol, fût tout à fait rebelle, par ses mœurs, à l'ancienne administration du pays. Ainsi, les pays colonisés, dans le sens complet du mot, par les conquérants germains, devaient devenir, pour les institutions, radicalement germaniques. Les pays incomplétement colonisés par des tribus germaines déjà formées à des habitudes de civilisation, avaient chance de conserver, en partie du moins, le régime romain. Il n'y avait que les pays où l'ancienne société ne pût être balayée par la conquête et où le degré de barbarie était extrême chez les conquérants, qui fussent exclus de l'une et de l'autre de ces chances. La partie de la Grande-Bretagne conquise par les Anglo-Saxons, et l'extrémité nord de la Gaule, étaient dans le premier cas ; la Gaule méridionale, conquête des Goths et des Burgondes, était dans le second ; la Gaule centrale, conquête des Franks, et la haute Italie, conquête des Langobards, étaient dans le troisième.

L'ordre social romain, dans toutes ses parties, répugnait aux Franks ; ils n'aimaient pas l'habitation des villes ; les impôts, la subordination civile, le pouvoir strict et régulier des magistrats, leur étaient odieux. D'un autre côté, l'organisation libre et démocratique des tribus germaines, ne pouvait se maintenir en Gaule, où les hommes d'origine franke vivaient clair-semés dans les campagnes, séparés l'un de l'autre par de grandes distances, et, plus encore, par l'inégalité de fortune territoriale, fruit des hasards de la conquête. La pratique des assemblées de canton, celle des assemblées nationales et le système de garantie mutuelle qui liait en groupe de dix et de cent tous les chefs de famille, durent, par la force des choses, tomber en désuétude [1]. Cette portion des mœurs germaniques alla déclinant de plus en plus; mais une autre portion de ces mêmes mœurs, l'habitude du vasselage, devint de plus en plus vivace, et finit par se rendre dominante. Elle fut le seul lien social auquel, dans l'anarchie des volontés et des intérêts, se rattachèrent ceux qui repoussaient avec dédain la cité romaine, et pour qui la vieille cité germanique n'était plus désormais qu'un rêve impossible à réaliser. Cette

---

[1] L'ancien canton germanique se divisait en centuries et en décanies où les hommes libres étaient caution l'un de l'autre pour le bon ordre et la paix publique; c'est ce qu'on appelait *burg* ou *borg*, garantie, sur le continent, et *frith-borh*, garantie de paix, dans l'Angleterre saxonne, où ce genre d'institution conserva de la puissance par les raisons dites ci-dessus. V. *Leges de Fidejussoribus, de Friborgis, de Centurionibus seu capitalibus friborgi* (Canciani leg. antiq. barbar., t. IV, p. 273, 338, 340.)

société à part, que formaient, au sein de chaque tribu germaine, les patrons et les vassaux, espèce d'état dans l'état, qui avait sa juridiction, sa police, ses usages particuliers, grandit ainsi rapidement en force et en importance. Elle se joua de la volonté qu'avaient les rois franks de régner à la façon des empereurs, et elle les contraignit à la protéger, à lui donner des chartes de sauvegarde contre les fonctionnaires publics de tout ordre et de tout rang[1]. Les vassaux de chaque personnage considérable, ceux qui s'étaient recommandés à lui selon le cérémonial germanique, n'avaient plus d'autres juges que lui; c'est-à-dire qu'il répondait de tous leurs délits, comme il répondait pour eux du service militaire et de tout ce qu'ils devaient à l'état. Leurs garanties personnelles s'absorbaient, en quelque sorte, dans la sienne; et il semble que les rois de la première et de la seconde race aient préféré, comme plus commode

[1] Voyez les formules de Marculfe, les diplômes des rois mérovingiens et les Capitulaires. — Le mot, dont l'apparition dans les actes signale la feodalité naissante, est *vassus*, dont on peut établir de la manière suivante l'origine et les variantes. Du verbe théotisque *vassen*, *fassen*, lier, attacher, s'est formé le substantif *vasso*, ou *vasse*, et avec la désinence du singulier masculin *vassor* ou *vasser*; cette dernière forme, transportée intégralement dans la langue romane, a produit le vieux mot *vasseur*. *Vassal*, qui est à la fois théotisque et roman, s'est formé par l'addition, au radical *vass*, d'une désinence adjective. Vavasseur, en latin *valvassor*, en langue théotisque *wal-vassor*, s'est composé par l'addition de l'adverbe *wal* ou *wol*, bien, et sigifie *bien attaché*.

pour eux-mêmes, cette responsabilité collective à la responsabilité individuelle des hommes libres, soit riches, soit pauvres. Ils contribuèrent ainsi, par leur propre législation, à précipiter le mouvement qui devait un jour emporter leur puissance [1].

Tout s'effaça donc et périt dans la Gaule, en fait d'institutions germaniques, sauf le vasselage. Il y avait là quelque chose d'élémentaire, de matériel, de présent et de vivant, le don et la reconnaissance, le serment et la fidélité, qui devait avoir plus de force et de durée que les pratiques sociales fondées sur le sentiment du droit personnel, sur l'indépendance des anciens chefs de famille, sur de vieilles traditions qui devenaient chaque jour plus faibles et plus incertaines. Charlemagne profita largement du vasselage, comme lien militaire; mais il ne se borna pas là; il fit entrer la clientelle aristocratique parmi les moyens d'ordre et de police qu'il rassemblait, de toutes mains, autour de lui. Il alla même jusqu'à sanctionner, au profit des seigneurs, le devoir du vassal de prendre les armes

---

[1] Villam aliquam nuncupatam illam, sitam in pago illo... et ille tenuerat... cum omni integritate ad ipsam villam aspiciente... in integra emunitate absque illius introitu judicum de quibuslibet causis ad freda exigendum.... (Marculfi lib. 1, form. 17, apud script. rer. gallic. et francic., t. IV, p. 475.)

pour les vengeances domestiques et les guerres privées[1]. L'accord qu'il maintenait, par son génie et son activité, entre tant d'éléments disparates d'organisation sociale, fut passager, et, après lui, le vasselage militaire ou la barbarie organisée, continuant seul ses progrès, finit par absorber tout.

La confusion du droit de propriété et du droit de souveraineté dans chaque domaine, la prétention de posséder pleinement et héréditairement tout ce que les rois conféraient, soit en bénéfices territoriaux, soit en dignités politiques, furent, pour les chefs et les guerriers franks, des idées contemporaines de l'établissement qui suivit la conquête. S'il était contre leur nature de se plier à l'état de sujets d'une puissance publique, il leur répugnait également de se considérer comme de simples officiers révocables de cette puissance. Ils ne voulaient voir dans leur position sociale à tous ses degrés, qu'un partage des fruits de la conquête, et prétendaient que leur lot, quel qu'il fût, terres, bénéfices, dignités, devînt immuable sous la seule condition de foi

---

[1] Et si quis de fidelibus nostris contra adversarium suum pugnam aut aliquod certamen agere voluit, et convocaverit ad se aliquem de comparis suis ut ei adjutorium præbuisset, et ille noluit et exinde negligens permansit ipsum beneficium quod habuit auferatur ab eo, et detur ei qui in stabilitate et fidelitate sua permansit. (Capitul. ann. DCCCXIII, apud script. rer. gallic. et francic. t. V, p. 688.)

et d'hommages envers le chef suprême des conquérants. Dès le premier jour, ils entrèrent en lutte avec le pouvoir royal, pour l'accomplissement de ce projet, et leur postérité n'eut de repos que lorsqu'elle se vit maîtresse dans cette lutte. Sa victoire fut l'avénement du régime de souveraineté privée, de subordination militaire, et d'orgueil aristocratique, qu'on nomme le système féodal. L'orgueil, chez les Franks, était plus fort et plus hostile aux vaincus que chez les autres Germains; ils sont les seuls dont les lois établissent une différence de valeur légale entre le Romain et le Barbare, à tous les degrés de condition sociale. Ni les Goths, ni les Burgondes, ni les Alamans, ni les Suèves qui prirent le nom de Baïwares, et occupaient un pays où il y avait de grandes villes romaines, ne firent rien de semblable [1], quoique souvent, dans leurs accès de colère, il leur arrivât d'employer le nom de Romain comme un terme d'injure [2]. S'il n'est pas exact de donner pour seuls ancêtres au ba-

---

[1] V. Canciani, Leges antiq. barbar. passim.

[2] Quos nos, Longobardi, scilicet Saxones, Franci, Lotharingi, Baïwarii, Suevi, Burgundiones, tanto dedignamur, ut inimicos nostros commoti, nil aliud contumeliarum, nisi *Romane* dicamus : hoc solo id est Romanorum nomine quidquid ignobilitatis, quidquid luxuriæ, quidquid mendacii, immo quidquid viciorum est, comprehendentes. (Luitprandi legatio ad Nicephorum Phocam, apud corp. script. hist. Bizant., part. xi, p. 348, Bonnæ, 1828.)

ronnage français, les Franks du v° et du vi° siècles, on doit reconnaître que le mépris intraitable des derniers conquérants de la Gaule, pour ce qui n'était pas de leur race, a passé, avec une portion des vieilles mœurs germaniques, dans les mœurs de la noblesse du moyen âge. L'excès d'orgueil attaché si longtemps au nom de gentilhomme est né en France; son foyer, comme celui de l'organisation féodale, fut la Gaule du centre et du nord, et, peut-être aussi, l'Italie lombarde. C'est de là qu'il s'est propagé dans les pays germaniques, où la noblesse, antérieurement, se distinguait peu de la simple condition d'homme libre. Ce mouvement social créa, partout où il s'étendit, deux populations, et comme deux nations profondément distinctes; il anéantit la classe des anciens hommes libres, ou enleva tout lustre à leur état. En Allemagne, il causa de grandes luttes et des guerres intestines; en Angleterre, la conquête des Normands mit l'esprit nobiliaire des Français, accru d'une nouvelle dose d'orgueil, à la place du patronage presque patriarcal des chefs et des nobles saxons.

Le démembrement de l'empire carolingien, quelle qu'en fût la cause, et cette cause est complexe, fut à la fois nécessaire et utile. Si cet empire avait pu garder, comme l'empire romain dont il était une image grossière, l'unité et la fixité d'administration, qui forcent, à la longue, le consentement des peuples, il aurait peut-être atteint son but; mais Charlemagne, homme double d'esprit, Romain et Germain à la fois, donna le premier coup à son œuvre, en appliquant à l'empire la règle de partage des domaines germaniques. Cette règle fut suivie par ses successeurs, et les partages, faits, défaits, modifiés plusieurs fois dans un règne, ramenèrent, sous d'autres formes, tous les désordres des temps mérovingiens. Les populations restées en dehors de la hiérarchie du vasselage et vivant sous les débris de l'ancienne discipline sociale, soit dans les cités de fondation romaine, soit dans les villes fondées récemment, ne trouvèrent au-dessus d'elles, pour leur protection et le maintien de l'ordre, qu'une souveraineté dont le centre variait sans cesse, et passait capricieusement de la Gaule en Germanie, et de la Germanie en Gaule. Les délégués de cette souveraineté, comtes, ducs, marquis, ou étaient fréquemment changés, et alors, étrangers à leur province, ils tombaient comme des fléaux sur les pays qu'ils venaient régir; ou, s'ils jouissaient longtemps de leur charge, jusqu'à pouvoir la transmettre à titre héréditaire, ils en abusaient impunément, et rejetaient sur un pouvoir éloigné, incertain, inconnu en quelque sorte, le mal qu'ils faisaient eux-mêmes, et les griefs du pays. Tout cela changea, quand la souveraineté fut morcelée, et quand le territoire social fut partout circonscrit dans une localité de médiocre étendue; les populations trouvèrent en face d'elles un pouvoir présent à qui elles purent demander compte du tort qui leur était fait; on vit, en moins d'un siècle, poindre et se développer une lutte politique d'un nouveau genre, celle des sujets contre les souverains locaux, seigneurs ou évêques. Dans le midi, ce fut contre les seigneurs laïcs, avec l'aide et l'appui des évêques restés fidèles à leur ancienne mission de membres et de soutiens du régime municipal; dans le nord, contre les évêques eux-mêmes, qui, par des abus successifs, avaient transformé leur part d'autorité et de juridiction civile en seigneurie absolue. D'un autre côté, les seigneurs bien intentionnés, et il y en eut de tels, plus tranquilles et plus libres d'action dans leur indépendance, se trouvèrent à l'aise pour appliquer, en petit, les traditions administratives de l'empire de Charlemagne. Au nord, les comtes de Flandre, au midi, les comtes de Toulouse, en donnèrent un exemple remarquable. Telles furent, du moins en partie, les causes qui firent apparaître, au commencement du xie siècle, les premiers symptômes de renaissance de la vie civile.

D'autres causes concoururent avec celles-là, et agirent simultanément. Cette société urbaine, débris du monde romain, ou nouvellement formée autour des monastères, à l'imitation de ces débris, avait besoin de voir au-dessus d'elle des pouvoirs qui eussent le caractère d'une autorité publique. Elle était, par sa nature même, antipathique au pouvoir personnel, essence du régime féodal; dès qu'elle eut le sentiment de sa force, elle réagit contre ce régime. La réaction commença lorsque la féodalité, parvenue à l'état d'organisation complète, eut changé le principe de l'autorité, et mis à la place de l'administration et de l'obéissance civiles, d'un côté la seigneurie, patronage sans contrôle et domination privée, de l'autre le vasselage pour les nobles, et le servage pour les plébéiens; lorsque les pouvoirs ecclésiastiques eux-mêmes, l'épiscopat dans les villes, et la dignité abbatiale dans les bourgs de fondation nouvelle, pouvoirs qui, sous des formes théocratiques, avaient conservé un caractère social, et continué d'une manière plus ou moins efficace l'ancienne administration des intérêts publics, se furent transformés, comme les pouvoirs laïcs, en priviléges seigneuriaux. Alors, il se fit un grand mouvement qui agita et souleva, au sein des villes, la classe d'hommes dont les occupations héréditaires étaient le commerce et l'industrie, classe d'hommes, anciennement libres et civilement égaux, qui ne pouvaient s'ordonner dans la hiérarchie du vasselage, qui n'avaient rien de ce qu'il fallait pour cela, ni les mœurs toutes guerrières, ni la richesse territoriale, et que la féodalité menaçait de réduire à la condition de demi-esclavage des cultivateurs du sol. Le but de ce mouvement, qui apparut sous différentes formes et s'aida de moyens divers, fut partout le même; ce fut de retrouver, de raviver, de rajeunir en quelque sorte, les éléments dégradés de la vieille société civile.

Au XIIe siècle, on voit le régime municipal entrer dans le droit politique dont il se trouvait exclu, par le fait sinon par la loi, depuis l'établissement de la domination franke. Dans presque toutes les villes anciennes, son organisation se réforme d'après des types très-diversifiés; il éclate dans les nouvelles villes, où s'étaient peu à peu réunis les éléments nécessaires à sa formation; c'est ce que, dans la langue historique de nos jours, on nomme la révolution communale. Cette révolution a été vivement signalée, et l'on a rappelé non moins vivement le fait, contesté au dernier siècle, de la persistance du régime municipal romain; entre ces deux points d'histoire se trouve la partie obscure des origines de notre société moderne. Ce n'est pas tout de dire que le régime municipal a duré depuis les temps romains, il faut pouvoir dire aussi quelle a été la grande loi, quelles furent les vicissitudes de cette permanence jusqu'à l'époque où se prononcent, sous forme de révolution, la renaissance des villes et l'avénement politique des magistratures urbaines. Et d'abord, il faut établir quelles altérations subit, dans toute la Gaule, le régime municipal après l'invasion des barbares; si l'on recueille là-dessus les témoignages historiques et qu'on les éclaire par l'induction, l'on trouvera que les modifications de ce régime, du moins dans les premiers temps, furent loin d'être défavorables à l'existence libre des villes. La partie la moins importante des priviléges municipaux sous le régime impérial était la juridiction. Les magistrats des villes, dans les provinces, n'avaient que la police correctionnelle et le jugement de première instance; le *défenseur de la cité* [1], quand fut instituée cette magistrature garantie suprême de la liberté municipale, n'obtint que le droit de juger en dernier ressort les moindres causes civiles, et le droit d'instruction au criminel; la haute justice appartenait tout entière aux gouverneurs impériaux [2]. Dans l'anar-

---

[1] *Defensor civitatis, plebis, loci.* V. lib. I, cod. Theod. de defensoribus, § 1, 55, et novellam Majoriani 5.

[2] *Rectores, judices, consulares, correctores, præsides, comites,*

chie et le désordre qui suivirent la retraite des fonctionnaires romains devant les bandes germaniques, tout cela dut changer, et il fallut de nécessité que les autorités municipales, le défenseur, l'évêque, la curie tout entière, les plus notables citoyens, s'emparassent des pouvoirs laissés vacants, et devinssent à la fois, pour la ville et son territoire, administrateurs et juges [1].

Cet agrandissement des pouvoirs municipaux loin d'être défait ou troublé par l'installation d'un comte sous l'autorité des rois germains, reçut au contraire, de la présence de cet officier, une sorte de sanction légale. Le comte ou *graf*, dans les cantons de la Germanie, était juge au civil et au criminel ; il siégeait en justice avec les principaux chefs de famille dont les opinions, recueillies par lui, étaient la règle de ses jugements. Les comtes de race germanique, suivant leur mission et leurs habitudes nationales, firent, dans chaque cité de la Gaule, ce que leurs pareils faisaient au-delà du Rhin. Dès qu'il y eut un crime à punir ou un procès à juger, ils convoquèrent, selon leur vieil usage, ceux que les Germains appelaient dans leur langue, les *meil-*

---

duces, etc. Voyez la notice des dignités de l'empire sous Valentinien III; Recueil des historiens des Gaules et de la France, t. I, p. 125.

[1] *Curia, ordo, principales, optimi cives, primi patriæ.* Voyez Savigny, Hist. du Droit romain au moyen âge, t. I, chap. 5, §§ 1, 2, 3.

leurs hommes, les *hommes puissants*, les *bons hommes*, les *fortes cautions* [1]. Or, à quelle classe d'hommes, dans la cité municipale, s'adressait une pareille convocation? Exactement à ceux que la force des choses venait, dans l'espèce d'interrègne qui précéda l'établissement barbare, d'investir de tous les droits judiciaires. Selon les idées sociales des conquérants, cette classe d'hommes avait le droit de justice, c'était son droit naturel; la *curie* gallo-romaine fut un *mâl* pour les hommes de race germanique; ils lui donnèrent ce nom que portaient leurs assemblées de justice et leurs conseils nationaux [2]. Et en effet, pour un Germain dont la vue intellectuelle pénétrait peu au fond des choses, la similitude était complète entre son plaid cantonnal tenu chaque semaine, et les séances des municipalités de la Gaule, telles que les conquérants, Goths,

---

[1] *Besté Manne, rike Manne, gute Manne, Rekin-burghe.* Ce dernier nom, composé de *burg*, caution, et de *rekin*, *reghin*, *raghin*, puissance, prééminence, joue un grand rôle dans les actes de la Gaule Franke, où l'on trouve les mots *rachimburgii, racimburgi, racineburgi, recyneburgi, regimburgi, racimburdi.* — Veniens illi, et germanos suos illi, Andecavis civitate, ante viro illuster illo comite, vel reliquis racimburdis qui cum eo aderant, quorum nomina per subscriptionibus atque signacola subter tenentur incerta, interpellabat aliquo homine, nomen illo... (Formulæ Andegav., form. XLIX, apud script. rer. gallic. et francic., t. IV, p. 575.)

[2] Curia : *Mahal.* (Rhabani Mauri glossarium apud Eckhart commentar. de reb. Franciæ oriental., t. II, p. 956.)

Burgondes ou Franks, les virent après l'occupation du pays.

La mesure précise des changements qu'éprouva l'existence municipale, en passant du régime romain à la domination barbare nous est donnée, pour la portion de la Gaule soumise aux Visigoths, par des documents d'une clarté parfaite et d'une autorité incontestable. Ce sont les lois mêmes de ce peuple et un abrégé du droit romain, compilé en l'année 506, par ordre du roi Alarik II, pour servir de code à ses sujets gallo-romains, les provinciaux de l'Aquitaine et de la Narbonnaise. Dans cet abrégé qui porte le nom de *Breviarium* [1], les extraits des lois et ceux des anciens jurisconsultes sont accompagnés d'une interprétation destinée à diriger la pratique, interprétation qui, pour le droit public, s'éloigne beaucoup des textes, et montre à nu l'esprit du temps. Voici les particularités que présentent, sur l'organisation et la juridiction municipales, ce curieux monument législatif et la loi nationale des Visigoths : 1° les grandes magistratures provinciales ayant été remplacées par l'autorité d'un comte mis, comme gouverneur,

---

[1] On l'appelle *Breviarium Alaricianum* ou *Breviarium Aniani*, du nom du référendaire Anianus, qui en signa les copies officielles. Il fut rédigé par une commission de jurisconsultes convoquée dans la ville d'Aire, sur l'Adour, et soumis à une assemblée de Gallo-Romains, moitié évêques, moitié laïques, qui l'approuvèrent.

dans chaque cité, un partage de pouvoir tout nouveau a lieu entre le comte et les magistrats de la cité. Le comte réserve pour lui ce qui regarde spécialement les intérêts de la puissance publique, la levée des impôts, le recrutement, la sanction des jugements criminels; il laisse au pouvoir municipal, à la curie, tout ce qui se rapporte aux intérêts civils et aux transactions privées [1]. 2° La juridiction de la municipalité s'est agrandie; elle s'étend à toutes les causes civiles ou criminelles, et de plus, elle a changé de caractère et passé de l'ancienne magistrature municipale à la curie elle-même, qui exerce, en corps, le droit de juger [2]. 3° Pour les jugements criminels, on choisit au sort cinq juges pris parmi les hommes les plus notables; non-seulement le défenseur, selon l'ancien usage, mais certains officiers municipaux, sont élus par le corps entier des citoyens [3]. 4° Les nominations de tuteurs,

---

[1] Le comte et le défenseur sont également désignés l'un et l'autre par le titre de *judex*.

[2] Cum pro objecto crimine aliquis audiendus est, quinque nobilissimi viri judices de reliquis sibi similibus, missis sortibus, eligantur. (Cod. Theod. lib. I, tit. XII; *Codicis Theodpsiani libr. sexdecim*, ed. Sichardus, Basileæ, MDXXVIII, fol. 8, verso.) Le livre publié sous ce titre n'est autre que le texte pur et simple du *Breviarium Aniani*.

[3] Ideoque jubemus ut numerarius vel defensor qui electus ab episcopo vel populis fuerit, commissum peragat officium. (Leg. Visigoth. XII, 1, 2, apud script. rer. gallic. et francic., t. IV, p. 437.) — Periculo enim primatum officii cancellarios sub fide gestorum electis judicibus ap-

les adoptions, les émancipations, les manumissions, actes que l'ancien droit réservait au préteur, se font devant la curie et par elle [1]. Tout cela se borne, il est vrai, à une partie de la Gaule; pour le reste, on n'a point de tels renseignements; mais il est hors de doute que les choses s'y passèrent d'une façon sinon identique, du moins analogue, avec plus de désordre, de caprice, de hasard, mais en excédant parfois, au profit des villes, la mesure des droits régulièrement reconnus et légalement garantis sur le territoire des Visigoths.

Les traits les plus généraux de cette transformation du régime municipal, ceux que des témoignages plus ou moins précis, plus ou moins complets, font retrouver à peu près au même degré dans toutes les grandes villes, sont les suivants : La curie, le corps des *décurions*, cessa d'être res-

---

plicare jubemus. (Cod. Theod. lib. 1, tit. xi, l. 2 ; *Codicis Theodosiani libr. sexdecim*, fol. 6, recto.) — Nisi qui ei publica fuerit civium electione deputatus. (Cod. Theod. interp. lib. 1, tit. xi, l. 2 ; ibid.)

[1] Adoptivum, id est gestis ante curiam ad filiatum. (Cod. Theod. interp. lib. v, tit. 1, l. 2; ibid., fol. 47 verso.) — Quæ tamen emancipatio solebat ante præsidem fieri, modo ante curiam facienda est. (Gaius 1, 6; ibid., fol. 123, recto.) — Ex quo tutor sive curator minoris, aut per judicem, aut per curiam, intulerit seu exceperit actionem. (Cod. Theod. interp. l. 1, de denunciat.; ibid., fol 9, verso.) — Auctoritate judicis aut consensu curiæ muniatur. (Ibid., lib. iii, tit. 1, l. 3 ; ibid., fol. 24, verso.)

ponsable de la levée des impôts dus au fisc[1]; l'impôt fut levé par les soins du comte seul et d'après le dernier rôle de contributions dressé dans la cité[2]. Il n'y eut plus d'autre garantie de l'exactitude des contribuables que le plus ou moins de savoir-faire, d'activité ou de violence du comte et de ses agents. Ainsi les fonctions municipales cessèrent d'être une charge ruineuse, personne ne tint plus à en être exempt, le clergé y entra; la liste des membres de la curie cessa d'être invariablement fixe; les anciennes conditions de propriété, nécessaires pour y être admis, ne furent plus maintenues, la simple notabilité suffit. Les corps de marchandise et de métiers, jusque-là distincts de la corporation municipale, y entrèrent, du moins par leurs sommités, et tendirent, de plus en plus, à se fondre avec elle[3]. Il n'y eut plus dans la municipalité de juges proprement dits; les jugements furent rendus par les curiales en nombre plus ou moins grand; la juridiction urbaine s'agrandit, et de nouveaux offices parurent avec des titres splendides, appli-

---

[1] Voyez le code théodosien, de Decurionibus, lib. xii, t. i.

[2] Ce rôle s'appelait *canon* ou *polyptique*.

[3] A Paris, sous la première race, l'organisation du corps des marchands, *nautæ*, *mercatores*, se distingue à peine de la curie. Voyez Félibien, Hist. de Paris, t. I.; Dissertation sur l'origine de l'Hôtel-de-Ville.

qués pour la première fois au gouvernement municipal [1]. L'intervention de la population entière de la cité dans ses affaires devint plus fréquente ; il y eut de grandes assemblées de clercs et de laïcs sous la présidence de l'évêque. L'évêque joua un rôle de plus en plus actif, soit dans la gestion des affaires locales, soit dans l'administration de la justice; il empiéta sur les attributions du défenseur, comme celui-ci, au temps de l'empire, avait envahi par degrés les droits de l'ancienne magistrature.[2] On peut rencontrer de notables différences dans ce qui eut lieu sur telle ou telle portion du pays; mais il est certain que, partout, le régime municipal devint démocratique en principe, quoique ses formes demeurassent plus ou moins aristocratiques; ce principe nouveau y resta dès lors déposé comme un germe fécond, et il fut le ressort le plus puissant de la révolution du xiie siècle.

[1] Dans la curie d'Angers, au vi[e] siècle, on trouve un chef de la milice urbaine portant le titre de *magister militum*. A Paris, dans un texte du viiie siècle, le même office semble désigné par le titre de *spatharius*, emprunté à la liste des hautes dignités de l'empire bysantin. Voyez *Formul. Andegav.*, apud script. rer. gallic. et francic. t. I, p. 564; et le testament d'Erminetrude; Bréquigny, Diplomata, chartæ, epist., etc., t. I, p. 364.

[2] Igitur cum, pro utilitate ecclesiæ, vel principale negotio, apostolicus vir illi episcopus, nec non et inluster vir, illi comes in civitate Andecave, cum reliquis venerabilibus atque magnificis reipublicæ viris rese-

A en juger par certains détails et certains témoignages historiques, il semble que la société gallo-romaine, au moment où elle perdit sans retour ses grandes institutions civiles et judiciaires, ait fait un effort pour rassembler et concentrer dans les institutions municipales tout ce qui lui restait de vie, de force et d'éclat. Cette espèce de travail social se révèle sous beaucoup d'aspects divers dans les documents du VIe siècle, surtout dans ceux qui regardent les villes du midi. Non-seulement l'existence municipale y devint plus indépendante qu'elle ne l'était sous les empereurs, mais elle s'anoblit en quelque sorte et s'entoura d'un nouveau lustre dans les formes, les titres et les attributs du pouvoir. La curie appliqua en principe à sa juridiction ce que les codes impériaux disaient de celle du préteur, et elle s'assimila, autant qu'elle le put, au sénat de Rome. Les noms de sénat, de sénateurs, de familles sénatoriales, se multiplièrent dans les cités gauloises, et le titre de *clarissime*, le troisième dans la hiérarchie des dignités de l'empire, fut donné à de simples décurions [1]; l'épithète

---

disset, ibique veniens homo, nomen illi palam suggereret... (Formulæ Andegav., form. XXXII, apud script. rer. gallic. et francic., t. IV, p. 571.)

[1] Putabatur a quibusdam Viennensis senatus cujus tunc numerosis, illustribus curia florebat. (S. Aviti homilia de rogatione... apud ejus opera, p. 152; Paris, 1643.) — Les témoins du testament d'Abbon,

même de sacré, cette formule de la majesté impériale, devint une qualification pour les sénats municipaux [1]. Ce sont là des signes évidents de la nouvelle importance des administrations urbaines et du respect plus grand qui s'y attacha comme au meilleur et au plus ferme débris de la civilisation vaincue. Là se réfugièrent les regrets et s'abritèrent les traditions de l'ancien ordre civil, bouleversé par la conquête, et que la barbarie, en s'infiltrant dans les lois et dans les mœurs, menaçait de détruire totalement.

L'influence toujours croissante des évêques sur les affaires intérieures des villes, fut, jusque dans sa forme la plus abusive, un moyen de conservation pour l'indépendance municipale et la plus forte garantie de cette indépendance. Un fait intéressant à étudier sous ce rapport est celui des immunités ecclésiastiques, si largement accordées par les rois franks de la première et de la seconde race [2]. Le privilége d'immunité ne

---

rédigé en l'année 735, prennent tous le titre d'*hommes clarissimes.* Voyez Bréquigny, *Diplomata, chartæ, epist.,* etc., t. I, p. 468.

[1] Judicante senatu in Vienna civitate residente... et sacro senatui ut firmum maneat roborare manibus rogavi cuncta hæc quæ superius comprehensa sunt... (Testaments d'Ephibius et de Rufina [année 696]. Bréquigny, ibid., p. 346.)

[2] Ut nullus judex publicus ad causas audiendum, vel freda exigendum, nec mansiones aut paratas faciendum, nec fidejussores tollen-

resta pas borné à de simples domaines; il s'étendit sur des villes entières; il y en eut, celle de Tours par exemple, où tous les droits du fisc, c'est-à-dire de l'état, furent supprimés; l'évêque y fut souverain, ou, pour mieux dire, sous son nom, la ville elle-même devint souveraine[1]. L'immunité, dans ce cas, agit de deux manières: elle entoura, comme d'un enclos impénétrable, les restes des institutions romaines, et elle investit légalement l'évêque d'un pouvoir sans contrôle et sans contre-poids sur le gouvernement de la cité. Elle commença l'assimilation de la puissance épiscopale dans les villes avec le patronage seigneurial des grands propriétaires de race franke dans leur domaine, assimilation qui se prononce de plus en plus, à mesure qu'on avance vers les temps féodaux. Et non-seulement l'im-

dum, nec homines ipsius ecclesiæ de quibuslibet causis distringendum, nec ad ullas redhibitiones requirendum, ibidem ingredi non debeant. (Marculfi Formul. lib. 1, apud script. rer. gallic. et francic., t. IV, p. 470.)

[1] Adeo autem omne sibi jus fiscalis census ecclesia [Turonensis] vindicat ut usque hodie in eadem urbe per pontificis litteras comes constituatur. (Vita S. Eligii, apud script. rer. gallic. et francic. t. III, p. 555.) — Ut in pago cenomannico, nullus quislibet, ullo quoque tempore, in actione ducati nec comitati ingredere deberet, nisi tantum per electionem memorati pontificis aut successorum suorum seu abbatum ac consacerdotum atque pagensium cenomannensium, ibidem per voluntatem Dei consistentium. (Præceptum Childeberti III, ibid. t. IV, p. 678.)

munité ecclésiastique maintint, tout en contribuant à l'altérer, le régime municipal des villes anciennes, mais encore elle fit naître des ébauches plus ou moins complètes de municipalité dans les nouvelles villes, formées peu à peu autour des églises et des abbayes[1].

Cette existence toute locale, dans laquelle, depuis le vi[e] siècle, se resserra de plus en plus la société gallo-romaine, sous le gouvernement des sénats municipaux, ne pouvait durer sans la condition essentielle de tout gouvernement, un revenu public. C'est une question fort controversée, de savoir si l'impôt foncier, que les Franks ne payèrent jamais, fut aboli pour les Romains ; on s'est décidé, en général, pour l'affirmative, et l'on a dit qu'après un temps plus ou moins long, les Romains se trouvèrent, comme les Franks eux-mêmes, exempts de taxes publiques. Cette assertion est, je crois, téméraire ; il faudrait voir si l'impôt ne fut pas transporté plutôt que supprimé, et si ce qui, sous les empereurs, avait été payé au fisc, ne devint pas en beaucoup de lieux, sous les rois franks, une charge munici-

---

[1] Ut nullus judex publicus, vel quislibet judiciaria potestate accinctus, in curtibus vel villis ipsius monasterii nullum debuisset habere introitum nec ad causas audiendas .. nec nullas retributiones exactandas et quod fiscus noster exinde exigere poterat, nullatenus exacteur nec requiratur. (Emunitas sanctorum; Formul. Lindembrog., apud script. rer. gallic. et francic., t. IV, p. 517.) — Ibid., p. 547.

pale. Selon de grandes probabilités, la *municipalisation* de l'impôt fut le ressort matériel qui, joint au ressort moral de l'autorité des évêques, maintint dans les villes l'ancien régime social, et lui donna la force de résister aux envahissements de la barbarie. Les villes conservèrent leurs cadastres et leurs rôles de contribution, l'histoire et les actes en font foi; mais on fit en sorte que ces registres fussent tenus secrets pour l'usage seul de la cité; on tâchait d'en dérober la connaissance aux officiers des rois franks, et le citoyen qui les livrait à quelque agent du fisc était regardé comme un traître [1]. Si les propriétaires gallo-romains, excités par l'exemple des Franks, répugnèrent de plus en plus à payer le tribut au fisc, il n'en fut point de même sans doute pour les levées d'argent votées par la curie; dans ce cas, ce n'était pas subir une exaction, mais s'imposer librement pour un intérêt commun. Les exemptions, si énergiquement ré-

[1] Sed cùm populis tributariam fonctionem infligere vellent dicentes... Ecce librum præ manibus habemus in quo census huic populo est inflictus, et ego aio : Liber a regis thesauro delatus non est nec unquam per tot convaluit annos. Non est mirum enim si pro inimicitiis horum civium in cujuscumque domo reservatus est : judicabit enim Deus super eos qui pro spoliis civium nostrorum hunc post tanti temporis transactum spatium protulerunt. Dum autem hæc agerentur, Audini filius, qui librum ipsum protulerat, ipsa die a febre correptus, die tertia expiravit. (Greg. Turon. Hist. Franc., lib. ix, apud script. rer. gallic. et francic., t. II, p. 350.)

clamées et défendues par les évêques, ne purent avoir un autre sens; la ville de Tours, selon d'anciens récits, ne payait aucun impôt public : cela voulait certainement dire qu'elle ne payait rien qu'à elle-même [1]. Les grands travaux d'utilité générale, édifices, canaux, aqueducs, entrepris par certains évêques du vi[e] siècle, prouvent qu'il y avait souvent confusion entre les revenus de l'église épiscopale et les finances de la cité.

Tels sont les traits les plus saillants de ce qu'on pourrait nommer la première époque de conservation du régime municipal, époque où, dans ce régime, rien ne se montre qui ne soit d'origine romaine, où tout ce qui dérive des mœurs et des lois germaniques reste à côté de lui, sans se mêler à lui; mais où, par une revanche singulière, ses magistratures n'ont aucune place parmi les pouvoirs publics, aucun titre dans la nomenclature des fonctionnaires de l'état gallo-frank. Il n'y a de titres d'offices que pour les emplois qui procèdent de la constitution politique du peuple conquérant, ou qui appartiennent au ser-

[1] Gaïso vero comes... tributa cœpit exigere : sed ab Eufronio episcopo prohibitus, cum exacta pravitate ad regis direxit præsentiam ostendens capitularium in quo tributa continebantur; sed rex ingemiscens ac metuens virtutem sancti Martini ipsum incendio tradidit : aureos exactos basilicæ remisit, obtestans ut nullus de populo Turonico ullum tributum publice redderet. (Greg. Turon. Hist. Franc., lib. ix, apud script. rer. gallic. et francic., t. II, p. 350.)

vice du palais et du fisc royal [1]. Pour désigner les dignitaires des municipalités, la langue officielle n'admet d'autre appellation que celle de *bons hommes* qui, dans l'idiome des populations germaines, voulait dire citoyens actifs, hommes capables d'être juges et témoins au tribunal du canton. Ce nom vague recouvre, dans la plupart des documents originaux, l'administration municipale tout entière; il faut aller chercher, là-dessous, la curie avec ses magistrats et ses officiers de tout rang [2]. Les diplômes et les actes des temps mérovingiens présentent dans sa simplicité cette formule, cause de beaucoup de méprises et d'erreurs pour les historiens; sous la seconde race, elle se complique, et l'on voit s'y adjoindre un titre spécial et nouveau.

A partir du règne de Charlemagne, et tant que dure son empire, on trouve l'administration de la justice organisée d'une manière uniforme dans les villes et hors des villes; une nouvelle magistrature apparaît dans toutes les causes, soit des Franks, soit des Romains, soit des Barbares

[1] Duces, comites... grafiones, centenarii, majores domus, domestici, judices fiscales, cancellarii, referendarii, senescalli, cubicularii, etc.

[2] On doit se garder cependant de voir la municipalité romaine partout où se rencontre le titre de *bons hommes*; dans une foule de cas, il se rapporte au plaid cantonal d'institution germanique, et, parfois, il n'a d'autre sens que celui d'hommes de bien. Ces distinctions nécessaires et faciles à établir, ont échappé à M. Raynouard.

vivant sous leur loi originelle. Ces juges, que les capitulaires nomment *scabini, scabinei* [1], sont choisis par le comte, l'envoyé de l'empereur et le peuple; ils joignent à leur titre le nom de la loi suivant laquelle ils ont mission de juger; il y en a de saliques, de romains et de goths [2]. Les anciens tribunaux germaniques et la justice municipale sont également soumis à cette innovation judiciaire, et c'est pour la première fois qu'une même règle s'applique à deux ordres de juridiction entre lesquels, jusque-là, il n'y avait eu rien de commun. Sous le nom de scabins, depuis Charlemagne, l'historien doit voir dans les villes, sinon la curie tout entière, au moins une portion de la curie, car ce fut, sans nul doute, parmi ses membres les plus notables, que le comte et les habitants désignèrent les

---

[1] En langue théotisque, *skapene*, *skafene*, al. *skepene*, *skefene*, du verbe *skapan* ou *scafan*, qui signifie disposer, ordonner, juger. Voyez Grimm, Antiquités du droit germanique, § 7, p. 778.

[2] Ut judices... scabinei boni et veraces, et mansueti cum comite et populo eligantur et constituantur. (Capitular. I, an. 809, art. 22, apud script. rer. gallic. et francic., t. V, p. 680.) — Ut missi nostri, ubicumque malos Scabineos inveniunt, ejiciant et, totius populi consensu, in loco eorum bonos eligant. (Capitul. Wormatiense, an 829, art. 11, ibid., t. VI, p. 441.) — Judices scaphinos et regemburgos, tam Gotos quam Romanos, seu etiam et Salicos. (Charte de l'année 918; Histoire générale du Languedoc, t. II, preuves, p. 56.) — Judices qui jussi sunt causas dirimere et legibus deffinire, tam Gotos quam Romanos, velut etiam Salicos. (Charte de l'année 933, ibid., p. 69.)

juges dont la loi remettait la nomination à leur choix[1]. Les scabins franks, ceux du comté ou du canton étaient de simples juges, mais les scabins romains, ceux de la cité, réunissaient le double caractère de juges et d'administrateurs; c'est de là que provient l'institution de l'échevinage, institution qui, elle-même, n'est qu'un nom nouveau donné à quelque chose d'ancien, à la municipalité gallo-romaine. Sous la féodalité, le scabinat cantonal disparut, le scabinat urbain subsista seul; alors, ce que Charlemagne avait établi pour tous les tribunaux de son empire, se resserra dans le régime municipal, et fit corps avec lui. Dès le xe siècle, ceux auxquels les actes publics ou privés donnent le titre de *scabini* sont de vrais échevins dans le sens moderne de ce mot; ils ne tiennent plus rien de la réforme judiciaire à laquelle leur nom se rattache; ils administrent en même temps qu'ils jugent, et leur droit de justice, en concurrence avec la justice seigneuriale, reste comme une dernière garantie de la vieille liberté civile, comme une tradition qui, de siècle en siècle, remonte jusqu'au sixième[2].

---

[1] Cum in Digna civitate... scabinos ipsius civitatis, aut bonis hominibus qui cum ipsis ibidem aderant. (Charta an. 780, apud Galliam christian., t. I, instrum., p. 106.)

[2] Il y a ici une distinction à faire. Dans les villes du midi, le titre

Dans une biographie écrite au commencement du xie siècle, on rencontre un passage très-remarquable et très-peu remarqué par les historiens français, peut-être parce qu'il concerne une ville autrefois allemande, Seltz en Alsace. L'auteur de la vie de l'impératrice Adélaïde, femme d'Othon I[1], s'exprime ainsi en parlant de cette princesse : « Douze années environ avant sa « mort, elle conçut le projet de fonder, au lieu « qu'on nomme Seltz, une ville sous la liberté ro-« maine, intention qu'elle exécuta complétement « par la suite[2]. » Ces mots, *liberté romaine*,

---

d'*Escavins* ou *Escafins*, que laissent voir, sous leurs formules, plusieurs actes du xe siècle, fut d'abord effacé, çà et là par les titres, plus anciens que lui, de *Syndics, Jurats, Prud'hommes*; il fut complétement balayé au xiie siècle par la grande réforme qui propagea et fit prévaloir le nom de *Consuls*. Pour les villes du nord et du centre, le titre d'*échevins*, que la plupart d'entre elles conservèrent, est le signe de la durée non interrompue de leur juridiction municipale. — Voyez dans Ducange le mot *Scavini*. — A Metz, au xie siècle et antérieurement, il y avait un collége d'échevins et un maître-échevin choisis par l'évêque et le peuple. *Actum* [1055] *Gorziæ primo scabione Amolberto*... (Histoire générale de Metz par des religieux bénédictins, 1775, t. III, preuves, p. 91.) — *Signum Joannis primi scabini* [1075]. (Ibid., p. 98.) — *Vuipaldus mettensis primus scabinio* [1095]. (Ibid., p. 102.) — Plusieurs chartes du xie siècle donnent au premier échevin de Metz le curieux titre de législateur, *Meizone judice, Amolberto legislatore* [1058]. (Ibid., p. 92.)

[1] Odilon, abbé de Cluny, mort en 1048.

[2] Ante duodecimum circiter annum obitus sui, in loco qui dicitur *Salsa*, urbem decrevit fieri sub libertate romana; quem affectum postea ad perfectum perduxit effectum. (Vita S. Adelheïdis imperatricis, apud

écrits plus de cinq siècles après la chute de l'empire romain, sont une grande révélation historique; ils montrent vivante, près de l'époque où s'élevèrent les communes du moyen âge, la tradition des origines du gouvernement municipal. Du reste, le sens de cette formule n'est pas douteux; une charte de l'empereur Othon III, donnée en 993, l'interprète suffisamment; il s'agit dans cette charte, pour les nouveaux habitants de Seltz, des droits de marché, de péage et de monnayage, droits qui supposent l'existence d'une administration et d'une juridiction urbaines [1]. L'histoire des villes de langue teutonique, où toute trace de mœurs et de lois romaines semble avoir péri, peut fournir d'utiles commentaires à l'histoire des villes de langue romane. C'est aux extrémités septentrionales de l'ancienne Gaule que se montrent les preuves les plus étonnantes de l'incroyable vitalité du régime municipal. Dans les cités romaines des bords du Rhin, tant de fois mises à feu et à sang, et qui,

script. rer. brunsvicens., t. I, p. 265.) — L'impératrice Adélaïde mourut en 999.

[1] Notum esse volumus qualiter nos, consulto simul et rogatu fidelium,... ad petitionem dilectæ aviæ nostræ, Adalheidæ videlicet imperatricis augustæ, concessimus et donavimus ut in loco Salsa nominato, faciat mercatum et monetam publicam... Proinde volumus ut moneta publica et mercatus deinceps ibi habeatur, et teloneum sicut in aliis regalibus [villis]... (Schœpflin. Alsatia dipl., t. I, p. 137.)

CHAPITRE V.

cernées enfin par le flot des invasions, furent, selon l'expression d'un écrivain du ve siècle, transportées au sein de la Germanie, l'idiome romain disparut, et la municipalité subsista [1]. A Cologne, on retrouve, de siècle en siècle, une corporation de citoyens notables qui ressemble de tout point à la curie, et dont les membres, chose bizarre, ont des prétentions héréditaires à la descendance romaine ; on y trouve un tribunal particulier pour les actes de la juridiction volontaire, pour la *cession de biens*, chose du droit romain, étrangère au vieux droit germanique aussi bien qu'au droit féodal [2]. Au XIIe siècle, la constitution libre de Cologne était réputée antique ; les titres s'en trouvaient dans ses archives, à demi effacés par le temps [3]. C'est de Cologne

---

[1] Nemetæ, Argentoratus, translati in Germaniam. (S. Hieronymi epist., apud script. rer. gallic. et francic., t. I, p. 744.) — Voyez le Mémoire du savant Eichhorn sur l'origine de la constitution municipale des villes d'Allemagne (Zeitschrift für geschichliche Rechtswissenchaft. T. II, 2e cahier). Ce mémoire a été traduit en italien et publié par le comte César Balbo, dans son recueil de dissertations relatives à l'histoire des villes et des communes d'Italie : (Opuscoli per servire alla storia delle citta e dei comuni d'Italia, fascicolo III, Turin, 1838).

[2] Voyez le mémoire d'Eichhorn, Opuscoli, etc., fascicolo III, p. 115, 131. — La corporation gouvernante s'appelait *die Richerzechheit*, et le tribunal civil *das Witzigeding*. Voyez la charte donnée, au mois de mai 1169, par Philippe, archevêque de Cologne : (Lacomblet, Urkundenbuch für die geschichte des Niederrheins, Düsseldorf, 1840. T. I, 1re partie, p. 320.)

[3] Nos... vocari fecimus magistros civium et scabinos nostros Colo-

et de Trèves que le droit municipal s'est répandu, de proche en proche, dans les villes plus récemment fondées sur les deux rives du Rhin; c'est d'Arras et de Tournai que ce droit s'est répandu de la même manière dans les grandes communes de la Flandre et du Brabant.[1]. Ces villes, nées au moyen âge de diverses circonstances, surtout du besoin de se réunir et de se fortifier contre les invasions des Normands, s'approprièrent, il est vrai, la juridiction cantonale, le scabinat du *pagus* dont chacune était le chef-lieu; mais quant à l'administration municipale, quant à la gestion des intérêts civils distincte de la justice, elles ne trouvaient en elles-mêmes rien qui pût les y conduire, ni par la tradition, ni par les mœurs; tout cela devait leur venir et leur vint en effet d'ailleurs. L'exemple du régime administratif, de ce que leurs chartes nomment *la loi*, leur fut donné, ainsi que l'exemple de la fabrication des étoffes de laine, par deux anciens municipes;

---

nieuses ac officiales de *Rigirzegheide*... qui, inter se habito consilio, scrinium suum in quo privilegia eorum erant recondita, licet inviti, aperuerunt et quoddam privilegium, cujus scriptum vix e nimia vetustate intueri poterat, extraxerunt et nobis exhibuerunt. (Charte de l'archevêque Philippe, donnée en 1169; Lacomblet, Urkundenbuch für die geschichte des Niederrheins, t. I, première partie, p. 302.)

[1] Bertholdus dux Zaringiæ in loco proprii fundi sui, Friburgo videlicet, secundum jura Coloniæ, liberam constituit fieri civitatem. (Charta an. 1120, apud Schœpflin, Hist. Zaringo-Badensis diplom., t. IV, p. 50.)

une admirable situation commerciale a fait le reste pour leur prospérité [1].

J'ai parlé des effets de l'immunité épiscopale sur l'état des villes auxquelles ce privilége s'étendit; sous la race Mérovingienne, ces effets sont parfaitement simples : c'est l'entière conservation du régime municipal avec les changements qui s'y étaient introduits à la chute du gouvernement romain; sous la seconde race, l'immunité donne aux évêques le pouvoir de comtes; ils deviennent souverains dans la cité, non plus comme fauteurs et appuis de l'indépendance civile, mais à titre de grands feudataires [2]. Cette révolution

---

[1] Voyez, dans l'Histoire de Flandre par Warnkœnig, le chapitre où il explique la formule *aller à chef de sens*, et parle de l'ancienneté primordiale du recours à l'échevinage d'Arras ; voyez aussi son Traité de la formation du Régime municipal en Flandre. — Opuscoli, etc., fascicolo III, p. 164 et suiv.

[2] Concedimus eidem ecclesiæ [Narbonensi], sicut hactenus a predecessoribus nostris, Pipino videlicet rege et deinceps concessum est illi, medietatem totius civitatis cum turribus et adjacentiis earum intrinsecus et extrinsecus, cum omni integritate; et de quocumque commercio ex quo teloneus exigitur vel portaticus ac de navibus circa littora maris discurrentibus, nec non salinis, quicquid et comes ipsius civitatis exigit. (Diplome de Charles-le-Chauve, année 843 ; Hist. gén. du Languedoc, t. I, Pr., p. 80.) — Cujus [Adelardi episcopi Vellavensis] petitioni benignum præbentes assensum, regum morem servantes, hoc præceptum immunitatis fieri jussimus, concedentes ei omnibusque successoribus omnem burgum ipsi ecclesiæ adjacentem et universa quæ ibidem ad dominium et potestatem comitis hactenus pertinuisse visa sunt, forum scilicet, teloneum, monetam et omnem districtum cum terra et mansionibus ipsius burgi. (Rodulfi regis Diploma, an. 924, apud script. rer. gallic. et francic., t. IX, p. 564.)

qui transformait toute l'organisation municipale, l'altéra, la dégrada, mais ne l'anéantit point ; le vieux fond romain s'aperçoit toujours sous l'enveloppe qui le recouvre. Les magistrats électifs de l'ancienne constitution changés en vassaux de l'évêque, les charges municipales devenues des fiefs, une étrange disparate entre les restes de la vieille municipalité romaine et les nouvelles formes de la cour seigneuriale, voilà ce que présente généralement l'état intérieur des villes à cette seconde période qui fut le berceau de l'échevinage proprement dit, période de luttes et de divisions intestines, où les juridictions se cantonnent, où plusieurs cités se forment et rivalisent dans l'enceinte des mêmes murailles, où l'ancien droit civil se fractionne en priviléges d'ordres, de classes, de quartiers. Les offices municipaux dont la source est transportée alors du peuple à la personne de l'évêque, apparaissent sous de nouveaux noms, celui de *majeur* qui exprime la qualité d'intendant, et celui de *pairs* qui dérive des institutions féodales [1], deux titres destinés à jouir plus tard d'une popularité peu conforme à leur origine et à figurer avec le titre d'*échevins* dans la grande réforme des constitutions urbaines. Il semble que la métamorphose

---

[1] Voyez le glossaire de Ducange aux mots *major* et *pares*.

des dignitaires de l'église en barons et en vassaux, dernier terme de l'envahissement des mœurs barbares, double démenti donné aux principes chrétiens et aux traditions municipales, ait excité dans les villes une invincible répugnance et un immense besoin de réaction. Le divorce accompli, sous l'influence de la féodalité, entre les deux éléments primitifs de la municipalité gallo-franke, l'évêque et le peuple, fut, pour la liberté civile, le point extrême de la décadence et le commencement d'un long travail de rénovation, d'une lutte, tantôt sourde, tantôt violente, pour le rétablissement de ce qui n'était plus qu'un souvenir. Cette lutte a repris sa place dans notre histoire parmi les faits incontestables; il reste à en déterminer toutes les causes et toutes les formes, à rechercher d'où vint le principe d'une nouvelle vie dans l'organisation municipale, pourquoi, aux approches du xie siècle, la population urbaine, selon les paroles d'un contemporain, *s'agite et machine la guerre* [1]; pourquoi tous les troubles du temps servent la cause de la bourgeoisie, soit qu'elle les excite ou qu'elle

---

[1] Discordant omnes, præsul, comes atque phalanges;
Pugnant inter se concives contribulesque,
Urbica turba strepit, machinantur et oppida bellum.
(Versus Salomonis, Constant. episc., apud Casinii Lectiones antiq., t. II, pars III, p. 241.)

s'y mêle, soit qu'elle se soulève pour son propre compte ou qu'elle prenne parti dans les combats que se livrent les pouvoirs féodaux [1]. Pour toutes les cités qui, une à une, depuis la fin du xe siècle, réagirent contre leurs évêques, ou, d'accord avec ceux-ci, contre la seigneurie laïque, les moyens furent divers, mais le but fut le même; il y eut tendance à ramener tout au corps de la cité et à rendre de nouveau publics et électifs les offices devenus seigneuriaux. Cette tendance fut l'âme de la révolution communale du xiie siècle, révolution préparée de loin, qu'annoncèrent çà et là, durant plus de cent ans, des tentatives isolées et dont l'explosion générale fut causée par des événements d'un ordre supérieur, et en apparence étrangers aux vicissitudes du régime municipal.

Il est difficile de mesurer aujourd'hui l'étendue et la profondeur de l'ébranlement social que produisit, dans la dernière moitié du xie siècle, la querelle des investitures et la lutte de la papauté contre l'empire. Tout ce qu'avait fondé la conquête germanique dans le monde romain se trouva mis en question par cette lutte, la légiti-

---

[1] Hunfridus Gothiæ marchio... factione, solito more Tolosanorum qui comitibus suis eamdem civitatem supplantare sunt soliti, Tolosam Raimundo subripit et sibi usurpat. (Annales Francor. Bertiniani, sub anno 863, apud script. rer. gallic. et francic., t. VII, p. 81.)

mité du pouvoir né de la force matérielle, la domination des armes sur l'esprit, l'invasion des mœurs et de la hiérarchie militaire dans la société civile et dans l'ordre ecclésiastique. Non-seulement les prérogatives de la couronne impériale et sa souveraineté sur l'Italie, mais le principe violent et personnel de la seigneurie féodale partout où elle existait, mais la puissance temporelle des évêques transformés en feudataires, et menant, à ce titre, la vie mondaine avec tous ses excès, se trouvèrent en butte au courant d'opinions et de passions nouvelles soulevé par les prétentions et les réformes de Grégoire VII[1]. Pour soutenir cette grande lutte à la fois religieuse et politique, la papauté mit en œuvre, avec une audace et une habileté prodigieuses, tous les germes de révolution qui existaient alors, soit en deçà, soit au delà des Alpes. Dans l'Italie supérieure où la dernière des conquêtes barbares

[1] De grandes lumières, sur cette question si vaste et si obscure, doivent sortir d'un ouvrage qui est depuis dix ans l'objet d'une attente universelle et qu'ajournent d'année en année les distractions de la vie politique et les scrupules de son auteur, trop difficile à contenter quand il s'agit de lui-même. M. Villemain a le premier, dans ses Fragments sur la littérature et la société du IVe siècle, tiré de l'histoire de l'église des aperçus nouveaux pour l'histoire civile et politique. Le problème social de la lutte du pouvoir spirituel et du pouvoir temporel au moyen âge recevra, de sa merveilleuse intelligence et de ses études si patiemment approfondies, une solution large, nette, claire et parfaitement impartiale.

avait enraciné les mœurs germaniques, et où la domination des Franks avait ensuite développé, d'une manière systématique, les institutions féodales, la seigneurie des évêques était complète, et là, comme au nord et au centre de la Gaule, il y avait guerre entre cette seigneurie et les restes des constitutions municipales, restes plus puissants que nulle part ailleurs, à cause de la richesse des villes. La suspension des évêques du parti impérial, et les condamnations portées contre ceux qui ne renonçaient pas aux habitudes et aux déréglements des laïques, désorganisèrent plus ou moins le gouvernement de ces grandes cités et ouvrirent une large voie à l'esprit révolutionnaire qui déjà y fermentait.

Il semble qu'au milieu de ce travail de destruction et de renouvellement, les villes de la Lombardie et de la Toscane aient jeté les yeux sur celles de l'état pontifical, anciennement l'exarchat de Ravennes, pour y chercher des exemples soit par affection pour tout ce qui tenait au parti de la papauté, soit parce qu'on se souvenait que les villes du patrimoine de Saint-Pierre n'avaient pas subi l'influence de la conquête et de la barbarie lombardes [1]. Depuis leur séparation de

---

[1] Voyez, sur cette question et sur celle des origines du régime municipal en Italie, un mémoire très-remarquable donné par le comte César Balbo, sous le titre d'*Appunti per la storia delle città italiane*

CHAPITRE V. 307

l'empire grec, ces villes étaient régies par la même constitution municipale; dans toutes, il y avait des dignitaires nommés *consuls*. Ce titre, adopté par les villes qui se reconstituaient, devint le signe et, en quelque sorte, le drapeau de la réforme municipale; mais en inaugurant ce titre nouveau pour elles, les cités de la haute Italie lui firent signifier autre chose que ce qu'il avait exprimé jusque-là dans les villes de l'état romain. Là, les consuls étaient de simples conseillers municipaux, non de véritables magistrats ayant puissance et juridiction; ils devinrent à Pise, à Florence, à Milan, à Gênes, le pouvoir exécutif, et en reçurent toutes les attributions jusqu'au droit de guerre et de paix; ils eurent le droit de convoquer l'assemblée des citoyens, de rendre des décrets sur toutes les choses d'administration, d'être juges et d'instituer des juges au civil et au criminel, en un mot, ils furent les représentants d'une sorte de souveraineté urbaine qui se personnifiait en eux [1]. Ayant ainsi trouvé sa forme,

---

fino all' instituzione de' comuni e de' consoli, dans ses *Opuscoli*, etc., fascicolo II, p. 80 et suiv.

[1] Des conjectures probables font remonter jusqu'à l'an 1093 l'institution du consulat à Milan; le consulat de Gênes date de l'année 1100. Voyez *Opuscoli*, etc., fascicolo II, p. 85. — Au XIIe siècle, la liberté des villes lombardes passant par contre-coup dans les villes de l'état romain, y changea le sens primitif du titre de consuls. Voyez Savigny, Histoire du Droit romain au moyen âge, t. I, p. 287, 290.

politique, la réorganisation municipale se poursuivit d'elle-même et pour elle-même; elle ne resta pas bornée aux seules villes d'Italie, dont l'évêque était du parti de l'empire, et le clergé rebelle aux réformes ecclésiastiques; dans toutes les autres, le consulat électif fut établi de concert par l'évêque et les citoyens. Bien plus, le mouvement ne s'arrêta pas en Italie, il passa les Alpes et se propagea dans la Gaule; il gagna même au bord du Rhin et du Danube les anciennes cités de la Germanie. Comme je l'ai dit plus haut, de nombreuses tentatives avaient eu lieu isolément depuis un siècle pour briser ou modifier, dans les villes, le pouvoir seigneurial, soit des évêques, soit des comtes. L'impulsion partie des cités italiennes vint donc à propos; elle fut l'étincelle qui alluma, de proche en proche, l'incendie dont les matériaux étaient accumulés; elle donna une direction à la force spontanée de renaissance qui agissait partout sur les vieux débris de la municipalité romaine; en un mot, elle fit de ce qui n'aurait été, sans elle, qu'une succession lente et désordonnée d'actes et d'efforts purement locaux, une révolution générale.

Ici, je me hâte de le dire, il faut distinguer deux choses, la révolution et sa forme. Quant au fond, le mouvement révolutionnaire fut partout identique; en marchant du midi au nord, il ne perdit rien de son énergie, et acquit même, çà et là, un nouveau degré de fougue et d'audace; quant à la forme, cette identité n'eut pas lieu, et, au-delà d'une certaine limite, la constitution des villes italiennes ne trouva plus les conditions morales ou matérielles nécessaires à son établissement. Le consulat, dans toute l'énergie de sa nouvelle institution, prit racine sur le tiers méridional de la Gaule, et, partout où il s'établit, il fit disparaître ou rabaissa les titres d'offices municipaux d'une date antérieure [1]. Une ligne tirée de l'ouest à l'est, et passant au sud du Poitou, au nord du Limousin, de l'Auvergne et du Lyonnais, marque en France les bornes où s'arrêta ce qu'on peut nommer la réforme consulaire [2]. Sur les terres de l'empire, le nom de consuls pénétra

---

[1] Un acte dressé dans la ville d'Arles en 1131, est daté de la première année du consulat. A Avignon, le consulat établi, d'accord avec l'évêque, contre le pouvoir du vicomte, date avec certitude de l'année 1146; il fut institué à Lyon vers 1214, à la suite d'un soulèvement des citoyens contre l'autorité temporelle de l'évêque. On trouve des consuls à Béziers en 1131, à Montpellier en 1141, à Nîmes en 1144, à Narbonne en 1148. Voyez: Mémoire sur la république d'Arles, par Anibert, deuxième partie; Histoire générale du Languedoc, t. II; Éloge historique de la ville de Lyon, par le père Menestrier; Recherches historiques sur les vicomtes d'Avignon, par le comte de Blégier-Pierregrosse, 1839.

[2] On trouve à Vezelai, durant la révolution de cette ville, en 1150, des magistrats nommés *consuls;* c'est une exception unique dans cette région du territoire. Voyez Lettres sur l'histoire de France, lettre XXII.

plus loin, peut-être à cause de la querelle flagrante entre le pape et l'empereur; il parut le long du Rhin, en Lorraine, dans le Hainaut, mais là ce fut une formule seulement, et non la pleine réalité du régime municipal des villes d'Italie et des villes gauloises du midi [1]. Ce régime était quelque chose de trop raffiné, de trop savant pour les municipes dégradés du nord, et même pour ceux du centre de la Gaule; entre le Rhin, la Vienne et le cours supérieur du Rhône, l'instrument de régénération politique créé sur les rives de l'Arno n'avait plus de prise, ou demeurait sans efficacité. Aussi, sur les deux tiers septentrionaux de la France actuelle, le mouvement donné pour la renaissance des villes, pour la formation de leurs habitants en corporations régies par elles-mêmes, eut-il besoin d'un autre ressort que l'imitation des cités italiennes. Il fallut qu'un mobile plus simple, plus élémentaire en quelque sorte, qu'une force indigène, vînt se joindre à l'impulsion communiquée de par-delà les Alpes. Ce second mouvement de la révolution communale eut, pour principe, les traditions les plus étrangères au premier; pour expliquer sa nature et distinguer les résultats qui lui sont propres, je

[1] Les consuls qu'on voit au XIIe siècle dans les villes impériales sont le conseil de la cité, les conseillers du magistrat, et non la magistrature elle-même.

suis contraint de faire une digression, et de passer brusquement de la tradition romaine à la tradition germanique.

Dans l'ancienne Scandinavie, ceux qui se réunissaient aux époques solennelles pour sacrifier ensemble, terminaient la cérémonie par un festin religieux. Assis autour du feu et de la chaudière du sacrifice, ils buvaient à la ronde et vidaient successivement trois cornes remplies de bière, l'une pour les dieux, l'autre pour les braves du vieux temps, la troisième pour les parents et les amis dont les tombes, marquées par des monticules de gazon, se voyaient çà et là dans la plaine; on appelait celle-ci la coupe de l'amitié [1]. Le nom d'amitié, *minne*, se donnait aussi quelquefois à la réunion de ceux qui offraient en commun le sacrifice, et, d'ordinaire, cette réunion était appe-

---

[1] Les coupes bues en l'honneur des dieux et des héros étaient appelées *bragafull* ou *brage-begere*, soit du nom de *Bragi*, dieu de la poésie et de l'éloquence, soit du mot *braga*, les braves. On multipliait ces libations, suivant le nombre des divinités ou des personnes qu'on voulait honorer. — Primum Othino sacrum exhauriendum erat poculum, pro victoria regi impetranda regnique felicitate ; post hoc, alterum Niordi Freyique in honorem, pro felici annona atque pace ; quo facto, multis usu erat receptum, poculum libare, *bragafull* dictum [in memoriam heroum atque principum, in bello cæsorum]. Præterea pocula exhauriebantur, in memoriam defunctorum morte propinquorum qui præclari olim nominis fuerant, dictaque sunt illa *minne*. (Historia Hakoni boni [Saga Hakonar goda], cap. xvi, apud Hist. regum Norveg. conscript. à Snorrio Sturlæ filio, t. I, p. 139, éd. 1777.)

lée *ghilde*, c'est-à-dire *banquet à frais communs*, mot qui signifiait aussi association ou confrérie, parce que tous les co-sacrifiants promettaient, par serment, de se défendre l'un l'autre, et de s'entr'aider comme des frères[1]. Cette promesse de secours et d'appui comprenait tous les périls, tous les grands accidents de la vie ; il y avait assurance mutuelle contre les voies de fait et les injures, contre l'incendie et le naufrage, et aussi contre les poursuites légales encourues pour des crimes et des délits, même avérés. Chacune de ces associations était mise sous le patronage d'un dieu ou d'un héros dont le nom servait à la désigner; chacune avait des chefs pris dans son sein, un trésor commun alimenté par des contributions annuelles, et des statuts obligatoires pour tous ses membres; elle formait ainsi une société à part au milieu de la nation ou de la tribu. La société de la ghilde ne se bornait pas, comme celle de la tribu ou du canton germanique, à un territoire déterminé; elle était sans limites d'au-

---

[1] Erat veterum more receptum, ut cùm sacrificia erant celebranda, ad templum frequentes convenirent cives omnes, ferentes secum singuli victum et commeatum, quo per sacrificiorum solemnia uterentur, singuli etiam cerevisiam, quæ isto in convivio adhiberentur. (Historia regis Olafi sancti [Saga Olafs konungs ens helga], cap. cxiii, cxiv, cxv et cix ; ibid.) — Pour l'étymologie du mot *gilde* ou *gelde*, voyez les glossaires d'Ihre, de Schertz et de Wachter ; j'écris *ghilde* afin de maintenir et de figurer la prononciation germanique de la lettre *g*.

cun genre, elle se propageait au loin et réunissait toute espèce de personnes, depuis le prince et le noble jusqu'au laboureur et à l'artisan libre. C'était une sorte de communion païenne qui entretenait, par de grossiers symboles et par la foi du serment, des liens de charité réciproque entre les associés, charité exclusive, hostile même à l'égard de tous ceux qui, restés en dehors de l'association, ne pouvaient prendre les titres de *convive, conjuré, frère du banquet* [1].

Soit que cette pratique d'une grande énergie fût particulière à la religion d'Odin, soit qu'elle appartînt à l'ancien culte des populations tudesques, il est hors de doute qu'elle exista non-seulement dans la péninsule scandinave, mais encore dans les pays germaniques. Partout, dans leurs émigrations, les Germains la portèrent avec eux; ils la conservèrent même après leur conversion au christianisme, en substituant l'invocation des saints à celle des dieux et des héros, et en joignant certaines œuvres pies aux intérêts positifs qui étaient l'objet de ce genre d'association. Du reste, l'institution originelle et fondamentale, le banquet, subsista; la coupe des braves y fut

---

[1] Dicebant enim quod Burgenses [de Sleswick] districtissimam legem teneant in convivio suo quod appellant *Hezlsgh* nec sinunt inultum esse quicumque alicui convivarum illorum damnum sive mortem intulerit. (Chronicon Danorum ab Arn. Magnæo ed., p. 19.)

vidée en l'honneur de quelque saint révéré ou de quelque patron terrestre ; celle des amis le fut comme autrefois en souvenir des morts, pour l'âme desquels on priait ensemble après la joie du festin. La ghilde chrétienne se montre en vigueur chez les Anglo-Saxons, et on la voit paraître en Danemark, en Norwége et en Suède, à l'extinction du paganisme. Dans les états purement ou presque purement germaniques, ces associations privées ne firent qu'ajouter de nouveaux liens à la société générale avec laquelle elles se mirent en harmonie, qui les toléra, les encouragea même comme un surcroît de police et une garantie de plus pour l'ordre public ; elles fleurirent en Angleterre et dans les royaumes scandinaves, accueillies et patronisées par les rois [1]. Dans la Gaule ce fut autre chose ; dans ce pays, où deux races d'hommes, l'une victorieuse, l'autre vaincue, se trouvaient en présence avec des institutions, des lois, des mœurs, qui se repoussaient mutuellement, où il y avait de si grandes diversités d'origine et de conditions, où les hommes étaient froissés de tant de manières les uns par les autres, les ghildes ne furent, à

---

[1] Voyez la dissertation danoise de Kofod Ancher, intitulée : *On gamle Danske gilder og deres undergang*, 1780, et un mémoire de Wilda sur les associations au moyen âge [*das Güldenwesen im Mittelalter*], ouvrage couronné en 1831 par l'Académie des Sciences de Copenhague.

ce qu'il semble, que des moyens de désordre, de violence et de rébellion. On peut croire qu'elles figurèrent parmi les causes, ignorées aujourd'hui, de l'anarchie mérovingienne, de cette ère d'indiscipline qui précéda l'établissement de la seconde race. Quoi qu'il en soit, leur prohibition commence avec le règne et les lois des Carolingiens; on les voit redoutées et proscrites par Charlemagne et par ses successeurs. Les censures du clergé vinrent prêter leur aide aux injonctions politiques [1]; la guerre faite à l'intempérance, vice dominant des hommes de race germanique, servit de motif ou de prétexte contre les sociétés de défense mutuelle, dont le lieu de réunion était toujours, comme au temps du paganisme, une immense salle de festin avec des celliers pour le vin, la bière et l'hydromel. Voici les articles des capitulaires qui énoncent, à cet égard, des dispositions prohibitives [2] :

« Année 789. Le mal de l'ivresse doit être pro-
« hibé pour tous, et ces conjurations qui se font

[1] Voyez Hincmari archiepiscopi Rhemensis capitula ad presbyteros parochiæ suæ (Labbe, Collection des Conciles, édit. de 1672, t. VIII, col. 572); — Concilium Namnetense circa annum 800 (ibid., t. IX, col. 472).

[2] Nidarosia... ingentis vastitatis ædificium *gildeskalen*, id est convivalem domum vocant, ad litus exstructum olim habuit... cui viciniæ erant cellæ, vinaria et penuaria, cubilia et culinæ cum reliquis convivantibus necessariis ædibus. (Torfæi Hist. rer norvegic., pars prima, p. 84.)

« sous l'invocation de saint Étienne, ou par notre
« nom, ou par le nom de nos fils, nous les pro-
« hibons [1].

« 794. Quant aux conjurations et conspira-
« tions, qu'on n'en fasse point, et que, partout
« où il s'en trouve, elles soient détruites [2].

« 779. Quant aux serments de ceux qui se
« conjurent ensemble pour former une Ghilde,
« que personne n'ait la hardiesse de le prêter, et,
« quelque arrangement qu'ils prennent d'ailleurs
« entre eux sur leurs aumônes et pour les cas
« d'incendie et de naufrage, que personne, à ce
« propos, ne fasse de serment [3].

« 884. Nous voulons que les prêtres et les offi-
« ciers du comte ordonnent aux villageois de ne
« point se réunir en associations, vulgairement
« nommées *ghildes*, contre ceux qui leur enlève-
« raient quelque chose, mais qu'ils portent leur

---

[1] Prohibendum est omnibus ebrietatis malum, et istas conjurationes, quas faciunt per sanctum Stephanum aut per nos aut per filios nostros, prohibemus. (Capitul. Caroli Magni, apud script. rer. gallic. et francic., t. V, p. 649.)

[2] De conjurationibus et conspirationibus, ne fiant, et ubi sunt inventæ destruantur. (Capitul. Francofurt., c. XXIX, apud Baluze, t. I, col. 268.)

[3] De sacramentis pro gildonia invicem conjurantibus ut nemo facere præsumat. Alio vero modo, de eorum eleemosynis aut de incendio aut de naufragio, quamvis convenientiam faciant, nemo in hoc jurare præsumat. (Capitul. Caroli Magni, apud script. rer. gallic. et francic., t. V, p. 647.)

« cause devant le prêtre envoyé de l'évêque, et
« devant l'officier du comte établi à cet effet dans
« la localité, afin que tout soit corrigé selon la
« prudence et la raison [1]. »

Veut-on maintenant savoir quelles étaient la forme et la règle de ces associations que les lois des empereurs franks présentaient sous le triple aspect de réunion conviviale, de conjuration politique et de société de secours mutuels, il faut recourir à des documents étrangers à l'histoire de France. Dans tous les pays où la ghilde chrétienne exista, son but et sa constitution furent identiques; ses statuts, en quelque langue qu'ils fussent rédigés, disposaient pour des cas semblables, prescrivaient et défendaient les mêmes choses. Bien plus, on peut dire qu'il n'y eut réellement qu'un seul statut de tradition immémoriale, voyageant de pays en pays, et se transmettant d'âge en âge avec de légères variantes [2]. Les associations que Charlemagne prohiba, et où l'on se conjurait par son nom, par les noms de

[1] Volumus ut presbyteri et ministri comitis villanis præcipiant ne collectam faciant, quam vulgo geldam vocant, contra illos qui aliquid rapuerint. (Capitul. Carolomanni regis, apud Baluze, t. II, col. 290.)

[2] Voyez les statuts de deux ghildes anglo-saxonnes, formées l'une à Cambridge, l'autre à Exeter (Hickesii Thesaurus linguar. septentrional., t. III, p. 20 et 21); et les statuts de ghildes royales, publiés par Kofod-Ancher à la suite de sa dissertation. — Le nom donné en langue danoise à ces statuts, était *skraa*, mot qui veut dire *cri, proclamation*.

ses fils, ou par saint Étienne, se retrouvent dans celles qui prospérèrent en Danemark, trois ou quatre siècles plus tard, sous les noms du roi Canut, du duc Canut, du roi Eric, de saint Martin et de plusieurs autres saints; parmi leurs statuts réglementaires, soit en vieux danois, soit en latin, je choisis, pour en citer quelques articles, l'un des plus complets, celui de la ghilde du roi Eric, rédigé au XIII° siècle [1] :

« Ceci est la loi du banquet du saint roi Eric
« de Ringstett, que des hommes d'âge et de piété
« ont trouvée jadis, pour l'avantage des convives
« de ce banquet, et ont établie pour qu'elle fût
« observée partout, en vue de l'utilité et de la
« prospérité communes [2].

« Si un convive est tué par un non convive, et
« si des convives sont présents, qu'ils le vengent
« s'ils peuvent; s'ils ne le peuvent, qu'ils fassent
« en sorte que le meurtrier paie l'amende de qua-
« rante marcs aux héritiers du mort, et que pas

---

[1] Ipsa statuta fuerunt inventa et compilata in Skanor ab XVIII senioribus qui dicuntur alderman de convivio beati Erici, anno Domini millesimo ducentesimo LX°VI°, septimo idus septembris. (Statut de la ghilde du roi Eric-le-Bon, mort en 1103, et honoré comme saint ; Dissertation de Kofod-Ancher, pièces justificatives.)

[2] Hæc est lex convivii beati Erici regis Ringestadiensis, quam homines senes et devoti olim invenerunt ad utilitatem congildarum ejusdem convivii, et ubicumque in prosperitate et utilitate observandam statuerunt. (Ibid.)

« un des convives ne boive, ne mange, ni ne monte
« en navire avec lui, n'ait avec lui rien de com-
« mun, jusqu'à ce qu'il ait payé l'amende aux hé-
« ritiers selon la loi [1].

« Si un convive a tué un non convive, homme
« puissant, que les frères l'aident, autant qu'ils
« pourront, à sauver sa vie de tout danger. S'il
« est près de l'eau, qu'ils lui procurent une bar-
« que avec des rames, un vase à puiser de l'eau,
« un briquet et une hache... S'il a besoin d'un
« cheval, qu'ils le lui procurent, et l'accompa-
« gnent jusqu'à la forêt [2]...

« Si l'un des convives a quelque affaire péril-
« leuse qui l'oblige d'aller en justice, tous le sui-
« vront, et quiconque ne viendra pas, paiera en
« amende un sou d'argent [3].....

« Si quelqu'un des frères est mandé devant le
« roi ou l'évêque, que l'ancien convoque l'assem-
« blée des frères, et choisisse douze hommes de la

---

[1] Si quis non congilda interfecerit congildam et si affuerint congildæ tum vindicent eum si poterint... (Statut de la ghilde du roi Eric-le-Bon, art. 1.)

[2] Si quis autem [congilda] interfecerit non congildam vel aliquem potentem et, propter insufficientiam suam, liberare se non voluerit, fratres qui præsentes extiterint subvenient ei a vitæ periculo quomodo potuerint.... (Ibid.) — Cet article est le cinquième du statut que j'ai abrégé et dont j'ai interverti les dispositions pour plus de méthode et de clarté.

[3] Si aliquis congildarum arduum negocium eundi ad placitum habuerit, sequentur eum omnes congilde. (Ibid., art. 33.)

« fraternité qui se mettront en voyage, aux frais
« du banquet, avec celui qui aura été mandé, et
« lui prêteront secours selon leur pouvoir. Si
« l'un de ceux qui seront désignés refuse, il
« paiera un demi-marc d'argent [1]....

« Si quelqu'un des frères, contraint par la né-
« cessité, s'est vengé d'une injure à lui faite, et a
« besoin d'aide dans la ville, pour la défense et
« la sauvegarde de ses membres et de sa vie, que
« douze des frères, nommés à cet effet, soient
« avec lui jour et nuit pour le défendre ; et qu'ils
« le suivent en armes, de sa maison à la place
« publique, et de la place à sa maison, aussi
« longtemps qu'il en sera besoin [2].

« En outre, les anciens du banquet ont décrété
« que si les biens de quelque frère sont confis-
« qués par le roi ou par quelque autre prince,
« tous les frères auxquels il s'adressera, soit
« dans le royaume, soit hors du royaume, lui
« viendront en aide de cinq deniers [3].

[1] Si vero ad regem vel episcopum aliquis fratrum vocatus fuerit senator faciat conventum fratrum et eligat xii ex fraternitate quos voluerit qui cum eo ex convivii expensa vadant... (Statut de la ghilde du roi Eric-le-Bon, art. 37.)

[2] Si quis fratrum necessitate compulsus injuriam suam vindicaverit, et auxilio indiguerit in civitate causa defensionis et causa tutele membrorum suorum aut vitæ, sint cum eo die ac nocte xii nominati ex fratribus ad defensionem... (Ibid., art. 38.)

[3] Hoc quoque statutum fecerunt seniores convivii, quod si quis fra-

« Si quelque frère, fait prisonnier, perd sa
« liberté, il recevra, de chacun des convives,
« trois deniers pour sa rançon [1].

« Si quelque convive a souffert du nau-
« frage pour ses biens, et n'en a rien pu sau-
« ver, il recevra trois deniers de chacun des
« frères [2].

« Le convive dont la maison dans sa partie
« antérieure, c'est-à-dire la cuisine ou le poêle,
« ou bien le grenier avec les provisions, aura
« brûlé recevra trois deniers de chacun de ses
« frères [3].

« Si quelque convive tombe malade, que les
« frères le visitent, et, s'il est nécessaire, qu'ils
« veillent près de lui.... S'il vient à mourir, quatre
« frères, nommés par l'ancien, feront la veillée
« autour de lui, et ceux qui auront veillé porte-
« ront le corps en terre, et tous les convives
« l'accompagneront et assisteront à la messe en
« chantant, et chacun, à la messe des morts,

---

ter confiscatus fuerit bonis suis ex parte regis vel alterius principis et captus fuerit... (Statut de la ghilde du roi Éric-le-Bon, art. 10.)

[1] Si quis frater captus fuerit et libertatem perdiderit... (Ibid., art. 9.)

[2] Si quis conviva naufragium passus fuerit de bonis suis estimatis ad marc... argenti, nihil retinuerit... (Ibid., art. 11.)

[3] Congilda cujus anterior pars domus, id est coquina, vel stupa, aut horreum cum annona in illa curia in qua residenciam facit combusta fuerit... (Ibid., art. 29.)

« mettra un denier à l'offrande pour l'âme de
« son frère [1]...... ».

J'ai omis, dans cet extrait, de nombreuses dispositions sur les torts et les dommages faits par un associé à un autre, et sur ce qu'on pourrait nommer la police de la Ghilde. L'exclusion de la fraternité, sorte d'excommunication qu'accompagne le titre infamant de *nithing* (homme de rien), est la peine prononcée contre celui qui a tué un de ses confrères sans nécessité de défense personnelle, et par suite de *vieille haine* entre eux; *qu'il soit*, dit le statut, *mis hors de la société de tous les frères, avec le mauvais nom d'homme de rien, et qu'il s'en aille* [2]. La même peine atteint celui qui a commis le crime d'adultère avec la femme d'un confrère, ou enlevé sa fille, sa sœur ou sa nièce, celui qui, en discorde avec un de ses frères, a refusé de se réconcilier avec lui *selon le jugement de l'ancien et de toute la Ghilde;* celui qui, rencontrant un de ses confrères *en captivité, en naufrage, ou en lieu d'angoisse*, refuse de lui porter secours, et celui qui, insulté en paroles et en action par un non associé n'a pas voulu tirer vengeance de cet affront *avec le secours de ses*

---

[1] Si aliquis congilda infirmatur, visitent eum fratres et, si necesse fuerit, vigilent super eum... (Statut de la ghilde du roi Eric-le-Bon, art. 25.)

[2] Exeat a consortio omnium confratrum cum malo nomine NITHING et recedat. (Ibid., art. 4.)

CHAPITRE V.

frères[1]. Celui qui cite un de ses confrères en justice sans le consentement de toute la Ghilde, celui qui témoigne en justice contre un confrère, celui qui, soit au banquet, soit dans tout autre lieu, appelle un de ses confrères voleur ou homme de rien, celui qui, dans sa colère, prend son confrère aux cheveux et le frappe du poing, sont punis d'une amende de trois marcs d'argent[2]. Il y a des amendes pour les délits et les actes inconvenants commis *dans la maison du banquet;* il y en a pour les confrères qui, ayant reçu la charge de préparateurs du festin, remplissent mal leurs fonctions, ou s'absentent *après que le chaudron des frères a été suspendu au feu;* il y en a pour les disputes, les cris et le port d'une épée ou de toute autre arme, *car,* dit le statut, *toute sorte d'arme est prohibée dans la maison du banquet;* enfin, il y en a pour celui qui s'endort assis à table, ou tombe d'ivresse avant d'avoir pu regagner sa maison[3]. Quant aux coupes d'honneur

---

[1] Si quis frater fornicatus fuerit cum uxore conjurati fratris sui..... (Statut dela ghilde du roi Eric-le-Bon, art. 39.) — Et si congilda confratrem suum in captivitate, aut naufragio, aut in anxietatis loco invenerit, et opem ei ferre negaverit... (Ibid., art. 14.) — Et si congilda ab aliquo dehonestatus fuerit verbis et factis et se vindicare noluerit cum auxilio fratrum... (Ibid., art. 20.)

[2] Ibid., art., 8, 17, 18, 19.

[3] Et si cum fratre suo verbis inoportunis in domo convivii contenderit... (Ibid., art. 16.) — Et si congilde aliquos confratres ad parandum

que le statut désigne indistinctement par le mot *minne* (affection), la première devait être bue à saint Éric, la seconde au Sauveur, qui, ainsi ne venait qu'après le patron de la Ghilde, la troisième, à la Vierge. Au signal que donnait l'*aldermann*, ou ancien du banquet, chacun des convives prenait sa coupe remplie jusqu'aux bords, puis, se levant tous la coupe à la main, ils entonnaient un cantique ou un verset d'antienne, et, le chant terminé, ils buvaient. Le serment de maintenir et d'observer la loi de la confrérie se prêtait sur un cierge allumé [1].

Telle était cette étrange mais puissante association de liberté et de protection extra-légale, où les rites et l'esprit de vengeance de la vieille barbarie germaine s'associaient aux bonnes œuvres de la charité évangélique. Les pays scandinaves

convivium nominaverint, si quis eorum neglexerit vel non curaverit... Si quis vero, postquam caldarium convivarum igni suspensum est vel fuerit et ante inceptum convivium, sine licentia senioris, se subtraxerit... (Statut de la ghilde du roi Eric-le-Bon, art. 15.) — Quia omnia tela in domo convivii prohibita sunt. (Ibid., art. 21.) — Ibid., art. 22. 31, 34, 36.

[1] Hæc sunt constituta de minnis a fratribus sancti Erici. Primo cantanda est beati Erici, postea Salvatoris Domini, deinde minnæ beatæ Mariæ virginis, et, ad quamlibet illarum minnarum trium, debent confratres recipere bicaria sedendo et, bicariis singulis receptis, debent unanimiter surgere et inchoare minnam cantando. (Ibid., art. 43.) — Omnes qui intrant gildam jurent super candelam, prout lex dictaverit, quod omnes justiciam et legem observare et tenere voluerint prout in presenti *shra* est prenotatum. (Ibid., art. 44.)

la conservèrent jusqu'au xvie siècle dans sa forme complète et primitive [1]. Les prohibitions dont elle fut l'objet sous la dynastie carolingienne, ne réussirent point à l'extirper des habitudes de la population gallo-franke, là surtout où les mœurs germaniques eurent le plus d'influence et de durée, c'est-à-dire au nord de la Loire. Mais sur ce sol, où elle n'était pas née, l'institution de la Ghilde, en se conservant, ne resta pas immuable et tout d'une pièce comme en Scandinavie; elle s'assouplit, en quelque sorte, et, se dégageant des enveloppes de son vieux symbole, elle devint capable de s'appliquer à des intérêts spéciaux, à de nouveaux besoins politiques. Le banquet fraternel perdit son importance et tomba en désuétude, mais deux choses subsistèrent, l'association jurée, et la protection mutuelle jointe à une police domestique exercée par les associés entre eux. L'article que j'ai cité du capitulaire de 884, prouve qu'à cette époque, la pratique de l'assurance mutuelle était fréquente, non-seulement parmi les hommes de descendance germanique, mais parmi les habitants de toute origine et de toute condition, jusqu'aux serfs de la glèbe [2]; ils

[1] Voyez le Mémoire de Wilda sur les associations au moyen âge, art. 2, 3 et 4.

[2] Voyez plus haut, p. 316. Un autre capitulaire en fournit la preuve pour les premières années du ixe siècle : « De conjurationibus servorum

montrent, de plus, qu'il existait alors des ghildes spéciales formées, non dans un but indéfini de secours et de charité réciproques, mais pour un objet strictement déterminé. Ce que prohibe cet article, ce sont des associations faites par une seule classe d'hommes, les paysans, pour écarter un seul péril, celui des rapines et de l'extorsion; et là se révèlent peut-être les premiers symptômes de résistance populaire à l'envahissement de tout droit civil par la féodalité. Il est difficile de ne pas le croire, si l'on rapproche, de ces dispositions législatives, un événement postérieur d'un peu plus d'un siècle, la grande association des paysans de la Normandie contre les seigneurs et les chevaliers.

Parmi les historiens qui racontent ce fait remarquable, les uns parlent d'un serment prêté en commun, les autres de *conventicules* liés ensemble par une assemblée centrale formée de deux députés de chaque réunion particulière; il y a là tous les caractères d'une Ghilde constituée

« quæ fiunt in Flandris et in Mempisco, et in cæteris maritimis locis, « volumus ut per missos nostros indicetur dominis servorum illorum ut « constringant eos, ne ultra tales conjurationes facere præsumant. Et ut « sciant ipsi eorumdem servorum domini quod cujuscumque servi hujus- « cemodi conjurationes facere præsumpserint postquam eis hæc nostra « jussio fuerit indicata, bannum nostrum, id est sexaginta solidos ipse « dominus persolvere debeat. » (Capitul. Ludovici Pii, àn. 817, apud Baluze, t. I, col. 775.)

de manière à demeurer secrète jusqu'au moment de l'insurrection [1]. On sait que ce moment n'arriva pas, et que les associés expièrent par d'horribles supplices leur tentative d'affranchissement. Ce ne fut pas sans doute pour la première fois, qu'au commencement du xie siècle, l'instinct de liberté se fit une arme de la pratique des associations sous le serment, et, dans le cours de ce siècle de crise sociale, l'instinct de l'ordre qui, non plus que l'autre, ne périt jamais, tenta de créer, à l'aide de cette pratique, une grande institution de paix et de sécurité. La fameuse trêve de Dieu, selon ses derniers règlements promulgués en 1095, fut une véritable Ghilde [2]; et,

---

[1] Nam rustici unanimes, per diversos totius Normannicæ patriæ comitatus, plurima agentes conventicula, juxta suos libitus vivere decernebant... quæ ut rata manerent, ab unoquoque cœtu furentis vulgi duo eliguntur legati qui decreta ad mediterraneum roboranda ferrent conventum. (Willelmi Gemeticensis, Hist. Norman., lib. v, cap. ii, apud script. rer. normmann., p. 249.)

> Eissi se sunt entre-jurez
> E pleviz et asseurez...
> (Chronique des ducs de Normandie par Benoit de Ste-Maure, t. II, p. 393.)

> — E sunt entre serementé
> Ke tuit ensemle se tendrunt
> Et ensemle se desfendrunt.
> (Wace, roman de Rou, t. I, p. 307.)

[2] Statuit etiam ut omnes homines a xii annis et supra jurent hanc constitutionem treviæ Dei, sicut hic determinata est, ex integro se servaturos tali juramento : « Hoc audiatis vos, quod ego amodo in antea

dans les premières années du XIIe siècle, Louis-le-Gros, cet infatigable mainteneur de la paix publique, établit dans son royaume, par l'autorité des évêques, et avec le concours des prêtres de paroisse, une fédération de défense intérieure contre le brigandage des seigneurs de châteaux, et de défense extérieure contre les hostilités des Normands. Le seul historien qui mentionne cet établissement le désigne par le nom de *communauté populaire* [1] : C'étaient là de nobles applications du principe actif et sérieux de la vieille

hanc constitutionem treviæ Dei, sicut hic determinata est, fideliter custodiam, et contra omnes qui hanc jurare contempserint, episcopo vel archidiacono meo, auxilium feram : ita ut si me monuerit ad eundum super eos, nec diffugiam, nec dissimulabo ; sed cum armis meis cum ipso proficiscar et omnibus quibus potero juvabo adversus illos per fidem, sine malo ingenio, secundum meam conscienciam. Sic Deus me adjuvet et isti sancti. » (Orderici Vitalis Hist. ecclesiast., lib. IX, apud script. rer. normann., p. 721.)

[1] Tunc ergo communitas in Francia popularis statuta est à præsulibus, ut præsbyteri comitarentur regi ad obsidionem vel pugnam cum vexillis et parochianis omnibus. (Orderici Vitalis Hist. ecclesiast., apud script. rer. gallic. et francic., t. XII, p. 705.) — Episcopi et comites aliæque potestates regni tui ad te conveniant, et presbyteri cum omnibus parochianis suis tecum, quo jusseris, eant, ut communis exercitus communem vindictam super hostes publicos exerceant. (Ibid., p. 723.) — Le premier de ces deux textes est la source de l'erreur si vivace qui attribue à Louis-le-Gros l'institution des communes. On s'est mépris sur le vrai sens des mots *communitas popularis*, qui ne signifient rien de plus que les mots *communis exercitus* du second texte. Il s'agit ici, non d'un établissement de liberté municipale, mais de l'institution d'une fraternité d'armes entre les gens de tout état, clercs et laïcs, pour la sûreté des routes et la défense du pays.

Ghilde germanique, mais elles n'eurent qu'une existence et une action passagères; elles s'étendaient à de trop grands espaces de territoire, elles avaient besoin de la réunion d'un trop grand nombre de volontés diverses, et dépendaient trop du plus ou moins d'enthousiasme inspiré par la prédication religieuse. A côté d'elles, une autre application de la Ghilde, toute locale et toute politique, produisit quelque chose de bien plus durable, et de bien plus efficace pour la renaissance de notre civilisation, la *commune jurée*. Née au sein des villes de la Gaule septentrionale, la commune jurée, institution de paix au dedans et de lutte au dehors, eut, pour ces villes, la même vertu régénératrice que le consulat pour les villes du midi; elle fut le second instrument, la seconde forme de la révolution du xiie siècle; par elle, je rentre dans mon sujet.

La ville qui s'avisa la première de former une association de garantie mutuelle, restreinte à ses habitants seuls, et obligatoire pour eux tous, fut la créatrice d'un nouveau type de liberté et de communauté municipales. La Ghilde, non plus mobile au gré des chances de l'affiliation volontaire, mais fixée invariablement sur une base et dans des limites territoriales, mais bornée à la protection des droits civils et des intérêts publics, tel était l'élément de cette forme de constitution urbaine, aussi originale dans son genre que la municipalité consulaire l'était dans le sien, aussi puissante pour rallier une société asservie et à demi dissoute que le consulat pouvait l'être pour retremper et fortifier une société encore unie et compacte dans l'enceinte des mêmes murailles. A en juger par les témoignages historiques que le temps nous a conservés, l'honneur de cette création appartient à Cambrai, vieux municipe, où la lutte acharnée des citoyens contre la seigneurie de l'évêque avait commencé au xe siècle, et où, dès l'année 1076, il y eut, selon l'expression d'un chroniqueur, *conjuration, commune, nouvelle loi* [1]. Cambrai fut le point de départ d'un mouvement de propagande qui s'étendit de proche en proche et s'avança vers le sud, comme la propagande italienne marchait, dans le même temps, du sud au nord. Ses premiers progrès, les plus curieux à suivre, ont été décrits avec les révolutions de Noyon, de Beauvais, de Laon, d'Amiens, de Soissons et de Reims [2].

---

[1] Extrait de la chronique de Cambrai; Recueil des historiens des Gaules et de la France, t. XIII, p. 489. — Cives Cameraci male consulti conspirationem multo tempore susurratam, et diu desideratam juraverunt communiam. Quod nisi factam concederet conjurationem, denegarent universi introitum Cameraci reversuro pontifici : quod et factum est. (Fragmentum chronic. Camerac., ibid., p. 476.)

[2] Voyez les Lettres sur l'Histoire de France, lettres xv, xvi, xvii, xviii, xix et xx.

La filiation historique, et, en quelque sorte, la généalogie de ces révolutions a été établie; en moins de quarante ans, les communes de ces villes ont surgi, l'une à la suite de l'autre, soulevées par le même courant, constituées par le même principe. Ce serait une étude intéressante que d'analyser, dans ses ressemblances et dans ses différences, leur constitution respective, et de voir de quelle manière le principe moteur, l'élément nouveau s'y est appliqué aux anciens éléments d'organisation municipale, de quelle manière et dans quelle proportion il s'est combiné avec eux.

La Ghilde avait essentiellement le caractère de loi personnelle; son application à l'affranchissement des villes, et à a rénovation des municipalités, la fit passer à l'état de loi territoriale; plus ce passage fut net et décidé, plus la ville reconstituée eut cette force que donne l'unité [1]. A

---

[1] Sciatis nos concessisse in pepetuum et præsenti charta confirmasse, dilectis et fidelibus nostris universis hominibus de Rochella, et eorum hæredibus, communiam juratam apud Rochellam ut tam nostra quam sua propria melius defendere possint et magis integre custodire... ut ad jura sua defendenda vim et pose communiæ suæ, quando necesse fuerit, contra omnem hominem... exerceant et apponant. (Charte d'Aliénor, reine d'Angleterre et ducesse d'Aquitaine; Recueil des ordonnances des rois de France, t. X, p. 319, note g.) — Concedo etiam eis ut habeant communiam ad dfensionem et securitatem villæ suæ et rerum suarum. (Charte de Henri I, roi d'Angleterre, ibid.)

Noyon, la charte de commune présente une sorte d'hésitation entre les deux principes contraires : *Quiconque voudra entrer dans cette commune... Si la commune est violée, tous ceux qui l'auront jurée devront marcher pour sa défense....* Dans la charte de Beauvais, le caractère de loi territoriale est absolu et nettement exprimé : *Tous les hommes domiciliés dans l'enceinte du mur de ville et dans le faubourg prêteront serment à la commune... Dans toute l'étendue de la ville chacun prêtera secours aux autres loyalement et selon son pouvoir*[1]. A Beauvais, le titre de *pairs* est un reste de l'organisation antérieure à l'établissement de la commune ; les *pairs* de Beauvais semblent être un ancien conseil des principaux de la cité, assujetti plus tard au vasselage de l'évêque, puis, redevenu, par une révolution, municipal et électif. Dans la constitution de Saint-Quentin, constitution octroyée, les échevins apparaissent comme un tribunal préexistant à la commune. Il en est de même pour l'échevinage d'Amiens et pour celui de Reims, institution qui, dans ces deux villes, fut régénérée, non créée, par l'établissement communal[2]. Et ce n'est pas seulement sous la commune constituée par ser-

---

[1] Voyez les Lettres sur l'Histoire de France, lettre xv.
[2] Ibid., lettres xix et xx.

ment de garantie mutuelle que se montrent conservés les débris du régime antérieur; dans les villes qui opérèrent leur réforme par l'établissement du consulat, on trouve aussi des restes considérables de ce régime. Les titres de *syndics*, de *jurats*, de *capitouls*, de *prud'hommes*, qui accompagnent çà et là le titre de consuls, sont plus anciens que lui, et appartiennent à différentes époques d'organisation municipale.

De nouvelles études sont à faire sur la nomenclature constitutionnelle des municipalités du moyen âge; elles doivent commencer par le mot *commune*, qui joue un si grand rôle dans notre histoire, et qui, depuis le XIIe siècle, désigne, d'une manière spéciale, la municipalité constituée par association mutuelle sous la foi du serment. *Communia*, dans le latin des documents antérieurs au XIIe siècle, a le sens vague de *compagnie, réunion, jouissance en commun*[1]; il se peut que ce mot, avec son co-dérivé *communitas*, ait été appliqué très-anciennement au régime municipal; il se peut que, pour rendre le mot *ghilde* de l'idiome teutonique, on ait dit également-

---

[1] Voy. Ducange, Glossar. ad script. med. et infim. latinit, aux mots *communia, communio, commune, communitas, communa, communium, communantia.*

ment *gelde* ou *commune*, dans la langue romane du nord[1] ; mais, ce qui est certain, c'est que l'adjonction de la ghilde aux constitutions municipales donna à ce dernier mot un sens fixe et une force toute nouvelle. Le mot *jurés*, dans le sens de fonctionnaires municipaux assermentés, est une expression ancienne, aussi bien sous cette forme que sous la forme méridionale *jurats;* ce mot appartient aux restes romains du régime municipal, en même temps qu'aux ébauches de ce régime qui, avec plus ou moins de liberté, se formèrent dans les villes de création postérieure; il appartient même à la constitution des villages purement domaniaux[2]. *Jurés*, dans le sens de bourgeois associés et confédérés par le serment, est une expression plus récente, qui commence à paraître lorsque la ghilde s'applique au régime municipal; ce sont les *conjurés*, les *frères*, les *amis* de la vieille association germanique. *Entrer* dans la commune, *sortir* de la commune, sont des formules qui proviennent de la même tra-

---

[1] Nostre gelde et nous homes faites avant aler.
(Wace, roman de Rou ; vers inédits, cités par Ducange, au mot *gilda*.)

— Assez tost oï Richard dire
Que vilains cumune faseient.
(Wace, roman de Rou, t. I, p. 307.)

[2] Voyez Ducange, Glossar., etc., au mot *juratus*.

dition, et qu'on retrouve dans les statuts des ghildes scandinaves. Les mots tendres qui nous frappent dans ces statuts, et qui étaient de tradition comme tout le reste, ceux de *fraternité*, d'*amitié*, disparurent en général dans l'opération politique par laquelle l'association jurée s'adapta, comme partie intégrante, aux constitutions urbaines ; quelques communes seules les retinrent et les placèrent dans leurs actes constitutifs. A Lille, la loi municipale se nommait *loi de l'amitié*; et le chef de la magistrature urbaine portait le titre de *reward* (surveillant) *de l'amitié*[1]. Dans la constitution de cette ville, fondée au moyen âge, il y avait trois éléments d'origines diverses : 1° le tribunal d'un ancien *pagus*, avec ses juges institués par le comte, selon les règles de l'administration Carolingienne : à lui appartenait l'échevinage; 2° une association jurée entre tous les habitants : à elle appartenait ce qu'on peut nommer le lien municipal; 3° une application locale de la trêve de Dieu et des grandes institutions de paix que vit naître le XI° siècle : à elle appartenait l'office des *appaiseurs*, et l'établissement de trêves perpétuelles entre les bourgeois. La charte de commune qui, dans son langage et

---

[1] Dans les chartes latines, *respector amicitiæ*. (Voyez Ducange, Glossar., etc., au mot *amicitia*.)

ses prescriptions, porte la plus vive empreinte de l'esprit et des formes de la confrérie ou conjuration traditionnelle, est celle de la ville d'Aire en Artois; les articles suivants de cette charte sont curieux à rapprocher du statut de la ghilde du roi Éric :

« Tous ceux qui appartiennent à l'amitié de la
« ville ont promis et confirmé, par la foi et le
« serment, qu'ils s'aideraient l'un l'autre comme
« des frères, en ce qui est utile et honnête. Que
« si l'un commet contre l'autre quelque délit en
« paroles ou en actions, celui qui aura été lésé
« ne prendra point vengeance par lui-même ou
« par les siens,... mais il portera plainte, et le
« coupable amendera le délit selon l'arbitrage
« des douze juges élus. Et, si celui qui a fait le
« tort, ou celui qui l'a reçu, averti par trois
« fois, ne veut pas se soumettre à cet arbitrage,
« il sera écarté de l'amitié, comme méchant et
« parjure [1].

[1] Omnes autem ad amicitiam pertinentes villæ per fidem et sacramentum firmaverunt quod unus subveniet alteri tanquam fratri suo in utili et honesto... quod quidem arbitrium si lædens vel læsus sequi, tertio admonitus, noluerit, ipse et eum qui in hac pertinacia foverit, reus et perjurus contra utile et honestum amicitiæ quod juraverat vadens, ab amicitia communi arcebitur. (Charte donnée aux bourgeois d'Aire, par Philippe, comte de Flandre, 1188; Recueil des ordonnances des Rois de France, t. XII, p. 563.)—D'après le préambule de cette charte, la constitution communale d'Aire avait été établie au commencement du xiie siècle.

« Si quelqu'un de l'amitié a perdu de ses biens
« par rapine ou autrement, et qu'il ait des traces
« certaines de la chose perdue, il fera sa plainte
« au préfet de l'amitié, lequel, après avoir con-
« voqué les amis de la ville, marchera avec eux
« à la recherche, jusqu'à un jour de chemin en
« allant et en revenant; et celui qui refusera ou
« négligera de marcher paiera cinq sols d'amende
« à l'amitié [1].

« S'il arrive du tumulte dans la ville, qui-
« conque étant de l'amitié et ayant ouï le tu-
« multe, n'y sera point venu et n'aura point
« porté secours de plein cœur, selon le besoin,
« paiera cinq sols d'amende à la communauté [2].

« Si quelqu'un a eu sa maison brûlée, ou si,
« tombé en captivité, il paie pour sa rançon la plus
« grande partie de son avoir, chacun des amis
« donnera un écu en secours à l'ami appauvri [3]. »

La puissance de l'association jurée, comme or-

---

[1] Quod si aliquis de amicitia res suas perdiderit vel per rapinam, et ipse certa vestigia de re perdita invenerit, ad amicitiæ præfectum queremoniam faciet, qui convocatis villæ amicis... (Charte de la commune d'Aire, art. 5.)

[2] Si vero tumultus in villa evenerit, qui de amicitia est, et ad tumultum auditum non venerit, et auxilium non feret pleno corde prout tempus dictaverit... (Ibid., art. 9.)

[3] Si vero aliquis cujus domus combusta fuerit, vel aliquis captus se redimendo attenuatus fuerit, unusquisque paupertato amico nummum unum in auxilium dabit. (Ibid., art. 13.)

gane de liberté municipale, éclate au xiie siècle, non-seulement dans la promptitude et le nombre des révolutions qu'elle provoque, mais encore dans la violence des oppositions et des répugnances qu'elle soulève et qui s'étendent jusqu'au nom de commune. En l'année 1180, les citoyens de Cambrai furent contraints de faire disparaître de leur constitution municipale ce nom qu'un auteur contemporain qualifie d'abominable, et d'y substituer le nom de paix [1]. Dans les comtés de Flandre et de Hainaut, il y eut, comme je l'ai observé pour Lille, des essais d'applications de la trêve et de la paix de Dieu au régime municipal, établissements distincts de la commune proprement dite, et qui tantôt avaient lieu sans elle, tantôt se combinaient avec elle; de là vint le nom de paix, en concurrence avec celui de commune et parfois associé avec lui [2]. *L'établissement de paix*, institution dont la charte muni-

---

[1] Cives, ad imperatorem cum multa pecunia recurrentes, eliminato communiæ nomine quod semper abominabile extitit, sub nomine pacis cùm tamen pax non esset, contra episcopum et clericorum libertatem, privilegium sua voluntate et seditione plenum, reportaverunt. (Gisleberti Metensis chron., apud script. rer. gallic. et françic., t. XIII, p. 544.) — Communia novum ac pessimum nomen. (Guibert., abbat. de Novigento, ibid., t. XII, p. 256.) — De execrabilibus communiis illis. (Ibid., p. 257.)

[2] Burgensibus nostris Tornacensibus pacis institutionem et communiam dedimus et concessimus. (Charte de Philippe-Auguste, 1187; Recueil des Ordonnances des rois de France t. XI, p. 248.)

cipale de Valenciennes présente le type le plus pur et le plus complet, était une ghilde, mais une ghilde de police seulement, et non de défense mutuelle ; il garantissait le bon ordre dans la cité, mais non les droits de citoyens, et supprimait le principe de résistance, principe actif et politique des associations sous le serment [1]. L'association de paix ne fut nulle part hostile au pouvoir seigneurial, qui la favorisa et la provoqua même dans les lieux où elle s'établit ; son nom ne rappelait aucune idée de lutte ni d'indépendance, il était inoffensif et de bon augure ; telle est la cause de son apparition après la crise révolutionnaire, dans certaines villes, à Laon, par exemple, où il n'y avait ni trèves de bourgeois à bourgeois, ni magistrats ayant le titre et l'office d'apaiseurs, mais une simple commune jurée [2]. La charte de Guise, concédée en 1279, offre un curieux exemple de l'appréhension et de la haine

---

[1] Cette forme particulière de l'organisation municipale a été signalée et étudiée avec sagacité par M. Tailliar, dans son Mémoire sur l'affranchissement des communes dans le nord de la France (1837); mais l'auteur a tiré de ses aperçus des conclusions trop générales.

[2] Voyez Lettres sur l'Histoire de France, lettres xvi et xvii. — Il est curieux de voir le nom de *commune*, éliminé de la charte de Laon, reparaître dans les articles de cette même charte, lorsqu'ils sont octroyés à d'autres villes. Voyez dans le Recueil des Ordonnances des rois de France, t. XI, p. 185 et 234, la charte de Laon et celle de Crespy en Laonnois.

qui s'attachèrent longtemps au nom de commune. Cette charte accorde aux habitants le droit d'avoir des juges élus et une cloche pour leurs assemblées ; elle érige la ville en ville de loi et d'échevinage ; mais sous la condition expresse de ne jamais s'attribuer le nom de commune, de ne jamais demander à être en commune [1].

Ce ne fut pas seulement au nord de la France actuelle que, vers le XIIe siècle, la commune jurée vint s'appliquer aux municipalités d'une date antérieure, mais cette espèce de *sur-organisation* eut lieu dans toutes les provinces belges, et se propagea sur les terres de l'empire d'Allemagne, au-delà comme en-deçà du Rhin [2]. Là se trouvaient beaucoup de villes modernes dont la constitution, plus ou moins libre, s'était formée

---

[1] « Il est asscavoir que je n'entend pas ne veul que, par chose que ce soit par cy devant dict, ne octroye ausdits bourgeois de Guise puissent demander ni dire qu'il ayent commune à Guise, ne que l'octroy que je leur faicts de la cloche avoir, ne par aultres octroy que je leur ay dessus faict ; car en telle manière leur faicts les choses dessus dictes, que par ce ne leur soit poinct acquis le droit d'avoir commune et qu'ils ne puissent commune demander ne dire qu'ils aient. » (Charte accordée à la ville de Guise [Aisne] par Jean de Châtillon, comte de Blois, sire d'Avesne, etc.; copie authentique dans les archives de la ville de Guise.)

[2] Contra honorem episcopi et antiqua jura civitatis novas quasdam constitutiones et quædam jura insolita cujusdam communionis. (Charta Conradi Trevirensis, comitis palat., an. 1161, apud Hontheim. Hist. Trevir. diplomat., t. I, p. 593.)

pièce à pièce et développée sans aucune lutte des bourgeois contre le seigneur. Dans les Pays-Bas, plusieurs chefs-lieux de justice cantonale, appartenant aux circonscriptions carolingiennes, étaient devenus bourgs ou cités par la seule vertu d'une enceinte de murailles, et avaient vu le collége des scabins du comte ou du vicomte se transformer, dans leur sein, en conseil municipal. L'imitation de quelques rares municipes et les nécessités de la vie urbaine suggérèrent aux nouveaux bourgeois les premières notions administratives, et la politique des comtes de Flandre fut favorable à ce progrès. En Allemagne, des changements pareils se firent sur toutes les portions du territoire, et, de plus, des immunités impériales exemptèrent souvent de la juridiction ordinaire les habitants des villes qui prospéraient, et y changèrent ainsi en offices municipaux la plupart des offices publics. Les empereurs favorisèrent ce mouvement de civilisation, plutôt que d'indépendance; plus tard ils se montrèrent libéraux, en accordant aux cités germaniques le titre et quelques attributions du consulat italien, mais ils ne le furent pas à l'égard du mouvement qui propageait de Gaule en Germanie la réforme municipale par l'association sous le serment. Leur conduite fut tout autre que celle des comtes de Flandre, qui tolérèrent d'abord, puis sanctionnèrent les nouvelles lois communales [1]. Vers l'année 1160, une commune jurée fut établie à Trèves, et en 1161, l'empereur Frédéric I rendit le décret suivant : « Que la commune des citoyens « de Trèves, dite aussi conjuration, soit cassée, « et que dorénavant elle ne puisse être rétablie « par la faveur de l'archevêque, ou l'appui du « comte palatin [2]. » Le même empereur prohiba, au nom de la paix publique, toute association sous le serment dans les villes et hors des villes [3]. En l'année 1231, une prohibition non moins générale et plus explicite fut décrétée par Henri, roi des Romains : « que nulle cité et nul « bourg ne puissent faire de communes, constitu-

---

[1] Communionem autem suam, sicut eam juraverunt, permanere præcipio et a nemine dissolvi permitto. (Charte donnée par Guillaume, comte de Flandre, aux bourgeois de Saint-Omer, 1127; Miræi diplomat. belgic. nova collectio, t. IV, p. 195.) — Dans les villes de langue flamande, la commune reconnue et sanctionnée par le seigneur, prenait le nom de *keure*, statut, constitution, *legem juratam quæ chora vulgariter appellatur*. (Consuetudines villæ Arkarum, apud Ducange, Glossar., verbo *Chora*.)

[2] Communio quoque civium Trevirensium quæ et conjuratio dicitur quam nos in civitate dextruximus... quæ et postea, sicut audivimus, reiterata est, cassetur et in irritum revocetur, statuentes ne deinceps studio archiepiscopi vel industria comitis Palatini reiteretur. (Hontheim. Hist. Trevir. diplomat., t. I, p. 594.)

[3] Conventiculas quoque omnes et conjurationes in civitatibus et extra, etiam occasione parentele et inter civitatem et civitatem et inter personam et personam seu inter civitatem et personam, omnibus modis fieri prohibemus. (Constitutio pacis Frederici I, apud Pertz Monumenta Germaniæ historica, leg., t. II, p. 112.)

« tions, associations, confédérations ou conjura-
« tions, de quelque nom qu'on les appelle [1]. »

Rien de semblable n'eut lieu, de la part des rois, dans les pays scandinaves. Là, point de villes turbulentes à contenir, mais des villes à créer; l'instinct politique fit servir les ghildes à cette œuvre civilisatrice. Olaf, roi de Norvége, vers la fin du xie siècle, ordonna que leurs assemblées solennelles ne se tiendraient nulle autre part que dans l'enceinte des villes, et il leur fit construire des maisons communes et des salles de banquet. Dans les villes danoises, à Odensée, à Sleswick, à Flensbourg, l'organisation urbaine résulta d'un simple développement du statut primitif de la ghilde qui avait pour chef-lieu l'une de ces villes [2]. Ainsi, l'association jurée prêta aux cités du nord de la France septentrionale, des Pays-

---

[1] Quod nulla civitas, nullum oppidum, communiones, constitutiones, colligationes, confederationes vel conjurationes aliquas, quocumque nomine censeantur, facere possent;... et quod nos, sine domini sui assensu, civitatibus seu oppidis in regno nostro constitutis auctoritatem faciendi communiones, constitutiones, colligationes vel conjurationes aliquas, quæcumque nomina imponantur eisdem, non poteramus nec debebamus impertiri. (Henrici regis sententia contra communiones civitatum, apud Pertz Monumenta Germaniæ historica, leg. t. II, p. 279.)

[2] Wilda Güldenwesen im Mittelalter, art. 3 et 4. — Quicumque aliquem vulneraverit in foro, si civis non conviva conjuratus fuerit, ter 12 manu se purgabit; si autem fuerit civis et frater conjuratus 12 manu se defendet. (Statuta civitatis Roeskil, an. 1268, §§ 3 et 4; ibid., pièces justificatives.)

Bas et de l'Allemagne, de nouvelles formes politiques, et un ressort révolutionnaire; les cités du Danemark, de la Suède et de la Norvége, lui durent en grande partie l'existence, et, pour elles, le droit de ghilde fut tout le droit municipal. Quelque chose d'analogue se passa en Angleterre, quoiqu'il y eût dans ce pays un grand nombre d'anciennes villes. Tout ce que les Bretons avaient conservé du régime municipal romain fut détruit par la conquête saxonne, la plus radicale des conquêtes du ve siècle; l'organisation cantonale des Anglo-Saxons s'établit uniformément dans les villes et hors des villes; la Ghilde s'adjoignit à cette organisation, mais en se plaçant à côté d'elle, non en se fondant avec elle pour former, de deux éléments divers, une nouvelle constitution. L'association jurée demeura au sein de la cité à l'état de loi personnelle, il y eut une ghilde des bourgeois, et non de tous les bourgeois, il y eut, en quelque sorte, une cité politique plus étroite que la cité territoriale, et cette institution eut toutes les formes de la ghilde scandinave [1]. Après la conquête normande, la

---

[1] V. Judicia civitatis Lundoniæ, hoc est consilium quod episcopi et præfecti qui ad curiam Londinensem pertinebant, edixerunt et juramentis confirmaverunt, in nostris fœderatorum sodalitiis tam comites quam coloni... Apud Canciani, Leg. antiq. barbar., t. IV, p. 265. — Item omnia amerciamenta capta ab extraneis mercatoribus, pertinere

constitution des villes de Normandie, la constitution communale s'introduisit, plus ou moins complète, dans quelques villes privilégiées, et entraîna la ghilde saxonne vers le principe de loi territoriale[1]; à cette constitution appartient le titre de *maire*, la magistrature des *aldermen* provient de la ghilde. Tels sont les éléments du régime municipal anglais qui a suivi une autre loi de développement que celui de la France et que celui des pays germaniques. Entre la ghilde appliquée à l'émancipation municipale, et la ghilde transformée en corporation de bourgeoisie, il y a d'énormes différences; dans tout ce qui se rapporte au problème des municipalités du moyen âge, bien des distinctions doivent être faites, bien des nuances restent à discerner; tout est encore confus dans ces questions que j'essaie de poser, sans croire les résoudre[2].

debent fratribus gildæ et burgensibus villæ... nullus burgensis vel confrater gildæ nostræ foris habitans... (Statut de la ghilde de Berwick en Écosse, art. 45 et 46; Scotiæ veteres leges et constitutiones, ed. Joann. Skenæus, 1613, p. 160.)

[1] Concesserunt civibus Londoniarum habere communam suam firmiter et inconcusse... quandiu regi placuerit. (Rogerii de Hoved annales sub anno 1191, apud rer. anglic. script., p. 702, ed. Savile.) — Ut sint una communitas perpetua, corporata in re et nomine... ut sint unum corpus in re et nomine et una communitas perpetua corporata. (Formules des chartes d'incorporation; Madox Firma-Burgi, p. 28 et 44.)

[2] Il y a, pour l'histoire du régime municipal, deux systèmes absolus

La révolution d'où sortirent les communes jurées n'épuisa pas tout ce qu'il y avait de vie et de puissance, pour le bien comme pour le mal, dans la pratique des associations sous le serment. Trois sortes de confréries subsistèrent depuis le XIIe siècle à côté des communes ou dans leur sein : la confrérie de faction, usitée principalement chez la noblesse; la confrérie pieuse, bornée aux œuvres de religion et de pure charité; enfin la confrérie de commerce ou d'arts et métiers [1]. Ce dernier genre d'association, d'une

qui sont comme deux pôles entre lesquels roulent toutes les opinions intermédiaires, le système exclusivement romain, celui de M. Raynouard, et le système exclusivement germain, que soutiennent fermement la plupart des savants de l'Allemagne. Ce système se fonde sur deux méprises : 1° la confusion de la ghilde, association de pur choix, institution toute personnelle, avec la communauté territoriale des anciens cantons germaniques; 2° la vue d'une ghilde, soit en acte soit en principe, dans toute communauté municipale. Le vrai, c'est que la ghilde se trouve dans la constitution de certaines villes et non de toutes les villes; c'est que là où on la trouve dans les pays jadis romains, elle n'est point le fond, mais seulement une forme du régime municipal; c'est enfin que son application à ce régime date du XIe siècle, et non d'un temps plus voisin de l'établissement des dominations germaniques.

[1] Les statuts municipaux de la ville de Malines interdisaient toute association autre que celle de la commune : *Nulla confraternitas neque gulda, neque aliquod singulare signum de ipsis, nisi sola communitatis confraternitas, in Machlinia esse poterit vel debebit.* (Statuta communiæ Mechliniensis ; Ducange, verbo *Gulda*.) — Voyez, pour ce qui regarde les confréries depuis le XIIe siècle, la collection des conciles, t. XI, col. 119, concilium Monspeliense, ann. 1214; col. 435, concilium Tolosanum, 1229; col. 564, concilium apud Campinacum, 1238;

grande importance historique par sa durée et ses résultats sociaux, eut cela de remarquable, qu'il naquit, de même que la commune urbaine, d'une application de la ghilde à quelque chose de préexistant, aux corporations ou colléges d'ouvriers qui étaient d'origine romaine [1]. Le berceau des confréries d'artisans fut, de même que celui des communes jurées, le nord de la Gaule d'où l'institution gagna les villes d'outre-Rhin ; Strasbourg et Cologne en offrent pour l'Allemagne les plus anciens types, elle s'y montre dès le xiie siècle ; en Danemark, elle s'établit beaucoup plus tard, et ce pays, en l'adoptant, imita l'Allemagne [2]. Dans le nord scandinave, cette patrie des fraternités politiques, rien n'est indigène en fait d'associations industrielles, si ce n'est la ghilde de commerce lointain, fondée sur les périls de mer dans un temps où le négoce

---

col. 744, concilium Burdegalense, 1255; col. 1178, concilium Avenionense, 1282; t. XII, col. 1987, concilium Vavrense, 1368; t. XIV, col. 428, concilium Bituricense, 1528; et col. 476, concilium Senonense, 1528.

[1] La preuve la plus complète de ce fait résulte des chartes municipales de Ravenne; on y trouve, en 943, une corporation d'artisans pêcheurs, *scola piscatorum*; en 953, un chef de la corporation des négociants. *capitularius schole negotiatorum*; et en 1001, un chef de la corporation des bouchers, *capitularius schole macellatorum*. Voyez Fantuzzi, Monumenta Ravennentia, t. IV, p. 174, et t. I, p. 133 et 227.

[2] Voyez le mémoire de Wilda, sur les associations au moyen âge, art. 5, et le Mémoire d'Eichhorn, cité plus haut.

était mêlé de guerre et de pirateries. Peut-être les terribles bandes de corsaires danois et norvégiens furent-elles des confréries païennes sous l'invocation d'un dieu ou d'un héros.

Entre les deux portions de la Gaule sur lesquelles agirent simultanément, au xiie siècle, les deux courants de la révolution municipale, l'un parti des côtes du sud, l'autre de l'extrême nord, il se trouva une région moyenne sur laquelle le premier fut sans action comme je l'ai dit, et que le second ne remua que d'une manière faible et tardive. Dans cette zône, un certain nombre de municipes échappèrent au mouvement de rénovation; moins pressés que les villes du nord par les souffrances matérielles et le besoin d'ordre public, moins sollicités que celles du midi par la passion de l'indépendance et les besoins moraux qui naissent du commerce et de la richesse, ils ne prirent ni la commune jurée ni le consulat, et restèrent, en quelque sorte, immobiles dans une organisation antérieure à ces deux formes. Bourges, Tours et Angers furent gouvernés jusqu'au xve siècle par quatre *prud'hommes* élus chaque année, et qui réunissaient tous les pouvoirs d'une façon dictatoriale, administrant la police et les finances de la cité, ayant droit de jugement dans toutes les causes civiles et criminelles, tandis que les officiers royaux n'avaient que la simple instruction [1]. Cette constitution, déjà ancienne au xiie siècle, et identique en plusieurs lieux, semble le produit d'une révolution dont la trace historique est perdue, et dont il est impossible de déterminer l'époque, révolution qui, d'un même coup, détruisit les restes de la curie ancienne, et mit, soit de gré, soit de force, le pouvoir de l'évêque hors du gouvernement municipal. A Orléans, l'organisation urbaine était d'une nature analogue et pareillement immémoriale : il y avait dix prud'hommes, administrateurs et juges, élus annuellement par tous les bourgeois ; au xive siècle, leur vieux titre fut changé en celui de *procureurs de ville*, et plus tard on les appela échevins [2]. Il serait curieux d'étudier à fond l'ancien gouvernement de ces grandes villes qui ne voulurent pas ou ne purent pas se former en communes, et où la présence continue d'officiers royaux, baillis, prévôts, ser-

---

[1] Donec per probos homines Bituricis manentes, secundum villæ consuetudines, sit judicatum... postquam per probos homines ipsius civitatis, ad quos omnia judicia villæ ejusdem et septenæ ab antiquo dignoscuntur pertinere facienda, judicatum fuerit. (Charte de Philippe-Auguste, 1181; Recueil des Ordonnances des rois de France, t. XI, p. 223.) — Voyez l'Histoire de Berry, par Thaumas de la Thaumassière, liv. iii, p. 137, et l'ouvrage intitulé : Recueil des antiquités et priviléges de la ville de Bourges et de plusieurs autres villes capitales du royaume, par Jean Chenu.

[2] Voyez l'Histoire et Antiquités de la ville et duché d'Orléans, par François le Maire, 1645.

gents, a fait trop légèrement supposer l'absence de droits politiques [1]. C'est la troisième catégorie des villes de France, qui ont eu, qu'on me passe l'expression, de la personnalité ; je m'arrête à elle. Si l'histoire des communes et des cités municipales n'est pas toute l'histoire des origines du tiers état, elle en est la partie héroïque ; là sont les plus profondes racines de notre ordre social actuel ; un intérêt tout particulier de sympathie et de respect s'attache à la destinée de ces villes, qui ont vécu de leur propre vie, qui n'ont jamais perdu, ou ont saisi avec courage la direction de leurs affaires, qui, chacune à part, ont maintenu durant des siècles ces garanties populaires sur lesquelles repose aujourd'hui la loi fondamentale du pays.

L'histoire municipale du moyen âge peut donner de grandes leçons au temps présent ; dans chaque ville importante, une série de mutations et de réformes organiques s'est opérée depuis le XII° siècle ; chacune a modifié, renouvelé, perdu,

---

[1] A Orléans, une commune fut instituée vers l'année 1137 et presque aussitôt détruite. Cette destruction, opérée par Louis-le-Jeune avec un grand appareil de sévérité, fit simplement rentrer la ville dans son ancien régime municipal.« Celeriter Aurelianensem regressus civitatem, cùm « ibidem comperisset, occasione communiæ quorumdam stultorum insa- « niam contra regiam demoliri majestatem compescuit audacter, non sine « quorumdam læsione. » (Hist. Ludov. VII, apud script. rer. gallic. et francic., t. XII, p. 124.)

recouvré, défendu sa constitution. Il y a là en petit, sous mille aspects divers, des exemples de ce qui nous arrive en grand depuis un demi-siècle, de ce qui nous arrivera dans la carrière où nous sommes lancés désormais. Toutes les traditions de notre régime administratif sont nées dans les villes, elles y ont existé longtemps avant de passer dans l'état; les grandes villes, soit du midi, soit du nord, ont connu ce que c'est que travaux publics, soin des subsistances, répartition des impôts, rentes constituées, dette inscrite, comptabilité régulière, bien des siècles avant que le pouvoir central eût la moindre expérience de tout cela. Les municipes romains ont conservé, comme un dépôt, la pratique de l'administration civile; ils l'ont transmise, en la propageant, aux communes du moyen âge, et c'est à l'imitation des communes que le gouvernement des rois de France s'est mis à procéder, dans sa sphère, d'après les règles administratives, chose qu'il n'a faite que bien tard et d'une façon bien incomplète. L'ancienne royauté, incertaine de son principe, appuyée sur des traditions divergentes et inconciliables, ballottée, pour ainsi dire, entre l'idée féodale du domaine universel et l'idée impériale de la chose publique, ne put réussir à doter le pays de ce système d'administration, embrassant tous les intérêts sociaux, prévoyant, exact, scrupuleux, économe, que Napoléon qualifiait admirablement par l'épithète *municipal* [1]; la révolution seule en eut le pouvoir. Si la philosophie moderne a proclamé comme éternellement vrai le principe de la souveraineté nationale, la vie des municipalités a formé les vieilles générations politiques du tiers état. L'égalité devant la loi, le gouvernement de la société par elle-même, l'intervention des citoyens dans toutes les affaires publiques, sont des règles que pratiquaient et maintenaient énergiquement les grandes communes; nos institutions présentes se trouvent dans leur histoire, et peut-être aussi nos institutions à venir. La révolution de 1789 n'a pas créé de rien; la pensée de l'assemblée constituante n'a pas élevé sans matériaux l'ordre social de nos jours; l'expérience des siècles, les souvenirs historiques, les traditions de liberté locale conservées isolément, sont venus, sous la sanction de l'idée philosophique des droits humains, se fondre dans le grand symbole de notre foi constitutionnelle, symbole dont la lettre peut varier, mais dont l'esprit est immuable.

---

[1] Les rois de France n'ont jamais rien eu d'administratif ni de municipal... Ils ne se sont jamais montrés que de grands seigneurs que ruinaient leurs gens d'affaires. (Napoléon, ses opinions et jugements sur les hommes et sur les choses, t. I, p. 10.) — En citant ces lignes, je n'adhère point au jugement absolu qu'elles énoncent.

Si l'on veut marquer d'où procède le principe mobile, progressif et en quelque sorte militant de la municipalité gauloise du moyen âge, il faut remonter jusqu'aux temps romains, jusqu'à l'institution du *défenseur*. C'est par cette institution qu'au milieu du IVe siècle un premier germe de démocratie s'est introduit dans le régime, tout aristocratique jusque-là, du municipe gallo-romain. Le défenseur élu, pour cinq ans d'abord puis pour deux ans, par le suffrage universel des citoyens, fut une sorte de tribun du peuple avec tendance à la dictature[1]. Il avait mission de garantir les habitants de toutes les classes contre la tyrannie des fonctionnaires impériaux; il surveillait la conservation des propriétés municipales, la répartition des charges publiques, l'exécution des lois, l'administration de la justice, le commerce des denrées de première nécessité; il était juge de paix, avocat des pauvres, et, selon une formule officielle, protecteur du peuple

[1] Quapropter præceptionis nostræ tenore percepto, universarum civitatum quæ sunt inhabitantium frequentia celebres, in tuæ potestatis arbitrio constitutæ, municipes honoratos plebemque, commoneas ut, adhibito tractatu atque consilio, sibi eligant defensorem. (Leonis et Majoriani novella, inter Novel. constitutiones imperatorum Justiniano anteriorum, lib. IV, tit. V, apud Cod. Theod., ed. Ritter, t. VI, pars III, p. 153.) — Ut viri judicio universitatis electi, auctoritatem tuendæ in civitatibus suis plebis accipiant. (Ibid.)

contre les abus du pouvoir et contre la cherté des vivres [1]. C'est cette magistrature, d'abord purement civile, puis partagée par les évêques [2], puis envahie par eux avec l'assentiment populaire, qui devint le fondement de la puissance temporelle de l'épiscopat dans les villes. L'invasion des barbares trouva dans chaque cité de la Gaule deux pouvoirs, celui de l'évêque et celui du défenseur, tantôt d'accord, tantôt en concurrence; tous les deux étaient électifs dans le sens

[1] In defensoribus universarum provinciarum erit administrationis hæc forma... scilicet ut in primis parentis vicem plebi exhibeas; descriptionibus rusticos urbanosque non patiaris adfligi, officialium insolentiæ et judicum procacitati..... occurras : Ingrediendi, cum voles, ad judicem liberam habeas facultatem: Super exigendi damna... plus petentium ab his, quos liberorum loco tueri debes, excludas, nec patiaris quicquam, ultra delegationem solitam, ab his exigi. (Gratiani, Valentiniani et Theodosii const.; Cod. Just. lib. I, tit LV, l. 4.) — Defensores... plebem vel decuriones ab omni improborum insolentia et temeritate tueantur. (Valentiniani, Theodosii et Arcadii const.; Cod. Just.; lib. I, tit. LV, l. 5.) — Imples enim revera boni defensoris officium, si cives tuos nec legibus patiaris opprimi nec caritate consumi. (Cassiodori senatoris Formulæ, apud Canciani Leg. antiq. barbar., t. I, p. 42.)

[2] Nos autem per constitutionem nostram hujusmodi difficultates hominum resecantes... disposuimus, si facultates pupilli vel adulti usque ad quingentos solidos valeant, defensores civitatum una cum ejusdem civitatis religiosissimo antistite,.... tutores vel curatores creare. (Just. Instit. de Attil. tut., lib. I, tit. xx, § 5.) — In civitatibus, in quibus præsides præsto non sunt, adeant litigatores defensorem civitatis et ille audiat causas. Si autem episcopum judicare sibi maluerint, hoc quoque fieri jubemus. (Just. Novel. const. per Julianum de græco translatæ; const. LXIX, art. VII, p. 92, ed. 1676.)

le plus large de ce mot; par eux le principe de l'élection dominait sur la curie héréditaire et tendait à entraîner toute la constitution urbaine vers un changement de forme et d'esprit. Là, fut, je n'en doute pas, la source d'une série de révolutions partielles, isolées, inconnues, par lesquelles fut préparée la grande révolution du xiie siècle, et s'accomplit graduellement le passage de la municipalité du monde romain à la municipalité du moyen âge; là se trouve, pour nous, le point de départ de toute vraie théorie de l'histoire des libertés municipales.

Cette histoire, qui est celle des origines de la société moderne, fut sapée à sa base par le préjugé de haine contre le droit romain dont on fit une sorte de dogme dans la dernière moitié du xviiie siècle. On cherchait des précédents historiques à l'égalité civile, des ancêtres au tiers état; on les vit où ils n'étaient pas, on ne les aperçut pas où ils étaient. Si les lois romaines impériales présentent d'énormes vices quant à la forme et aux conditions du pouvoir, pour le fond même de la société nous leur devons tout ce que nous sommes; c'est la pratique de ce droit conservée sous la domination franke, et la renaissance de son étude, marchant de front avec le rajeunissement des constitutions municipales, qui sont, dans notre histoire, les deux grands anneaux de la chaîne par laquelle l'ancienne civilisation se lie à la civilisation de nos jours. Au VIIIe siècle, dans la ville de Paris, un testament était rédigé selon le pur droit romain avec toutes les formules consacrées : « Ainsi je donne, ainsi je lègue, ainsi je « teste, ainsi vous, citoyens romains, rendez-en « témoignage [1]......... » A Paris, à Bourges, à Tours, à Angers, les formes dramatiques de l'ancien droit romain s'observaient pour la validation d'un acte, par son insertion dans les registres municipaux; on constituait un mandataire chargé de requérir cette insertion devant la curie assemblée, et le procès-verbal contenait un dialogue entre le défenseur et le postulant : « Vénérable « défenseur, et vous tous, membres de la curie, « je vous prie d'ordonner que les registres publics « me soient ouverts et de daigner entendre ma « requête; j'ai quelque chose à faire insérer en « présence de vos louables personnes dans les « livres municipaux. Le défenseur et la curie ont « dit : Les registres te sont ouverts, poursuis ce « que tu désires qu'on entende........... » La réponse du mandataire était suivie d'une réplique du défenseur; puis venait la lecture du mandat

---

[1] Ita do, ita ligo, ita testor, ita vos mihi, Quiritis, testimonium perhibetote; citeri citeræque proximi proximæque exhæredis mihi estote; proculque habetote... (Testamentum Erminetrudis, circa ann. 700, apud Bréquigny Diplomata, chart., epist., etc., t. I, p. 364.)

faite par le secrétaire de la curie, puis la lecture de l'acte, puis son inscription sur les registres, puis un remerciement du mandataire [1]. Dans la cité des Arvernes, déjà nommée Clermont, des demandes en renouvellement de titres détruits par le pillage ou l'incendie présentaient cette curieuse formule : « Comme il est notoire que nous « avons perdu nos papiers par l'hostilité des « Franks.................. » et la requête était affichée dans le marché public et y restait durant trois

---

[1] Adstante vir laudabile Wilfredo defensore, vel cuncta curia Andec. civitate, adsistantium Aganbertus dixit : Rogo te, laudabilis vir defensor, vosque officia publica, ut mihi codicis publicis patere jubeatis, et prosecutione mea audire dignimini, quia sub aliqua quæ, apud laudabilitate vestra, gestis cupio municipalibus allegare. Defensor et curia dixerunt : Patent tibi codices, prosequere quæ optas audire. Aganbertus dixit... (Allegatio donationis Harvichi, facta gestis municipalibus curiæ Andegavensis, ann. 804, apud Martenne Amplissim. collection., t. I, p. 58.) — Rogo te, venerabilis vir ille defensor, ut mihi codices publicos patere jubeatis... venerabilis vir ille defensor et ordo curiæ dixerunt : Codices publici te patefaciant ; et ille amanuensis hanc donationem accipiat vel recitetur. (Formulæ Sirmondi apud Canciani Leg. antiq. barbar., t. III, p. 435.) — Rogo te, vir laudabilis illi defensor, illi curator, illi magister militum, vel reliquum curia puplica, utique opticis puplicis patere jubeatis, quia habeo quid apud acta prosevere debiam. Defensor, principalis simul et omnis curia puplica dixerunt... (Formulæ Andegavenses, apud script. rer. gallic. et francic., t. IV, p. 564.) — Peto, optime defensor, vosque laudabiles curiales atque municipes, ut mihi codices publicos patere jubeatis : quædam enim in manibus habeo, quæ gestorum cupio allegatione roborari. Defensor et curiales dixerunt... (Marculfi Formul. lib. II, apud script. rer. gallic. et francic., t. IV, p. 500.)

jours, aux termes d'une loi des empereurs Honorius et Théodose [1].

Romains et Franks, l'esprit de discipline civile et les instincts violents de la barbarie, voilà le double spectacle et le double sujet d'étude qu'offrent les hommes et les choses au commencement de notre histoire. C'est là ce qu'avant tout il faut décrire nettement, ce qu'il faut montrer sous toutes ses faces et avec toutes ses nuances, pour qu'une opinion définitive, une conviction universelle se forme à l'égard de nos origines sociales. Je voudrais qu'à l'aide de recherches nouvelles et plus approfondies, d'une analyse minutieuse des documents narratifs et des actes publics et privés, on pût suivre d'époque en époque, sous les deux dynasties frankes, la vie romaine et la vie barbare, distinctes sur le même sol, se mêlant et, pour ainsi dire, se pénétrant par degrés. Mais ici, la dissertation historique ne suffit plus, le récit doit s'y joindre, et suppléer à ce qu'elle a, par sa nature, d'arbitraire et

[1] Ego ille, et conjux mea illa, commanens orbe Arvernis, in pago illo in villa illa. Dum non est incognitum, qualiter chartolas nostras per hostilitatem Francorum, in ipsa villa illa, manso nostro ubi visi sumus manere, ibidem perdimus, et petimus vel cognitum faciemus... quo ita et fecimus ista principium Honorio et Theodosio consulibus, eorum ab hostio sancto illo castro Claremunte per triduum habendi vel custodivimus seu in mercato publico in quo ordo curiæ duxerunt... (Formulæ veteres a Baluzio editæ, apud Canciani Leg. antiq. barbar., t. III, p. 464.)

d'incomplet. Je vais tenter, pour le vi⁰ siècle, de faire succéder au raisonnement sur les choses, la vue des choses elles-mêmes et de présenter en action les hommes, les mœurs et les caractères.

RÉCITS

DES

TEMPS MÉROVINGIENS.

RÉCITS
DES
TEMPS MÉROVINGIENS.

PREMIER RÉCIT.

Les quatre fils de Chlother I. — Leur caractère. — Leurs mariages. — Histoire de Galeswinthe.

(561 — 568.)

A quelques lieues de Soissons, sur les bords d'une petite rivière, se trouve le village de Braine. C'était, au vi^e siècle, une de ces immenses fermes où les rois des Franks tenaient leur cour, et qu'ils préféraient aux plus belles villes de la Gaule. L'habitation royale n'avait rien de l'aspect militaire des châteaux du moyen âge, c'était un vaste bâtiment, entouré de portiques d'architecture romaine, quelquefois construit en bois poli avec soin, et orné de sculptures qui ne manquaient pas d'élégance [1]. Autour du principal corps de logis se trouvaient disposés par ordre les logements des officiers du palais, soit barbares, soit romains d'origine, et ceux des chefs de bande qui, selon la coutume germanique, s'étaient mis avec leurs guerriers dans la *truste* du roi, c'est-à-dire, sous un engagement spécial de vasselage et de fidélité [2]. D'autres maisons de moindre apparence étaient occupées par un grand nombre de familles qui exerçaient, hommes et femmes, toutes sortes de métiers, depuis l'orfévrerie et la fabrique des armes jusqu'à l'état de tisserand et de corroyeur, depuis la broderie en soie et en or jusqu'à la plus grossière préparation de la laine et du lin.

La plupart de ces familles étaient gauloises, nées sur la portion du sol que le roi s'était adju-

---

[1] Æthera mole sua tabulata palatia pulsant...
Singula silva favens ædificavit opus.
Altior innititur, quadrataque porticus ambit,
Et sculpturata lusit in arte faber.
(Venantii Fortunati carmin., lib. ix, cap. xv, t. I, p. 326, ed. Luchi.)

[2] V. pactum legis Salicæ, apud script. rer. gallic. et francic. t. IV, p. 159; et ibid., Marculf. Formul., p. 475.

gée comme part de conquête, ou transportées violemment de quelques villes voisines pour coloniser le domaine royal; mais, si l'on en juge par la physionomie des noms propres, il y avait aussi parmi elles des Germains et d'autres barbares dont les pères étaient venus en Gaule, comme ouvriers ou gens de service, à la suite des bandes conquérantes. D'ailleurs, quelle que fût leur origine ou leur genre d'industrie, ces familles étaient placées au même rang et désignées par le même nom, par celui de *lites* en langue tudesque, et en langue latine par celui de *fiscalins*, c'est-à-dire attachés au fisc [1]. Des bâtiments d'exploitation agricole, des haras, des étables, des bergeries et des granges, les masures des cultivateurs et les cabanes des serfs du domaine complétaient le village royal, qui ressemblait parfaitement, quoique sur une plus grande échelle, aux villages de l'ancienne Germanie. Dans le site même de ces résidences il y avait quelque chose qui rappelait le souvenir des paysages d'outre-Rhin; la plupart d'entre elles se trouvaient sur la lisière et quelques-unes au centre des grandes forêts mutilées depuis par la civilisation, et dont nous admirons encore les restes.

[1] *Fiscalini, Liti, Lidi, Lazi.* Voyez le Recueil des historiens de la France et des Gaules, t. IV, passim, et plus haut, Considérations, chap. V, p. 263.

Braine fut le séjour favori de Chlother, le dernier des fils de Chlodowig, même après que la mort de ses trois frères lui eut donné la royauté dans toute l'étendue de la Gaule. C'était là qu'il faisait garder, au fond d'un appartement secret, les grands coffres à triple serrure qui contenaient ses richesses en or monnayé, en vases et en bijoux précieux, là aussi qu'il accomplissait les principaux actes de sa puissance royale. Il y convoquait en synode les évêques des villes gauloises, recevait les ambassadeurs des rois étrangers, et présidait les grandes assemblées de la nation franke, suivies de ces festins traditionnels parmi la race teutonique, où des sangliers et des daims entiers étaient servis tout embrochés, et où des tonneaux défoncés occupaient les quatre coins de la salle [1]. Tant qu'il n'était pas appelé au loin par la guerre contre les Saxons, les Bretons ou les Goths de la Septimanie, Chlother employait son temps à se promener d'un domaine à l'autre. Il allait de Braine à Attigny, d'Attigny à Compiègne, de Compiègne à Verberie, consommant à tour de rôle, dans ses fermes royales, les provisions en nature qui s'y trouvaient rassemblées,

---

[1] Cùm ergo ille ad prandium invitatus venisset, conspicit, gentili ritu, vasa plena cervisiæ domi adstare. Quod ille siscitans quid sibi vasa in medio posita vellent... (Vita S. Vedasti, apud script. rer. gallic. et francic., t. III, p. 373.)

se livrant, avec ses *leudes* de race franke, aux exercices de la chasse, de la pêche ou de la natation, et recrutant ses nombreuses maîtresses parmi les filles des *fiscalins*. Souvent, du rang de concubines, ces femmes passaient à celui d'épouses et de reines, avec une singulière facilité.

Chlother, dont il n'est pas facile de compter et de classer les mariages, épousa de cette manière une jeune fille de la plus basse naissance, appelée Ingonde, sans renoncer d'ailleurs à ses habitudes déréglées, qu'elle tolérait, comme femme et comme esclave, avec une extrême soumission. Il l'aimait beaucoup, et vivait avec elle en parfaite intelligence; un jour elle lui dit : « Le roi
« mon seigneur a fait de sa servante ce qu'il lui
« a plu, et m'a appelée à son lit; il mettrait le
« comble à ses bonnes grâces en accueillant la
« requête de sa servante. J'ai une sœur nommée
« Aregonde et attachée à votre service; daignez
« lui procurer, je vous prie, un mari qui soit
« vaillant et qui ait du bien, afin que je n'éprouve
« pas d'humiliation à cause d'elle. » Cette demande, en piquant la curiosité du roi, éveilla son humeur libertine; il partit le jour même pour le domaine sur lequel habitait Aregonde, et où elle exerçait quelques-uns des métiers alors dévolus aux femmes, comme le tissage et la teinture des

étoffes. Chlother, trouvant qu'elle était pour le moins aussi belle que sa sœur, la prit avec lui, l'installa dans la chambre royale et lui donna le titre d'épouse. Au bout de quelques jours, il revint auprès d'Ingonde, et lui dit, avec ce ton de bonhomie sournoise qui était l'un des traits de son caractère et du caractère germanique : « La grâce que ta douceur désirait de moi, j'ai « songé à te l'accorder ; j'ai cherché pour ta sœur « un homme riche et sage, et n'ai rien trouvé de « mieux que moi-même. Apprends donc que j'ai « fait d'elle mon épouse, ce qui, je pense, ne te « déplaira pas. — « Que mon seigneur, » répondit Ingonde, sans paraître émue, et sans se départir aucunement de son esprit de patience et d'abnégation conjugale, « que mon seigneur « fasse ce qui lui semble à propos, pourvu seu- « lement que sa servante ne perde rien de ses « bonnes grâces [1]. »

561. En l'année 561, après une expédition contre l'un de ses fils, dont il punit la révolte en le faisant brûler avec sa femme et ses enfants,

---

[1] Tractavi mercedem illam implere, quam me tua dulcedo expetiit. Et requirens virum divitem atque sapientem, quem tuæ sorori deberem adjungere, nihil melius quam meipsum inveni. Itaque noveris quia eam conjugem accepi, quod tibi displicere non credo. At illa : Quod bonum, inquit, videtur in oculis domini mei faciat : tantum ancilla tua cum gratia regis vivat. (Greg. Turon. Hist. Franc., lib. IV, apud script. rer. gallic. et francic., t. II, p. 205.)

Chlother, dans un calme parfait d'esprit et de 561. conscience, revint à sa maison de Braine. Là, il fit ses préparatifs pour la grande chasse d'automne, qui était chez les Franks une espèce de solennité. Suivi d'une foule d'hommes, de chevaux et de chiens, le roi se rendit à la forêt de Cuise, dont celle de Compiègne, dans son état actuel, n'est qu'un mince et dernier débris. Au milieu de cet exercice violent, qui ne convenait plus à son âge, il fut pris de la fièvre, et, s'étant fait transporter sur son domaine le plus voisin, il y mourut après cinquante ans de règne[1]. Ses quatre fils, Haribert, Gonthramn, Hilperik et Sighebert, suivirent son convoi jusqu'à Soissons, chantant des psaumes et portant à la main des flambeaux de cire.

A peine les funérailles étaient-elles achevées, que le troisième des quatre frères, Hilperik, partit en grande hâte pour Braine, et força les gardiens de ce domaine royal à lui remettre les clefs du trésor. Maître de toutes les richesses que son père avait accumulées, il commença par en distribuer une partie aux chefs de bande et aux guerriers qui avaient leurs logements, soit à

---

[1] Exin regressus, quinquagesimo primo regni sui anno, dum in Cotia silva venationem exerceret, a febre corripitur, et exinde Compendium villam rediit. (Greg. Turon. Hist. Franc., lib. iv, apud script. rer. gallic. et francic., t. II, p. 214.)

Braine, soit dans le voisinage. Tous lui jurèrent fidélité [1] en plaçant leurs mains entre les siennes, le saluèrent par acclamation du titre de *Koning*, et promirent de le suivre partout où il les conduirait [2]. Alors, se mettant à leur tête, il marcha droit sur Paris, ancien séjour de Chlodowig I, et plus tard capitale du royaume de son fils aîné Hildebert.

Peut-être Hilperik attachait-il quelque idée de prééminence à la possession d'une ville habitée jadis par le conquérant de la Gaule; peut-être n'avait-il d'autre envie que celle de s'approprier le palais impérial, dont les bâtiments et les jardins couvraient, sur une vaste étendue, la rive gauche de la Seine [3]. Cette supposition n'a rien d'improbable, car les vues ambitieuses des rois franks n'allaient guère au-delà de la perspective d'un gain immédiat et personnel; et d'ailleurs, tout en conservant une forte teinte de la barbarie germanique, des passions effrénées et une âme impitoyable, Hilperik avait pris quelques-

---

[1] Chilpericus vero, post patris funera, thesauros, qui in villa Brinnaco erant congregati, accepit, et ad Francos utiliores petiit, ipsosque muneribus mollitos sibi subdidit. (Greg. Turon. Hist. Franc., lib. IV, apud script. rer. gallic. et francic., t. II, p. 214.)

[2] Koning signifie *roi*, dans le dialecte des Franks ; voyez Lettres sur l'Histoire de France, lettre IX.

[3] Et mox Parisius ingreditur, sedemque Childeberti regis occupat. (Geg. Turon. loc. sup. cit.)

uns des goûts de la civilisation romaine. Il ai- 561.
mait à bâtir, se plaisait aux spectacles donnés
dans des cirques de bois, et, par-dessus tout,
avait la prétention d'être grammairien, théologien et poëte. Ses vers latins, où les règles du
mètre et de la prosodie étaient rarement observées, trouvaient des admirateurs parmi les
nobles Gaulois qui applaudissaient en tremblant,
et s'écriaient que l'illustre fils des Sicambres
l'emportait en beau langage sur les enfants de
Romulus, et que le fleuve du Wahal en remontrait au Tibre [1].

Hilperik entra à Paris sans aucune opposition,
et logea ses guerriers dans les tours qui défendaient les ponts de la ville, alors environnée par
la Seine. Mais, à la nouvelle de ce coup de main,
les trois autres frères se réunirent contre celui qui
voulait se faire à lui-même sa part de l'héritage
paternel, et marchèrent sur Paris à grandes jour-

---

[1]   Admirande mihi nimium rex, cujus opime
   Prælia robur agit, carmina lima polit.
     (Venantii Fortunati carmin., lib. ix, p. 580.)

  — Cum sis progenitus clara de gente Sycamber,
   Floret in eloquio lingua latina tuo.
     (Ibid., p. 560.)

— Confecitque duos libros, quasi sedulium meditatus, quorum versiculi debiles nullis pedibus subsistere possunt. (Greg. Turon. Hist. Franc., lib. vi, apud script. rer. gallic. et francic., t. II, p. 291)

nées, avec des forces supérieures [1]. Hilperik n'osa leur tenir tête, et, renonçant à son entreprise, il se soumit aux chances d'un partage fait de gré à gré. Ce partage de la Gaule entière et d'une portion considérable de la Germanie s'exécuta par un tirage au sort, comme celui qui avait eu lieu, un demi-siècle auparavant, entre les fils de Chlodowig. Il y eut quatre lots, correspondant, avec quelques variations, aux quatre parts de territoire désignées par les noms de royaume de Paris, royaume d'Orléans, Neustrie et Austrasie.

Haribert obtint dans le tirage la part de son oncle Hildebert, c'est-à-dire le royaume auquel Paris donnait son nom, et qui, s'étendant du nord au sud, tout en longueur, comprenait Senlis, Melun, Chartres, Tours, Poitiers, Saintes, Bordeaux et les villes des Pyrénées. Gonthramn eut pour lot, avec le royaume d'Orléans, part de son oncle Chlodomir, tout le territoire des Burgondes, depuis la Saône et les Vosges, jusqu'aux Alpes et à la mer de Provence. La part de Hilperik fut celle de son père, le royaume de Soissons, que les Franks appelaient *Neoster-rike* ou royaume d'occident, et qui avait pour limites,

---

[1] Sed non diu hoc ei licuit possidere, nam conjuncti fratres ejus eum exinde repulere. (Greg. Turon. Hist. Franc., lib. IV, apud script. rer. gallic. et francic. t. II, p. 214.)

au nord, l'Escaut, et au sud, le cours de la Loire. 561.
Enfin le royaume d'Orient, ou l'*Oster-rike*, échut
à Sighebert, qui réunit dans son partage l'Auvergne, tout le nord-est de la Gaule, et la Germanie jusqu'aux frontières des Saxons et des
Slaves [1]. Il semble, au reste, que les villes aient
été comptées une à une, et que leur nombre
seul ait servi de base pour la fixation de ces
quatre lots; car, indépendamment de la bizarrerie d'une pareille division territoriale, on trouve
encore une foule d'enclaves dont il est impossible de se rendre compte. Rouen et Nantes
sont du royaume de Hilperik, et Avranches du
royaume de Haribert; ce dernier possède Marseille, Arles est à Gonthramn et Avignon à Sighebert. Enfin Soissons, capitale de la Neustrie, se
trouve, pour ainsi dire, bloquée entre quatre
villes, Senlis et Meaux, Laon et Reims, qui appartiennent aux deux royaumes de Paris et d'Austrasie.

Après que le sort eut assigné aux quatre frères
leur part de villes et de domaines, chacun d'eux

---

[1] Et sic inter se hi quatuor... divisionem legitimam faciunt, deditque sors Chariberto regnum Childeberti, sedemque habere Parisius; Guntchramno vero regnum Chlodomeris, ac tenere sedem Aurelianensem; Chilperico vero regnum Chlotacharii patris ejus cathedramque Suessiones habere. Sigiberto quoque regnum Theuderici sedemque habere Remorum. (Greg. Turon. Hist. Franc., lib. IV, apud script. rer. gallic. et francic., t. II, p. 214.)

jura, sur les reliques des saints, de se contenter de son propre lot, et de ne rien envahir au-delà, soit par force, soit par ruse. Ce serment ne tarda pas à être violé; Hilperik, profitant de l'absence de son frère Sighebert, qui guerroyait en Germanie, attaqua Reims à l'improviste, et s'empara de cette ville, ainsi que de plusieurs autres également à sa portée. Mais il ne jouit pas longtemps de cette conquête; Sighebert revint victorieux de sa campagne d'outre-Rhin, reprit ses villes une à une, et, poursuivant son frère jusque sous les murs de Soissons, le défit dans une bataille, et entra de force dans la capitale de la Neustrie.

Suivant le caractère des barbares, dont la fougue est violente, mais de peu de durée, ils se réconcilièrent en faisant de nouveau le serment de ne rien entreprendre l'un contre l'autre. Tous deux étaient d'un naturel turbulent, batailleur et vindicatif; Haribert et Gonthramn, moins jeunes et moins passionnés, avaient du goût pour la paix et le repos. Au lieu de l'air rude et guerrier de ses ancêtres, le roi Haribert affectait de prendre la contenance calme et un peu lourde des magistrats qui, dans les villes gauloises, rendaient la justice d'après les lois romaines. Il avait même la prétention d'être savant en jurisprudence, et aucun genre de flatterie ne lui était plus agréable que l'éloge de son habileté comme juge dans les causes embrouillées, et de la facilité avec laquelle, quoique Germain d'origine et de langage, il s'exprimait et discourait en latin [1]. Chez le roi Gonthramn, par un singulier contraste, des manières habituellement douces et presque sacerdotales s'alliaient à des accès de fureur subite, dignes des forêts de la Germanie. Une fois, pour un cor de chasse qu'il avait perdu, il fit mettre plusieurs hommes libres à la torture; une autre fois, il ordonna la mort d'un noble Frank, soupçonné d'avoir tué un buffle sur le domaine royal. Dans ses heures de sang-froid, il avait un certain sentiment de l'ordre et de la règle, qui se manifestait surtout par son zèle religieux et par sa soumission aux évêques, qui alors étaient la règle vivante.

Au contraire, le roi Hilperik, sorte d'esprit fort à demi sauvage, n'écoutait que sa propre fantaisie, même lorsqu'il s'agissait du dogme et de la foi catholique. L'autorité du clergé lui semblait insupportable, et l'un de ses grands plaisirs était de casser les testaments faits au

[1]
Si veniant aliquæ variato murmure causæ,
　Pondera mox legum regis ab ore fluunt.
Quamvis confusas referant certamina voces,
　Nodosæ litis solvere fila potes.
Qualis es in propria docto sermone loquela,
　Qui nos Romanos vincis in eloquio.
　　　　(Venantii Fortunati Carmin., lib. ιv, p. 560.)

profit d'une église ou d'un monastère. Le caractère et la conduite des évêques étaient le principal texte de ses plaisanteries et de ses propos de table; il qualifiait l'un d'écervelé, l'autre d'insolent, celui-ci de bavard, cet autre de luxurieux. Les grands biens dont jouissait l'église, et qui allaient toujours croissant, l'influence des évêques dans les villes, où, depuis le règne des barbares, ils possédaient la plupart des prérogatives de l'ancienne magistrature municipale, toutes ces richesses et cette puissance qu'il enviait, sans apercevoir aucun moyen de les faire venir à lui, excitaient vivement sa jalousie. Les plaintes qu'il proférait dans son dépit ne manquaient pas de bon sens, et souvent on l'entendait répéter : « Voilà que notre fisc est appau« vri! voilà que nos biens s'en vont aux églises! « Personne ne règne, en vérité, si ce n'est les « évêques des villes [1]. »

Du reste, les fils de Chlother I, à l'exception de Sighebert qui était le plus jeune, avaient tous à un très haut degré le vice de l'incontinence, ne se contentant presque jamais d'une seule femme, quittant sans le moindre scrupule celle qu'ils ve-

---

[1] Ecce pauper remansit fiscus noster, ecce divitiæ nostræ ad ecclesias sunt translatæ : nulli penitus, nisi soli episcopi regnant : periit honor noster, et translatus est ad episcopos civitatum. (Grég. Turon. Hist. Franc., lib. vi, apud script. rer. gallic. et francic., t. II, p. 291.)

naient d'épouser, et la reprenant ensuite, selon le caprice du moment. Le pieux Gonthramn changea d'épouse à peu près autant de fois que ses deux frères, et, comme eux, il eut des concubines, dont l'une, appelée Vénérande, était la fille d'un Gaulois attaché au fisc. Le roi Haribert prit en même temps pour maîtresses deux sœurs d'une grande beauté, qui étaient au nombre des suivantes de sa femme Ingoberghe. L'une s'appelait Markowefe et portait l'habit de religieuse, l'autre avait nom Meroflede; elles étaient filles d'un ouvrier en laine, barbare d'origine, et *lite* du domaine royal [1].

Ingoberghe, jalouse de l'amour que son mari avait pour ces deux femmes, fit tout ce qu'elle put pour l'en détourner, et n'y réussit pas. N'osant cependant maltraiter ses rivales, ni les chasser, elle imagina une sorte de stratagème qu'elle croyait propre à dégoûter le roi d'une liaison indigne de lui. Elle fit venir le père des deux jeunes filles, et lui donna des laines à carder dans la cour du palais. Pendant que cet homme était à l'ouvrage, travaillant de son mieux

---

[1] Habebat tunc temporis Ingoberga in servitium suum duas puellas pauperis cujusdam filias, quarum prima vocabatur Marcovefa religiosam vestem habens, alia vero Merofledis; in quarum amore rex valde detinebatur: erant enim, ut diximus, artificis lanarii filiæ. (Greg. Turon. Hist. Franc., lib. IV apud script. rer. gallic. et francic., t. II, p. 215.)

pour montrer du zèle, la reine, qui se tenait à une fenêtre, appela son mari : « Venez, lui dit-« elle, venez ici voir quelque chose de nouveau. » Le roi vint, regarda de tous ses yeux, et ne voyant rien qu'un cardeur de laine, il se mit en colère, trouvant la plaisanterie fort mauvaise [1]. L'explication qui suivit entre les deux époux fut violente, et produisit un effet tout contraire à celui qu'en attendait Ingoberghe; ce fut elle que le roi répudia pour épouser Meroflede.

Bientôt, trouvant qu'une seule femme légitime ne lui suffisait pas, Haribert donna solennellement le titre d'épouse et de reine à une fille nommée Theodehilde, dont le père était gardeur de troupeaux. Quelques années après, Meroflede mourut, et le roi se hâta d'épouser sa sœur Markowefe. Il se trouva ainsi, d'après les lois de l'église, coupable d'un double sacrilège, comme bigame, et comme mari d'une femme qui avait reçu le voile de religieuse. Sommé de rompre son second mariage par saint Germain, évêque de Paris, il refusa obstinément, et fut excommunié. Mais le temps n'était pas venu où l'église devait faire plier sous sa discipline l'orgueil

---

[1] Quo operante, vocavit regem. Ille autem sperans aliquid novi videre, adspicit hunc eminus lanas regias componentem : quod videns commotus in ira, reliquit Ingobergam. (Greg. Turon Hist. Franc., lib. IV, apud script. rer. gallic. et francic., t. II, p. 215.)

brutal des héritiers de la conquête; Haribert ne s'émut point d'une pareille sentence, et garda près de lui ses deux femmes[1].

Entre tous les fils de Chlother, Hilperik est celui auquel les récits contemporains attribuent le plus grand nombre de reines, c'est-à-dire de femmes épousées d'après la loi des Franks, par l'anneau et par le denier. L'une de ces reines, Audowere, avait à son service une jeune fille nommée Fredegonde, d'origine franke, et d'une beauté si remarquable que le roi, dès qu'il l'eut vue, se prit d'amour pour elle. Cet amour, quelque flatteur qu'il fût, n'était pas sans danger pour une servante que sa situation mettait à la merci de la jalousie et des vengeances de sa maîtresse. Mais Fredegonde ne s'en effraya point; aussi rusée qu'ambitieuse, elle entreprit d'amener, sans se compromettre, des motifs légaux de séparation entre le roi et la reine Audowere. Si l'on en croit une tradition qui avait cours moins d'un siècle après, elle y réussit, grâce à la connivence d'un évêque et à la simplicité de la reine. Hilperik venait de se joindre à son frère Sighebert, pour marcher au-delà du Rhin contre les peuples de la Confédération Saxonne; il avait laissé Audowere enceinte de plusieurs mois.

[1] Greg. Turon. Hist. Franc., lib. iv, apud script. rer. gallic. et francic., t. II, p. 215 et seq.

564
à
566.

Avant qu'il fût de retour, la reine accoucha d'une fille, et ne sachant si elle devait la faire baptiser en l'absence de son mari, elle consulta Fredegonde, qui, parfaitement habile à dissimuler, ne lui inspirait ni soupçon ni défiance : « Madame, répondit la suivante, lorsque le roi « mon seigneur reviendra victorieux, pourrait-il « voir sa fille avec plaisir, si elle n'était pas bap- « tisée[1]? » La reine prit ce conseil en bonne part, et Fredegonde se mit à préparer sourdement, à force d'intrigues, le piége qu'elle voulait lui dresser.

Quand le jour du baptême fut venu, à l'heure indiquée pour la cérémonie, le baptistère était orné de tentures et de guirlandes; l'évêque, en habits pontificaux, était présent; mais la marraine, noble dame franke, n'arrivait pas, et on l'attendit en vain. La reine, surprise de ce contretemps, ne savait que résoudre, quand Fredegonde, qui se tenait près d'elle, lui dit : « Qu'y « a-t-il besoin de s'inquiéter d'une marraine? « aucune dame ne vous vaut pour tenir votre « fille sur les fonts; si vous m'en croyez, tenez-la « vous-même[2]. » L'évêque, probablement gagné

---

[1] Domina mea, ecce dominus rex victor revertitur, quomodo potest filiam suam gratanter recipere non baptisatam? (Gesta reg. Francor., apud script. rer. gallic. et francic., t. II, p. 561.)

[2] Numquid similem tui invenire poterimus, quæ eam suscipiat? modo

d'avance, accomplit les rites du baptême, et la reine se retira sans comprendre de quelle conséquence était pour elle l'acte religieux qu'elle venait de faire.

Au retour du roi Hilperik, toutes les jeunes filles du domaine royal allèrent à sa rencontre, portant des fleurs et chantant des vers à sa louange. Fredegonde, en l'abordant, lui dit : « Dieu soit loué de ce que le roi notre seigneur « a remporté la victoire sur ses ennemis, et de « ce qu'une fille lui est née ! Mais avec qui mon « seigneur couchera-t-il cette nuit ; car la reine, « ma maîtresse, est aujourd'hui ta commère, « et marraine de ta fille Hildeswinde? — Eh « bien! répondit le roi d'un ton jovial, si je ne « puis coucher avec elle, je coucherai avec « toi[1]. » Sous le portique du palais, Hilperik trouva sa femme Audowere tenant entre ses bras son enfant, qu'elle vint lui présenter avec une joie mêlée d'orgueil; mais le roi, affectant un air de regret, lui dit : « Femme, dans ta simpli-« cité d'esprit, tu as fait une chose criminelle;

---

tumetipsa suscipe eam. (Gesta reg. Francor., apud script. rer. gallic. et francic., t. II, p. 561.)

[1] Cum qua dominus meus rex dormiet hac nocte? quia domina mea regina commater tua est de filia tua Childesinde. Et ille ait : Si cum illa dormire nequeo, dormiam tecum. (Ibid.)

« désormais tu ne peux plus être mon épouse [1]. » En rigide observateur des lois ecclésiastiques, le roi punit par l'exil l'évêque qui avait baptisé sa fille, et il engagea Audowere à se séparer de lui sur-le-champ, et à prendre, comme veuve, le voile de religieuse. Pour la consoler il lui donna plusieurs domaines d'une valeur considérable; elle se résigna et fit choix d'un monastère situé dans la ville du Mans. Hilperik épousa Fredegonde, et ce fut au bruit des fêtes de ce mariage que la reine répudiée partit pour sa retraite, où, quinze ans plus tard, elle fut mise à mort par les ordres de son ancienne servante [2].

Pendant que les trois fils aînés de Chlother vivaient ainsi dans la débauche, et se mariaient à des femmes de service, Sighebert, le plus jeune, loin de suivre leur exemple, en conçut de la honte et du dégoût. Il résolut de n'avoir qu'une seule épouse, et d'en prendre une qui fût de race royale [3]. Athanaghild, roi des Goths

---

[1] Nefandam rem fecisti per simplicitatem tuam : jam enim conjux mea esse non poteris amplius. (Gest. reg. Francor., apud script. rer. gallic et francic., t. II, p. 561.)

[2] Rogavitque eam sacro velamine induere cum ipsa filia sua, deditque ei prædia multa et villas; episcopum vero qui eam baptisavit, exilio condemnavit; Fredegundem vero copulavit sibi ad reginam. (Ibid.)

[3] Porro Sigibertus rex, cùm videret quod fratres ejus indignas sibimet

établis en Espagne, avait deux filles en âge d'être
mariées, et dont la cadette, nommée Brunehilde,
était fort admirée pour sa beauté ; ce fut sur elle
que s'arrêta le choix de Sighebert. Une ambassade nombreuse partit de Metz, avec de riches
présents, pour aller à Tolède faire au roi des
Goths la demande de sa main. Le chef de cette
ambassade, Gog, ou plus correctement Godeghisel, maire du palais d'Austrasie, homme
habile en toutes sortes de négociations, eut un
plein succès dans celle-ci, et amena d'Espagne la
fiancée du roi Sighebert. Partout où passa Brunehilde, dans son long voyage vers le nord, elle
se fit remarquer, selon le témoignage d'un contemporain, par la grâce de ses manières, les
charmes de sa figure, la prudence et l'agrément
de ses discours[1]. Sighebert l'aima, et, toute sa
vie, conserva pour elle un attachement passionné.

Ce fut en l'année 566 que la cérémonie des
noces eut lieu, avec un grand appareil, dans la
ville royale de Metz. Tous les seigneurs du
royaume d'Austrasie étaient invités par le roi à
prendre part aux fêtes de ce jour. On vit arriver

uxores acciperent, et per vilitatem suam etiam ancillas in matrimonium
sociarent... (Greg. Turon. Hist. Franc., lib. iv, apud script. rer. gallic.
et francic., t. II, p. 216.)

[1] Erat enim puella elegans opere, venusta adspectu, honesta moribus
atque decora, prudens consilio et blanda conloquio. (Ibid.)

566. à Metz, avec leur suite d'hommes et de chevaux, les comtes des villes et les gouverneurs des provinces septentrionales de la Gaule, les chefs patriarcaux des vieilles tribus frankes demeurées au-delà du Rhin, et les ducs des Alamans, des Baïwares et des Thorings ou Thuringiens [1]. Dans cette bizarre assemblée, la civilisation et la barbarie s'offraient côte à côte à différents degrés. Il y avait des nobles gaulois, polis et insinuants, des nobles franks, orgueilleux et brusques, et de vrais sauvages, tout habillés de fourrures, aussi rudes de manières que d'aspect. Le festin nuptial fut splendide et animé par la joie; les tables étaient couvertes de plats d'or et d'argent ciselés, fruit des pillages de la conquête; le vin et la bière coulaient sans interruption dans des coupes ornées de pierreries, ou dans les cornes de buffle dont les Germains se servaient pour boire [2]. On entendait retentir, dans les vastes salles du palais, les santés et les défis que se portaient les buveurs, des acclamations, des éclats de rire, tout le bruit de la gaieté tudesque. Aux

---

[1] Ille vero, congregatis senioribus secum, præparatis epulis, cum immensa lætitia atque jocunditate eam accipit uxorem. (Greg. Turon. Hist. Franc., lib. iv, apud script. rer. gallic. et francic., t. II. p. 216.

[2] Rex enim cùm inter prandendum quoddam vas lapideum vitrei coloris auro gemmisque mirabiliter ornatum juberet offerri plenum mero. (Vita S. Fridolini, apud script. rer. gallic. et francic., t. III, p. 388.)

plaisirs du banquet nuptial succéda un genre de divertissement beaucoup plus raffiné, et de nature à n'être goûté que du très-petit nombre des convives.

Il y avait alors à la cour du roi d'Austrasie un Italien, Venantius Honorius Clementianus Fortunatus, qui voyageait en Gaule, accueilli partout avec une grande distinction. C'était un homme d'un esprit superficiel mais agréable, et qui apportait de son pays quelques restes de cette élégance romaine, déjà presque effacée au-delà des Alpes. Recommandé au roi Sighebert par ceux des évêques et des comtes d'Austrasie qui aimaient encore et qui regrettaient l'ancienne politesse, Fortunatus obtint, à la cour semi-barbare de Metz, une généreuse hospitalité. Les intendants du fisc royal avaient ordre de lui fournir un logement, des vivres et des chevaux [1]. Pour témoigner sa gratitude, il s'était fait le poëte de la cour; il adressait au roi et aux seigneurs des pièces de vers latins, qui, si elles n'étaient pas toujours parfaitement comprises, étaient bien reçues et bien payées. Les fêtes du

---

[1]   Te mihi constituit rex Sigibertus opem,
  Tutior ut graderer tecum comitando viator,
  Atque pararetur hinc equus, inde cibus.
    (Venantii Fortunati carmen ad Sigoaldum, apud script. rer. gallic. et francic., t. II, p. 528.)

566. mariage ne pouvaient se passer d'un épithalame, Venantius Fortunatus en composa un dans le goût classique, et il le récita devant l'étrange auditoire qui se pressait autour de lui, avec le même sérieux que s'il eût fait une lecture publique à Rome sur la place de Trajan [1].

Dans cette pièce qui n'a d'autre mérite que celui d'être un des derniers et pâles reflets du bel esprit romain, les deux personnages obligés de tout épithalame, Vénus et l'Amour, paraissent avec leur attirail de flèches, de flambeaux et de roses. L'Amour tire une flèche droit au cœur du roi Sighebert, et va conter à sa mère ce grand triomphe : « Ma mère, dit-il, j'ai terminé le « combat! » Alors la déesse et son fils volent à travers les airs jusqu'à la cité de Metz, entrent dans le palais, et vont orner de fleurs la chambre nuptiale. Là, une dispute s'engage entre eux sur le mérite des deux époux; l'Amour tient pour Sighebert, qu'il appelle un nouvel Achille; mais Vénus préfère Brunehilde, dont elle fait ainsi le portrait :

« O vierge que j'admire et qu'adorera ton « époux, Brunehilde, plus brillante, plus ra-

---

[1] Vix modo tam nitido pomposa poemata cultu
Audit Trajano Roma veranda foro.

(Venantii Fortunati carmina, apud script. rer. gallic. et francic., t. II, p. 487.)

« dieuse que la lampe éthérée, le feu des pier-
« reries cède à l'éclat de ton visage; tu es une
« autre Vénus, et ta dot est l'empire de la beauté!
« Parmi les Néréides qui nagent dans les mers
« d'Hibérie, aux sources de l'Océan, aucune ne
« peut se dire ton égale; aucune Napée n'est
« plus belle, et les nymphes des fleuves s'in-
« clinent devant toi! La blancheur du lait et le
« rouge le plus vif sont les couleurs de ton teint;
« les lis mêlés aux roses, la pourpre tissue avec
« l'or, n'offrent rien qui lui soit comparable, et
« se retirent du combat. Le saphir, le diamant,
« le cristal, l'émeraude et le jaspe sont vaincus;
« l'Espagne a mis au monde une perle nou-
« velle [1]. »

Ces lieux communs mythologiques et ce cli-
quetis de mots sonores, mais à peu près vides de
sens, plurent au roi Sighebert et à ceux des seigneurs franks qui, comme lui, comprenaient
quelque peu la poésie latine. A vrai dire, il n'y
avait, chez les principaux chefs barbares, aucun
parti pris contre la civilisation; tout ce qu'ils

---

[1] O virgo miranda mihi, placitura jugali,
Clarior aetherea, Brunechildis, lampade fulgens,
Lumina gemmarum superasti lumine vultus...
Saphirus, alba adamas, crystalla, smaragdus, iaspis,
Cedant cuncta; novam genuit Hispania gemmam!
(Venantii Fortunati carmin., lib. IV, p. 558.)

566. étaient capables d'en recevoir, ils le laissaient volontiers venir à eux; mais ce vernis de politesse rencontrait un tel fond d'habitudes sauvages, des mœurs si violentes, et des caractères si indisciplinables, qu'il ne pouvait pénétrer bien avant. D'ailleurs, après ces hauts personnages, les seuls à qui la vanité ou l'instinct aristocratique fit rechercher la compagnie et copier les manières des anciens nobles du pays, venait la foule des guerriers franks, pour lesquels tout homme sachant lire, à moins qu'il n'eût fait ses preuves devant eux, était suspect de lâcheté. Sur le moindre prétexte de guerre, ils recommençaient à piller la Gaule comme au temps de la première invasion; ils enlevaient, pour les faire fondre, les vases précieux des églises, et cherchaient de l'or jusque dans les tombeaux. En temps de paix, leur principale occupation était de machiner des ruses pour exproprier leurs voisins de race gauloise, et d'aller sur les grands chemins attaquer, à coups de lances ou d'épées, ceux dont ils voulaient se venger. Les plus pacifiques passaient le jour à fourbir leurs armes, à chasser ou à s'enivrer. En leur donnant à boire, on obtenait tout d'eux, jusqu'à la promesse de protéger de leur crédit, auprès du roi, tel ou tel candidat pour un évêché devenu vacant.

Harcelés continuellement par de pareils hôtes,

toujours inquiets pour leurs biens ou pour leur
personne, les membres des riches familles indigènes perdaient le repos d'esprit sans lequel l'étude et les arts périssent; ou bien, entraînés eux-mêmes par l'exemple, par un certain instinct d'indépendance brutale que la civilisation ne peut effacer du cœur de l'homme, ils se jetaient dans la vie barbare, méprisaient tout, hors la force physique, et devenaient querelleurs et turbulents. Comme les guerriers franks, ils allaient de nuit assaillir leurs ennemis dans leurs maisons ou sur les routes, et ils ne sortaient jamais sans porter sur eux le poignard germanique appelé *skramasax*, couteau de sûreté. Voilà comment, dans l'espace d'un siècle et demi, toute culture intellectuelle, toute élégance de mœurs disparut de la Gaule, par la seule force des choses, sans que ce déplorable changement fût l'ouvrage d'une volonté malfaisante et d'une hostilité systématique contre la civilisation romaine[1].

Le mariage de Sighebert, ses pompes, et surtout l'éclat que lui prêtait le rang de la nouvelle épouse, firent, selon les chroniques du temps, une vive impression sur l'esprit du roi Hilperik.

---

[1] V. Greg. Turon. Hist. Franc., lib. iv, apud script. rer. gallic. et francic., t. II, p. 227, de Andarchio et Urso. — Ibid., lib. ix, p. 342, de Sichario et Chramnisindo.—Ibid., lib. iv, p. 210, de Caulino episcopo, et Catone presbytero.

566. Au milieu de ses concubines et des femmes qu'il avait épousées à la manière des anciens chefs germains, sans beaucoup de cérémonie, il lui sembla qu'il menait une vie moins noble, moins royale que celle de son jeune frère. Il résolut de prendre, comme lui, une épouse de haute naissance; et, pour l'imiter en tout point, il fit partir une ambassade, chargée d'aller demander au roi des Goths la main de Galeswinthe[1], sa fille aînée. Mais cette demande rencontra des obstacles qui ne s'étaient pas présentés pour les envoyés de Sighebert. Le bruit des débauches du roi de Neustrie avait pénétré jusqu'en Espagne; les Goths, plus civilisés que les Franks, et surtout plus soumis à la discipline de l'Évangile, disaient hautement que le roi Hilperik menait la vie d'un païen. De son côté, la fille aînée d'Athanaghild, naturellement timide et d'un caractère doux et triste, tremblait à l'idée d'aller si loin, et d'appartenir à un pareil homme. Sa mère Goïswinthe, qui l'aimait tendrement, partageait sa répugnance, ses craintes et ses pressentiments de malheur; le roi était indécis et différait de jour en jour sa réponse définitive. Enfin, pressé par les ambassadeurs, il refusa de rien conclure

[1] J'adopte, pour l'orthographe de ce nom, la forme propre au dialecte gothique; celle qui répond au dialecte des Franks est *Galeswinde* ou *Gaïleswinde*.

avec eux, si leur roi ne s'engageait par serment à congédier toutes ses femmes, et à vivre selon la loi de Dieu avec sa nouvelle épouse. Des courriers partirent pour la Gaule, et revinrent apportant de la part du roi Hilperik une promesse formelle d'abandonner tout ce qu'il avait de reines et de concubines, pourvu qu'il obtînt une femme digne de lui et fille d'un roi [1].

Une double alliance avec les rois des Franks, ses voisins et ses ennemis naturels, offrait tant d'avantages politiques au roi Athanaghild, qu'il n'hésita plus, et, sur cette assurance, passa aux articles du traité de mariage. De ce moment, toute la discussion roula, d'un côté, sur la dot qu'apporterait la future épouse, de l'autre, sur le douaire qu'elle recevrait de son mari, après la première nuit des noces, comme *présent du lendemain*. En effet, suivant une coutume observée chez tous les peuples d'origine germaine, il fallait qu'au réveil de la mariée, l'époux lui fît un don quelconque, pour prix de sa virginité. Ce présent variait beaucoup de nature et de valeur: tantôt c'était une somme d'argent ou

---

[1] Quod videns Chilpericus rex, cùm jam plures haberet uxores, sororem ejus Galsuintham expetiit, promittens per legatos se alias relicturum, tantum condignam sibi regisque prolem mereretur accipere. Pater vero ejus has promissiones accipiens... (Greg. Turon. Hist. Franc., lib. iv, apud script. rer. gallic. et francic., t. II, p. 217.)

quelque meuble précieux, tantôt des attelages de bœufs ou de chevaux, du bétail, des maisons ou des terres; mais quel que fût l'objet de cette donation, il n'y avait qu'un seul mot pour la désigner, on l'appelait don du matin, *morghen-gabe* ou *morgane-ghiba*, selon les différents dialectes de l'idiome germanique. Les négociations relatives au mariage du roi Hilperik avec la sœur de Brunehilde, ralenties par l'envoi des courriers, se prolongèrent ainsi jusqu'en l'année 567; elles n'étaient pas encore terminées, lorsqu'un événement survenu dans la Gaule en rendit la conclusion plus facile.

L'aîné des quatre rois franks, Haribert, avait quitté les environs de Paris, sa résidence habituelle, pour aller près de Bordeaux, dans un de ses domaines, jouir du climat et des productions de la Gaule méridionale. Il y mourut presque subitement, et sa mort amena, dans l'empire des Franks, une nouvelle révolution territoriale. Dès qu'il eut fermé les yeux, l'une de ses femmes, Theodehilde, qui était la fille d'un berger, mit la main sur le trésor royal; et, afin de conserver le titre de reine, elle envoya proposer à Gonthramn de la prendre pour épouse. Le roi accueillit très-bien ce message, et répondit avec un air de parfaite sincérité : « Dites-lui qu'elle se « hâte de venir avec son trésor; car je veux

« l'épouser et la rendre grande aux yeux des
« peuples; je veux même qu'auprès de moi elle
« jouisse de plus d'honneurs qu'avec mon frère
« qui vient de mourir [1]. » Ravie de cette réponse,
Theodehilde fit charger sur plusieurs voitures
les richesses de son mari, et partit pour Châlons-
sur-Saône, résidence du roi Gonthramn. Mais, à
son arrivée, le roi, sans s'occuper d'elle, examina le bagage, compta les chariots et fit peser
les coffres; puis il dit aux gens qui l'entouraient :
« Ne vaut-il pas mieux que ce trésor m'appar-
« tienne plutôt qu'à cette femme, qui ne méri-
« tait pas l'honneur que mon frère lui a fait en
« la recevant dans son lit [2]? » Tous furent de cet
avis, le trésor de Haribert fut mis en lieu de sûreté, et le roi fit conduire sous escorte, au monastère d'Arles, celle qui, bien à regret, venait
de lui faire un si beau présent.

Aucun des deux frères de Gonthramn ne lui
disputa la possession de l'argent et des effets précieux qu'il venait de s'approprier par cette ruse;
ils avaient à débattre, soit avec lui, soit entre
eux, des intérêts d'une bien autre importance. Il

567.

---

[1] Accedere ad me ei non pigeat cum thesauris suis, ego enim acci-
piam eam faciamque magnam in populis... (Greg. Turon. Hist. Franc.,
lib. IV, apud script. rer. gallic. et francic., t. II, p. 216.)

[2] Rectius est enim ut hi thesauri penes me habeantur, quam post
hanc, quæ indigne germani mei thorum adivit. (Ibid.)

567. s'agissait de réduire à trois parts, au lieu de quatre, la division du territoire gaulois, et de faire, d'un commun accord, le partage des villes et des provinces qui formaient le royaume de Haribert. Cette nouvelle distribution se fit d'une façon encore plus étrange et plus désordonnée que la première. La ville de Paris fut divisée en trois, et chacun des frères en reçut une portion égale. Pour éviter le danger d'une invasion par surprise, aucun ne devait entrer dans la ville sans le consentement des deux autres, sous peine de perdre non-seulement sa part de Paris, mais sa part entière du royaume de Haribert. Cette clause fut ratifiée par un serment solennel, sur les reliques de trois saints vénérés, Hilaire, Martin et Polyeucte, dont l'inimitié dans ce monde et dans l'autre fut appelée sur la tête de celui qui manquerait à sa parole[1].

De même que Paris, la ville de Senlis fut divisée, mais en deux parts seulement; des autres villes, on forma trois lots, d'après le calcul des impôts qu'on y percevait, et sans aucun égard à leur position respective. La confusion géographique devint encore plus grande, les enclaves

---

[1] Ut quisquis sine fratris voluntate Parisius urbem ingrederetur, amitteret partem suam, essetque Polioctus martyr, cum Hilario atque Martino confessoribus, judex ac retributor ejus. (Greg. Turon. Hist. Franc., lib. vii, apud script. rer gallic. et francic. t. II, p. 295.)

se multiplièrent, les royaumes furent, pour ainsi dire, enchevêtrés l'un dans l'autre. Le roi Gonthramn obtint, par le tirage au sort, Melun, Saintes, Angoulême, Agen et Périgueux. Meaux, Vendôme, Avranches, Tours, Poitiers, Albi, Conserans et les cantons des Basses-Pyrénées, échurent à Sighebert. Enfin, dans la part de Hilperik, se trouvaient, avec plusieurs villes que les historiens ne désignent pas, Limoges, Cahors, Dax et Bordeaux, les cités aujourd'hui détruites de Bigore et de Béarn, et plusieurs cantons des Hautes-Pyrénées.

Les Pyrénées orientales se trouvaient, à cette époque, en dehors du territoire soumis aux Franks; elles appartenaient aux Goths d'Espagne qui, par ce passage, communiquaient avec le territoire qu'ils possédaient en Gaule depuis le cours de l'Aude jusqu'au Rhône. Ainsi, le roi de Neustrie, qui n'avait pas eu jusque-là une seule ville au midi de la Loire, devint le plus proche voisin du roi des Goths, son futur beau-père. Cette situation réciproque fournit au traité de mariage une nouvelle base, et en amena presque aussitôt la conclusion. Parmi les villes que Hilperik venait d'acquérir, quelques-unes confinaient à la frontière du royaume d'Athanaghild; les autres étaient disséminées dans l'Aquitaine, province autrefois enlevée aux Goths par les victoires de Chlodowig-le-Grand. Stipuler que plusieurs de ces villes, perdues par ses ancêtres, seraient données en douaire à sa fille, c'était faire un coup d'adroit politique; et le roi des Goths n'y manqua pas. Soit défaut d'intelligence pour des combinaisons supérieures à celles de l'intérêt du moment, soit désir de conclure à tout prix son mariage avec Galeswinthe, le roi Hilperik n'hésita point à promettre, pour douaire et pour *don du matin*, les cités de Limoges, Cahors, Bordeaux, Béarn et Bigore, avec leur territoire [1]. La confusion qui régnait dans les idées des nations germaniques, entre le droit de possession territoriale et le droit de gouvernement pouvait quelque jour mettre ces villes hors de la domination franke, mais le roi de Neustrie ne prévoyait pas de si loin. Tout entier à une seule pensée, il ne songea qu'à stipuler, en retour de ce qu'il abandonnerait, la remise entre ses mains d'une dot considérable en argent et en objets de grand prix : ce point convenu, il n'y eut plus aucun obstacle, et le mariage fut décidé.

[1] De civitatibus vero, hoc est Burdegala, Lemovica, Cadurco, Benarno et Begorra, quas Gailesuindam... tam in dote quam in *morganegiba*, hoc est matutinali dono, in Franciam venientem certum est adquisisse. (Greg. Turon. Hist. Franc., lib. IX, apud script. rer. gallic. et francic., t. II, p. 344.)

A travers tous les incidents de cette longue 567.
négociation, Galeswinthe n'avait cessé d'éprouver une grande répugnance pour l'homme auquel on la destinait, et de vagues inquiétudes sur l'avenir. Les promesses faites au nom du roi Hilperik par les ambassadeurs franks, n'avaient pu la rassurer. Dès qu'elle apprit que son sort venait d'être fixé d'une manière irrévocable, saisie d'un mouvement de terreur, elle courut vers sa mère, et jetant ses bras autour d'elle, comme un enfant qui cherche du secours, elle la tint embrassée plus d'une heure en pleurant, et sans dire un mot[1]. Les ambassadeurs franks se présentèrent pour saluer la fiancée de leur roi, et prendre ses ordres pour le départ; mais, à la vue de ces deux femmes sanglotant sur le sein l'une de l'autre et se serrant si étroitement qu'elles paraissaient liées ensemble, tout rudes qu'ils étaient, ils furent émus et n'osèrent parler de voyage. Ils laissèrent passer deux jours, et le troisième, ils vinrent de nouveau se présenter devant la reine, en lui annonçant cette fois qu'ils avaient hâte de partir, lui parlant de l'impatience

---

[1] Hoc ubi virgo metu audituque exterrita sensit,
    Currit ad amplexus, Goïsuintha, tuos.
   Brachia constringens nectit sine fune catenam,
    Et matrem amplexu per sua membra ligat.
           (Venantii Fortunati carmin., lib. vi, p. 561.)

567. de leur roi et de la longueur du chemin[1]. La reine pleura, et demanda pour sa fille encore un jour de délai. Mais le lendemain, quand on vint lui dire que tout était prêt pour le départ : « Un « seul jour encore, répondit-elle, et je ne de- « manderai plus rien ; savez-vous que là où vous « emmenez ma fille, il n'y aura plus de mère « pour elle[2] ? » Mais tous les retards possibles étaient épuisés ; Atanaghild interposa son autorité de roi et de père ; et, malgré les larmes de la reine, Galeswinthe fut remise entre les mains de ceux qui avaient mission de la conduire auprès de son futur époux.

Une longue file de cavaliers, de voitures et de chariots de bagage, traversa les rues de Tolède, et se dirigea vers la porte du nord. Le roi suivit à cheval le cortége de sa fille jusqu'à un pont jeté sur le Tage, à quelque distance de la ville ; mais la reine ne put se résoudre à retourner si

---

[1] Instant legati germanica regna requiri,
Narrantes longæ tempora tarda viæ.
Sed matris moti gemitu sua viscera solvunt...
Prætereunt duplices, tertia, quarta dies.
(Venantii Fortunati carmin., lib. vi, p. 561.)

[2] Quid rapitis? differte dies, cùm disco dolores,
Solamenque mali sit mora sola mei.
Quando iterum videam, quando hæc mihi lumina ludant.
Quando iterum natæ per pia colla cadam?...
Cur nova rura petas, illic ubi non ero mater?
(Ibid.)

vite, et voulut aller au-delà. Quittant son propre char, elle s'assit auprès de Galeswinthe, et, d'étape en étape, de journée en journée, elle se laissa entraîner à plus de cent milles de distance. Chaque jour elle disait : C'est jusque-là que je veux aller, et, parvenue à ce terme, elle passait outre [1]. A l'approche des montagnes, les chemins devinrent difficiles; elle ne s'en aperçut pas, et voulut encore aller plus loin. Mais comme les gens qui la suivaient, grossissant beaucoup le cortége, augmentaient les embarras et les dangers du voyage, les seigneurs goths résolurent de ne pas permettre que leur reine fît un mille de plus. Il fallut se résigner à une séparation inévitable, et de nouvelles scènes de tendresse, mais plus calmes, eurent lieu entre la mère et la fille. La reine exprima, en paroles douces, sa tristesse et ses craintes maternelles : « Sois heu- « reuse, dit-elle; mais j'ai peur pour toi; prends « garde, ma fille, prends bien garde [2]... » A ces mots, qui s'accordaient trop bien avec ses pro-

---

[1] Dat causas spatii genitrix, ut longius iret;
  Sed fuit optanti tempus iterque breve.
 Pervenit quo mater, ait, sese inde reverti,
  Sed quod velle prius, postea nolle fuit.
      (Venantii Fortunati carmin., lib. vi, p. 562.)

[2] Quod superest gemebundus amor hoc mandat eunti :
  Sis, precor, o felix, sed cave valde. Vale.
      (Ibid.)

pres pressentiments, Galeswinthe pleura et répondit : « Dieu le veut, il faut que je me sou-
« mette; » et la triste séparation s'accomplit.

Un partage se fit dans ce nombreux cortége; cavaliers et chariots se divisèrent, les uns continuant à marcher en avant, les autres retournant vers Tolède. Avant de monter sur le char qui devait la ramener en arrière, la reine des Goths s'arrêta au bord de la route, et fixant ses yeux vers le chariot de sa fille, elle ne cessa de le regarder, debout et immobile, jusqu'à ce qu'il disparût dans l'éloignement et dans les détours du chemin [1]. Galeswinthe, triste mais résignée, continua sa route vers le nord. Son escorte, composée de seigneurs et de guerriers des deux nations, Goths et Franks, traversa les Pyrénées, puis les villes de Narbonne et de Carcassone, sans sortir du royaume des Goths, qui s'étendait jusque-là; ensuite elle se dirigea, par la route de Poitiers et de Tours, vers la cité de Rouen où devait avoir lieu la célébration du mariage [2]. Aux portes de chaque grande ville, le cortége faisait halte, et

[1] E contra genitrix post natam lumina tendens,
Uno stante loco, *pergit et ipsa simul.*
Tota tremens, agiles raperet ne mula quadrigas...
Illuc mente sequens, qua via flectit iter;
Donec longe oculis spatioque evanuit amplo.
(Venantii Fortunati carmin., lib. vi, p. 562.)

[2] Hadriani Valesii Rer. francic. lib. ix, p. 24.

tout se disposait pour une entrée solennelle; les
cavaliers jetaient bas leurs manteaux de route,
découvraient les harnais de leurs chevaux, et
s'armaient de leurs boucliers suspendus à l'arçon
de la selle. La fiancée du roi de Neustrie quittait
son lourd chariot de voyage pour un char de
parade, élevé en forme de tour, et tout couvert
de plaques d'argent. Le poëte contemporain à
qui sont empruntés ces détails, la vit entrer ainsi
à Poitiers, où elle se reposa quelques jours; il
dit qu'on admirait la pompe de son équipage,
mais il ne parle point de sa beauté [1].

Cependant Hilperik, fidèle à sa promesse, avait
répudié ses femmes et congédié ses maîtresses.
Fredegonde elle-même, la plus belle de toutes,
la favorite entre celles qu'il avait décorées du
nom de reines, ne put échapper à cette proscription générale; elle s'y soumit avec une résignation apparente, avec une bonne grâce qui aurait

---

[1] Post aliquas urbes, Pictavas attigit arces,
Regali pompa, præutereundo viam.
Hanc ego nempe novus conspexi prætereuntem
Molliter argenti turre rotante vehi.
(Venantii Fortunati carmin., lib. vi, p. 562.)
— Il est plus que probable que Fortunatus apprit de la bouche des personnes qui accompagnaient Galeswinthe les circonstances du départ et même les mots touchants qui, au milieu de phrases déclamatoires, se rencontrent dans sa pièce de vers. Voilà pourquoi j'ai considéré cette pièce comme un document historique.

trompé un homme beaucoup plus fin que le roi Hilperik. Il semblait qu'elle reconnût sincèrement que ce divorce était nécessaire, que le mariage d'une femme comme elle avec un roi ne pouvait être sérieux, et que son devoir était de céder la place à une reine vraiment digne de ce titre. Seulement, elle demanda, pour dernière faveur, de ne pas être éloignée du palais, et de rentrer, comme autrefois, parmi les femmes qu'employait le service royal. Sous ce masque d'humilité il y avait une profondeur d'astuce et d'ambition féminine, contre laquelle le roi de Neustrie ne se tint nullement en garde. Depuis le jour où il s'était épris de l'idée d'épouser une fille de race royale, il croyait ne plus aimer Fredegonde, et ne remarquait plus sa beauté; car l'esprit du fils de Chlother, comme en général l'esprit des barbares, était peu capable de retenir à la fois des impressions de nature diverse. Ce fut donc sans arrière-pensée, non par faiblesse de cœur, mais par simple défaut de jugement, qu'il permit à son ancienne favorite de rester près de lui, dans la maison que devait habiter sa nouvelle épouse.

Les noces de Galeswinthe furent célébrées avec autant d'appareil et de magnificence que celles de sa sœur Brunchilde; il y eut même, cette fois, pour la mariée des honneurs extraordinaires; et tous les Franks de la Neustrie, seigneurs et simples guerriers, lui jurèrent fidélité comme à un roi [1]. Rangés en demi-cercle, ils tirèrent tous à la fois leurs épées, et les brandirent en l'air en prononçant une vieille formule païenne, qui dévouait au tranchant du glaive celui qui violerait son serment. Ensuite le roi lui-même renouvela solennellement sa promesse de constance et de foi conjugale; posant sa main sur une châsse qui contenait des reliques, il jura de ne jamais répudier la fille du roi des Goths, et tant qu'elle vivrait, de ne prendre aucune autre femme [2].

Galeswinthe se fit remarquer, durant les fêtes de son mariage, par la bonté gracieuse qu'elle témoignait aux convives; elle les accueillait comme si elle les eût déjà connus; aux uns elle offrait des présents, aux autres elle adressait des paroles douces et bienveillantes; tous l'assuraient de leur dévoûment, et lui souhaitaient une

---

[1]   Jungitur ergo tboro regali culmine virgo,
    Et magno meruit plebis amore coli...
  Utque fidelis ei sit gens armata, per arma
    Jurat, jure suo se quoque lege ligat.
        (Venantii Fortunati carmin., lib. vi, p. 562.)

[2] Legatis sane Athanahildi regis quærentibus, ut tactis sanctorum pignoribus fides firmaretur, quod Galsonta in vita sua solio regni non pelleretur, Chilpericus non abnuit.... (Aimoini monachi floriac. de Gest. Franc., lib. iii, apud script. rer. gallic. et francic., t. III, p. 68.)

567. longue et heureuse vie[1]. Ces vœux, qui ne devaient point se réaliser pour elle, l'accompagnèrent jusqu'à la chambre nuptiale; et le lendemain, à son lever, elle reçut le *présent du matin*, avec le cérémonial prescrit par les coutumes germaniques. En présence de témoins choisis, le roi Hilperik prit dans sa main droite la main de sa nouvelle épouse, et de l'autre il jeta sur elle un brin de paille, en prononçant à haute voix les noms des cinq villes qui devaient, à l'avenir, être la propriété de la reine. L'acte de cette donation perpétuelle et irrévocable fut aussitôt dressé en langue latine; il ne s'est point conservé jusqu'à nous; mais on peut aisément s'en figurer la teneur, d'après les formules consacrées et le style usité dans les autres monuments de l'époque mérovingienne:

« Puisque Dieu a commandé que l'homme
« abandonne père et mère pour s'attacher à sa
« femme, qu'ils soient deux en une même chair,
« et qu'on ne sépare point ceux que le Seigneur
« a unis, moi, Hilperik roi des Franks, homme
« illustre, à toi Galeswinthe, ma femme bien-
« aimée, que j'ai épousée suivant la loi salique,
« par le sou et le denier, je donne aujourd'hui

---

[1] Hos quoque muneribus permulcens, vocibus illos,
Et, licet ignotos, sic facit esse suos.
(Venantii Fortunati carmin., lib. vi, p. 562.)

« par tendresse d'amour, sous le nom de dot
« et de *morganeghiba*, les cités de Bordeaux,
« Cahors, Limoges, Béarn et Bigore, avec leur
« territoire et toute leur population [1]. Je veux
« qu'à compter de ce jour, tu les tiennes et pos-
« sèdes en propriété perpétuelle, et je te les
« livre, transfère et confirme par la présente
« charte, comme je l'ai fait par le brin de paille
« et par le *handelang* [2]. »

Les premiers mois de mariage furent, sinon
heureux, du moins paisibles pour la nouvelle
reine; douce et patiente, elle supportait avec
résignation tout ce qu'il y avait de brusquerie
sauvage dans le caractère de son mari. D'ailleurs,
Hilperik eut quelque temps pour elle une véritable affection; il l'aima d'abord par vanité,

---

[1] Dum Dominus ab initio præcepit ut relinquat homo patrem et matrem, et adhæreat suæ uxori, ut sint duo in carne una, et quod Dominus conjunxit homo non separet, ego enim in Dei nomine, ille, illi dulcissimæ conjugi meæ, dum et ego te per solidum et denarium secundum legem salicam visus fui spousare, ideo in ipsa amoris dulcedine, dabo ergo tibi... (Formul. Bignon., apud script. rer. gallic. et francic., t. IV, p. 539.) — Ego Chilpericus rex Francorum, vir induster... (Ibid., passim.) — De civitatibus vero, hoc est Burdegala, Lemovica, Cadurco, Benarno et Begorra..., tam in dote quam in morganeghiba..., cum terminis et cuncto populo suo. (Greg. Turon. Hist. Franc., lib. II, ibid., t. II, p. 344, 345.)

[2] Per hanc chartulam libelli dotis, sive per festucam atque per *andelangum*. (Formul. Lindenbrog, ibid. t. IV, p. 555.) — *Handelang* ou *handelag*, du mot *hand*, main, exprimait, en langue germanique, l'action de livrer, donner, transmettre de sa main.

567. joyeux d'avoir en elle une épouse aussi noble que celle de son frère; puis, lorsqu'il fut un peu blasé sur ce contentement d'amour-propre, il
568. l'aima par avarice, à cause des grandes sommes d'argent et du grand nombre d'objets précieux qu'elle avait apportés[1]. Mais après s'être complu quelque temps dans le calcul de toutes ces richesses, il cessa d'y trouver du plaisir, et dès-lors aucun attrait ne l'attacha plus à Galeswinthe. Ce qu'il y avait en elle de beauté morale, son peu d'orgueil, sa charité envers les pauvres, n'étaient pas de nature à le charmer; car il n'avait de sens et d'âme que pour la beauté corporelle. Ainsi le moment arriva bientôt où, en dépit de ses propres résolutions, Hilperik ne ressentit auprès de sa femme que de la froideur et de l'ennui.

Ce moment, épié par Fredegonde, fut mis à profit par elle avec son adresse ordinaire. Il lui suffit de se montrer comme par hasard sur le passage du roi, pour que la comparaison de sa figure avec celle de Galeswinthe fit revivre, dans le cœur de cet homme sensuel, une passion mal éteinte par quelques bouffées de vanité. Fredegonde fut reprise pour concubine, et fit

[1] A quo etiam magno amore diligebatur. Detulerat enim secum magnos thesauros. (Greg. Turon. Hist. Franc., lib. IV, apud script. rer. gallic. et francic., t. II, p. 217.)

éclat de son nouveau triomphe; elle affecta
même envers l'épouse dédaignée des airs hau-
tains et méprisants[1]. Doublement blessée comme
femme et comme reine, Galeswinthe pleura d'a-
bord en silence; puis elle osa se plaindre, et dire
au roi qu'il n'y avait plus dans sa maison aucun
honneur pour elle, mais des injures et des
affronts qu'elle ne pouvait supporter. Elle demanda comme une grâce d'être répudiée, et
offrit d'abandonner tout ce qu'elle avait apporté
avec elle, pourvu seulement qu'il lui fût permis
de retourner dans son pays[2].

L'abandon volontaire d'un riche trésor, le
désintéressement par fierté d'âme, étaient des
choses incompréhensibles pour le roi Hilperik;
et, n'en ayant pas la moindre idée, il ne pouvait
y croire. Aussi, malgré leur sincérité, les paroles
de la triste Galeswinthe ne lui inspirèrent d'autre
sentiment qu'une défiance sombre, et la crainte
de perdre, par une rupture ouverte, des richesses
qu'il s'estimait heureux d'avoir en sa possession.
Maîtrisant ses émotions et dissimulant sa pensée

[1] Sed per amorem Fredegundis, quam prius habuerat, ortum est inter eos grande scandalum. (Greg. Turon. Hist. Franc., lib. IV, cap. XXVIII, apud script. rer. gallic. et francic., t. II, p. 242.)

[2] Cumque se regi quereretur assidue injuriam perferre, diceretque nullam se dignitatem cum eodem habere, petiit ut, relictis thesauris quos secum detulerat, liberam redire permitteret ad patriam. (Ibid.)

568. avec la ruse du sauvage, il changea tout d'un coup de manières, prit une voix douce et caressante, fit des protestations de repentir et d'amour qui trompèrent la fille d'Athanaghild. Elle ne parlait plus de séparation, et se flattait d'un retour sincère, lorsqu'une nuit, par l'ordre du roi, un serviteur affidé fut introduit dans sa chambre, et l'étrangla pendant qu'elle dormait. En la trouvant morte dans son lit, Hilperik joua la surprise et l'affliction; il fit même semblant de verser des larmes, et, quelques jours après, il rendit à Fredegonde tous les droits d'épouse et de reine [1].

Ainsi périt cette jeune femme qu'une sorte de révélation intérieure semblait avertir d'avance du sort qui lui était réservé, figure mélancolique et douce qui traversa la barbarie mérovingienne, comme une apparition d'un autre siècle. Malgré l'affaiblissement du sens moral au milieu de crimes et de malheurs sans nombre, il y eut des âmes profondément émues d'une infortune si peu méritée, et leurs sympathies prirent, selon l'esprit du temps, une couleur superstitieuse.

---

[1] Quod ille per ingenia dissimulans, verbis eam lenibus demulsit. Ad extremum eam suggilari jussit à puero, mortuamque reperit in strato... Rex autem, cùm eam mortuam deflesset, post paucos dies Fredegundem recepit in matrimonio. (Greg. Turon. Hist. Franc., lib. IV, apud scriptores gallic. et francic., t. II, p. 217.)

On disait qu'une lampe de cristal, suspendue 568. près du tombeau de Galeswinthe, le jour de ses funérailles, s'était détachée subitement sans que personne y portât la main, et qu'elle était tombée sur le pavé de marbre sans se briser et sans s'éteindre. On assurait, pour compléter le miracle, que les assistants avaient vu le marbre du pavé céder comme une matière molle, et la lampe s'y enfoncer à demi [1]. De semblables récits peuvent nous faire sourire, nous qui les lisons dans de vieux livres écrits pour des hommes d'un autre âge; mais, au vi^e siècle, quand ces légendes passaient de bouche en bouche, comme l'expression vivante et poétique des sentiments et de la foi populaires, on devenait pensif et l'on pleurait en les entendant raconter.

[1] Lychnus enim ille, qui fune suspensus coram sepulchro ejus ardebat, nullo tangente, fune disrupto, in pavimentum corruit : et fugiente ante eum duritia pavimenti, tanquam in aliquod molle elementum descendit, atque medius est suffossus nec omnino contritus, quod non sine grandi miraculo videntibus fuit. (Greg. Turon. Hist. Franc., lib. iv, apud script. rer. gallic. et francic., t. II, p. 463.) — Fortunati carmin., lib. vi, p. 463.

FIN DU TOME PREMIER.

PIÈCES JUSTIFICATIVES

DU TOME PREMIER.

N° 1.

PROHIBITION DES GHILDES PAR LES CONCILES
TENUS EN GAULE, IXME SIÈCLE.

CONCILIUM NAMNETENSE [1].

Canon XV.

De collectis, vel confratriis, quas consortia vocant, sicut verbis monuimus, et nunc scriptis expresse præcipimus, ut tantum fiat, quantum rectum ad auctoritatem et utilitatem atque ad salutem animæ pertinet. Ultra autem nemo, nec sacerdos neque fidelis quisquam, in parochia nostra progredi au-

---

[1] De epocha hujus concilii sine auctoritate pronuntiare difficile est; sed cùm duo ejus canones III et X, inde translati videantur in librum VII, capitularium antiquius omnino dici necesse est quam existimarint ii qui sub annum Christi DCCC collocandum censuerunt. Quod si quis ad concilium illud Namnetense referri velit, quod Vitaliani papæ temporibus sub anno DCLVIII magna episcoporum frequentia celebratum ex Flodoardo didicimus, liberum esto judicium. (Nota Jacobi Sirmondi.)

deat. Id est, ut in omni obsequio religionis, videlicet in oblatione, in luminaribus, in orationibus mutuis, in exequiis defunctorum, in eleemosynariis et ceteris pietatis officiis. Pastos autem et comessationes, quas divina auctoritas vetat, ubi et gravedines, et indebitæ exactiones, et turpes ac inanes lætitiæ et rixæ, sæpe etiam, sicut experti sumus, usque ad homicidia et odia, et dissensiones accidere solent, adeo penitus interdicimus, ut qui contra hoc decretum agere præsumpserit, si presbyter fuerit vel quilibet clericus, gradu privetur; si laicus est, aut femina, ab ecclesia usque ad satisfactionem separetur. Conventus autem talium confratrum, necesse si fuerit ut simul conveniant, aut forte aliquis contra parem suum discordiam habuerit, quem reconciliari necesse sit, et sine conventu presbyterorum et ceterorum esse non possit, post peracta illa quæ Dei sunt, et christianæ religioni conveniunt, et post debitas admonitiones, se contigerit ut veræ caritatis et fraternæ invicem consolationis omnes ad refectionem conveniant, sic talia fieri permittimus ut, servata modestia et temperentia et sobrietate pacisque concordia, sicut decet fratres, in ædificationem fraternitatis, et laudem et gloriam Dei, et gratiarum actiones fiant. Et hoc omnino caveatur quod Salvator ait : *Videte ne graventur corda vestra in crapula et ebrietate.* Qui voluerint, eulogias a presbytero accipiant; et panem tantum frangentes, singulos accipiant biberes, et nihil amplius contingere præsumant. Et sic unusquisque ad sua cum benedictione Domini redeat. (*Sacrosancta concilia*, t. IX, col. 472, ed. Labbe, 1672.)

HINCMARI ARCHIEPISCOPI RHEMENSIS CAPITULA AD PRESBYTEROS PAROCHIÆ SUÆ, ANNO 852.

De confratriis earumque conventibus, quomodo celebrari debeant.

Ut de collectis, quas geldonias vel confratrias vulgo vocant, sicut jam verbis monuimus, et nunc scriptis expresse præcipimus, tantum fiat, quantum ad auctoritatem et utilitatem atque rationem pertinet. Ultra autem nemo, neque sacerdos neque fidelis quisquam, in parochia nostra progredi audeat. Id est in omni obsequio religionis conjungantur; videlicet in oblatione, in luminaribus, in oblationibus mutuis, in exequiis defunctorum, in eleemosynis et ceteris pietatis officiis. Ita ut qui candelam offerre voluerint, sive specialiter, sive generaliter, aut ante missam aut inter missam, antequam evangelium legatur, ad altare deferant. Oblationem autem unam tantummodo oblatam, et offertorium pro se suisque omnibus conjunctis et familiaribus offerat. Si plus de vino voluerit in butticula vel canna, aut plures oblatas, aut ante missam aut post missam, presbytero vel ministro illius tribuat, unde populus in eleemosyna et benedictione illius eulogias accipiat, vel presbyter supplementum aliquod habeat. Pastos autem et comessationes, quas divina auctoritas vetat, ubi et gravedines, et indebitæ exactiones, et turpes ac inanes lætitiæ et rixæ, sæpe etiam, sicut experti sumus, usque ad homicidia et odia, et dissensiones accidere solent, adeo penitus interdicimus, ut qui de cetero hoc agere præsumpserit, si presbyter fuerit vel quilibet clericus, gradu privetur; si laïcus vel fœmina, usque ad satisfactionem separetur. Conventus autem talium confratrum, si necesse fuerit ut simul conveniant, ut si forte aliquis contra parem suum discordiam habuerit, quem reconciliari necesse sit, et sine conventu presbyteri et ceterorum esse non possit, post peracta illa quæ Dei sunt, et christianæ religioni conveniunt, et post debitas admonitiones, qui voluerint eulogias a presbytero accipiant, et panem tantum frangentes singuli singulos biberes accipiant, et nihil amplius contingere præsumant, et sic unusquisque ad sua cum benedictione Domini redeat. (*Sacrosancta concilia, t. VIII, col. 572, ed. Labbe.*)

N° 2.

STATUTS D'UNE GHILDE ANGLO-SAXONNE ÉTABLIE A CAMBRIDGE, IXME SIÈCLE.

Her is on this gewrite siu geswitelung thære grædnisse the thius geferræden geræd hæfth on thegna gilde on grantabrycge. Thæt is thonne ærest thæt æle othrum ath on haligdome sealde sothre hældrædenne for gode. And for worulde and eal geferræden thæm a sylste the rihtost hæfde; Gif hwilc gegilda forthfære gebringe hine ealgegildscipe thær he to wilnie. And se the thærto ne cume gylde syster huniges. And se Gildscipe hyrfe be healfre feorme of thone forthferedan. And æle sceote twegen Pænegas to thære ælmessan. And man thær ogebrynge thæt gerise æt sie Ætheldrythe; and gif thonne hwyleum gyldan thearf si his geferena fultumes. And hit gecyd wyrthe thæs gildan nibstan gerefan butun se gilda sylf neah si. And se gerefa hit forgymeleasi gegyldean pund. Gif se hlaford hit forgymeleasie gyldean pund. Buton he on Hlafordes neode beo. Oththe legerbæra; and gyf hwa gyldan ofstlea. Ne si nan other butun eahta pund to bote. Gif se Stlaga thonne tha bote oferhogie. Wrece eal gildscipe thone gildan. And ealle beran. Gif hit thonne an do beran ealle gelice; and gif ænig gilda hwilcne man ofstlea. And he neadwraca si. And his bismer bete. And se ofstlagena twelf hende sy fylste ælc gegylda healfe meare to fylste gyf se ofstlagena ceorl sy twegen oran. Gif he wylisc si anne oran; gif se gilda thonne hwænne mid dysie and myd dole stlea. Bere sylf thet he worhte; and gif gegilda his gegyldan thurh his agen dysi ofstlea bere sylf with magas thæt he bræc. And his gegylde eft mid eahta pundum gebycge oththe he tholie a geferes and freondscipes; and gif gegilda myd thæm ete oththe drince the his gegildan stlog. Butun hit beforan gyninge. Oththe Leod Biseope. Oththe Ealdormen beo. Gilde an pund. Butun he ætsacan mæge mid his twam gesetlun thæt he hine nyste; gyf hwilc gegilda otherne misgrete. Gylde anne syster huniges. And gif hwa otherne misgrete gylde anne syster huniges butun he hine mid his twam gesetlun geladie; gif cnith wæpn brede. Gild se hlaford an pund. And hæbbe se hlaford æt thæt he mœge. And him eal gildscipe gefylste thæt he his feoh of hæbbe; and gif gnith otherne gewundie wrece hit hlaford and eal gyldscype on an sece thæt th.... he sece thæt he feorh nebbe; and gif gnitht binnan stig sitte. Gylde anne syster huniges. And gif hwa fot-setlan hæbbe do thæt ylce, and gif hwilce gegilda ut of lande forthfere oththe beo gesycled. Gefeccan hine his gegildan. And hine gebringan deadne oththe cucene. Thær he to wilnie. Be hæm ylcan wite the hit gecweden is. Gif he æt. Tham forthferth and gegilda thœt lic ne gesæcth; and se gegilda the ne gesece hit morgen spæce. Gilde his syster huniges. (*Hickesii Thesaurus linguar. septentrional.* t. *II*, p. 20.)

VERSION LATINE DONNÉE PAR HICKESIUS.

In hoc scripto continetur narratio institutionis, quam socii sodalitatis nobilium in Cantabrigia sanxerunt. Primo institutum est quod omnes socii, tactis S. reliquiis, jurabunt se syncere fideles fore suis singulis consociis, tam in iis quæ Deum, quam quæ mundum spectant, et quod universa societas cum semper adjuvabit, qui justiorem causam habet. Si quis socius moriatur, ab universa sodalitate efferetur in sepulturæ quem elegerit locum; et quisquis ad eum efferendum non venerit, sextarium mellis solvet, et sodalitas alteram partem sumptuum accommodabit, quæ ad justa solvenda in silicernio, seu epulatione funebri, impendentur, et singuli insuper sodales duos denarios eleemosynæ nomine erogabunt, ex qua, quantum convenit vel oportet, ad sanctæ Etheldrythæ ecclesiam perferetur. Et si cui sodalium suorum consodalium auxilio opus sit, id denuntiabitur Gerefæ, qui sodali illi maxime erit vicinus, nisi sodalis ille in proximo ei sit. Et si Gerefa eum adjuvare neglexerit, libram solvito. Pariter si præses sodalitatis ei in subsidium venire neglexerit, libram solvito, nisi per domini negotia illi non licet [vel domino in ære gravi obstrictus sit] aut valde ægrotetur. Si quis socium occidat, non amplius quam octo libras satisfactionis gratia solvito. Si vero qui occidit satisfacere contumaciter recusaverit, universa sodalitas socium vindicabit; et omnes in id sumptus dabunt. Verum si unus quis id faciat, omnes in impensis erunt pares. Si quis autem socius qui egenus est quenquam occidat, et ei compensatio facienda est, tum si occisus valeat M C C solidos, unusquisque socius dimidiam marcam conferet. Sed si occisus colonus sit, contribuit quisque socius duas oras; si vero Wallus, duntaxat unam. Si aliquis socius quenquam temere et petulanter occidat, consanguineis ejus ipse satisfaciat, et præterea consocium suum octo libris redimat, aut sodalitii et fraternitatis jus perdito. Et si quis socius cum eo qui consocium suum occidit, nisi in præsentia regis, episcopi vel comitis, comedat aut compotet, libram pendito, ni cum duobus consacramentalibus inficiari potest se illum non novisse. Si quis socius alterum durius et illiberaliter appellet, sextarium mellis pendito; si vero quenquam alium inciviliter et asperius appellet, sextarium mellis etiam solvito, nisi se cum duobus consacramentalibus poterit purgare. Si famulus [armiger] gladium stringat, dominus ejus unam libram pendito, quam quibus poterit cunque modis ab eo repetito, et in ea repetenda universa sodalitas illum adjuvabit. Et si famulum famulus vulneraverit, id vulnerati dominus cum universa sodalitate vindicabit et petat, quod vita non fruatur. Si famulus in via cuiquam insidietur, sextarium mellis solvito, et si tendiculam sive decipulam ponat, tantundem pendito. Si quis socius apud exteros moriatur aut æger sit, consocii eum accersunto, ferantque sive vivum, sive mortuum ad quemcunque voluerit locum; aut pœnas dent, quæ constituuntur. Si quis vero domi moriatur, et socius qui ad petendum ejus corpus non iverit, et socius qui *ne genece his morgen-spœce*, sextarium mellis solvito. (*Hickesii Thesaur. linguar. septentrional.*, t. II, p. 21.)

N° 3.

STATUTS D'UNE GHILDE ANGLO-SAXONNE ÉTABLIE A EXETER, XME SIÈCLE.

Theos gesamnung is gesamnod on Exanceastre for godes lufun. And for usse saule thearfe ægther ge be usses lifes gesundfulnesse ge eac be thæm æfteran dægum the we to godes dome for us sylfe beon willath. Thonne habbath we gecweden thæt ure mytting sie thriwa on. XII monthum. Ane to scê Michaeles mæssan othre sithe to scê Marian mæssan ofre midne Winter. Thriddan sithe on eall Hæligra mæsse-dæg ofer Eastron. And hæbbe ælc Gegilda. II. Sesteras mealtes. And ælc cnith anne. And sceat Auniges. And se mæsse-preost à singe twa mæssan othre for tha lyfigendan frynd. Othre for tha forth-gefarenan æt ælcere mittinge. And ælc gemænes hades brothur twegen salteras-sealma. Otherne for tha lyfigendan frynd. Otherne for tha forth-gefarenan and œft forth-sithe ælc monn. VI mæssan oththe VI. sealteras sealma. And æth suth-fore ælc mon. V. peningas. And æt husbryne ælc mon anne pen. And gif hwylc man thone andagan forgemeleasige. Œt forman cyrre. III. messan. Æt otherum cyrre. V. Æt thriddan cyrre ne scire his nan man butun hit sie for metrumnesse. Oththe for hlafordes neodde. And gif hwylc monn thone andagan ofer-hebbe æt his gesceote bete be twifealdun and gief hwylc monn of this geferscipe otherne misgrete gebete mit XXX peningum. Thonne biddath we for godes lufun. Thæt ælc mann thæs gemittinge mid rihte healde. Swa we hit mid rihte geræded habbath. God us to thæm gefultumige. (*Hickesii Thesaurus linguar. septentrional.*, t. II, p. 21.)

VERSION LATINE DONNÉE PAR HICKESIUS.

Agitur hic conventus in urbe Exoniensi, Dei et animarum nostrarum gratia, ut ea statuamus tam quæ ad salutem et securitatem nostram in hac vita spectant, quam in diebus futuris, quos ipsi coram Deo judice nobismet optamus. In hoc igitur conventu coacti decrevimus, ut tribus vicibus annuatim comitia haberentur : prima in festo S. Michaelis Archangeli, secunda in festo S. Mariæ proxime sequente solstitium brumale, et tertia in Omnium Sanctorum festo, quod post pascha celebratur. In singulis autem comitiis quisque socius præstabit duos sextarios polentæ, et quisque famulus unum cum suo symbolo mellis. Sacerdos etiam in iis duas missas cantabit, alteram pro vivis, alteram pro mortuis amicis. Quisque etiam laïcus frater cantabit duos psalmos, alterum pro amicis qui inter vivos sunt, et alterum pro iis qui sunt mortui. Porro quisque vice sua sex missas aut VII psalmos cantandos suis sumptibus curabit. Et cum socius aliquis peregre profecturus est, consocius quisque quinque denarios, et, cum domus alicujus conflagraverit, unum denarium quisque etiam contribuet. Si vero quisquam condicta comitiorum tempora neglexerit prima vice, in tres celebrandas missas impensas faciat; secunda, quinque missarum impensis multetur; si vero tertia monitus adfuerit non pugabitur, nisi ægritudine aliqua laboret, vel domini negotiis impeditus fuerit. Condicta etiam conveniendi tempora si quis forte prætermittat, duplicetur illius symbolum. Si vero quis ex hac sodalitate consocium suum inciviliter eo durius appellaverit, cum trigenta denariis id compensato. Denique Dei gratia quemque obsecramus ut quæ in hoc conventu decernuntur, rite observet, quemadmodum rite à nobis instituuntur. Deus autem in iis servandis nos adjuvet. (*Hickesii Thesaur. linguar. septentrional.*, t. *II*, p. 22.)

N° 4.

STATUT DE LA GHILDE DANOISE DU ROI CANUT MORT EN 1036, CANONISÉ EN 1100 [1].

Statuta Convivii beati Canuti regis et martiris.

Wy gild brodræ innæn sanctæ Knuts gildæ som hætig martir wor i Otthenso stath boendes : goræ thet allæ men viderlict

---

[1] OM GAMLE DANSKE GILDER OG DERES UNDERGANG, AF P. KOFOD ANCHER. (Dissertation de Kofod Ancher sur les ghildes, Copenhague,

nerværende och kommende met thennæ nerværende skreft : ath wor nadighæ herræ kong Eric hawær ikkæ al enistæ i fyôn mæden om væl iwær al Danmarks rigæ sanctæ Knuts gildæ fast giort thæt statfestæt. Och stadæligæ styrhæt. Tel hwes störræ ymnestæ och troscap. Hawer han taget allæ förnæunde gildes brodræ och gildsesken under sin serlestes vern : saa ath hosomhelst woræ brödræ aller söster vden lofflig sagh vræt gör : och forsmar ath kommæ tel bœdring. Han scal ikkæ vngaa kongelig hefnd. Forthi bedæ wi och radæ allæ brödræ och söster fore thæres eget gafn skyld. at the hawæ segh madæligæ och höveskligæ i hwerien stæt och görlæ gemæ gildens low och statuta. Sosom the velæ vntgaa then thyngsel och pinæ som hæræ efter æræ screfnæ i thennæ neruærende skra weth hwær brodæ.

Thættæ æræ the low och statuta som forsynligæ mæn och beskedeligæ voræ forfædra hawæ optaget och stadæligæ skulæ holdes.

ART. 1. *Om mandrap.*

Om gildbroder ihiæl slar sin gildbroder. Han scal bödæ then dödes arwynghe xl march penningæ. och gildbrödræ iij march. Och ther iwær scal han mælœs vth aff gildet meth eet ont nafn som ær nidingh. Om gildbroder slar noghen man i hiæl som ikkæ ær gild broder. Och brödræ æræ neruærendes tha sculæ thæ hielpæ hanom af lifs wodæ. Om han ær nær hafæt. Tha sculæ the skipæ hanom bod och aarer. Och osæ kar. Och eld. Och öxæ. Och siden voktæ segh self sosom han kan.

1780; pièces justificatives.) — Il y avait en Danemark beaucoup de ghildes du roi Canut, et la plupart étaient plus anciennes que sa canonisation; seulement, à cette époque, elles avaient changé de patron et pris le nom du nouveau saint.

Art. 2.

Om han hest vederthorf. tha sculæ the folgæ hanom tel skowen. och ikkæ i skowen. och skibæ hanom fri hest een dagh och nat. Æn hawer han hanom lenger. Tha scal han giwæ leiæ af hanom' efter brodræ thokæ. Om hesten hörer noger broder tel. och han vorder forderwet. tha scal then som hesten i verdæ hadæ giuæ verd foræ hanom om han haver ther æfnæ tel. Allers sculæ brödræ betalæ hanom. thok ikke iwer iij march.

Art. 3. *De fidejussione.*

Om gildbroder vorder nod tel manslæt. Ok han vederthorff tak som kalles louen foræ segh foræ xl march. tha sculæ brödræ væræ tak foræ hanom. Och han scal selff betalæ alt om han haver æfnæ thær tel. Allers sculæ ællæ brödræ betalæ feræ hanom. Æn flyr han foræ rætslæ och lader brodrænæ i anger efter segh. Tha sculæ brödræ löse segh selvæ som the best kunnæ. Och han som rymdæ bort scal mæles ut aff gildet met eet out nafn som siges niding.

Art. 4.

Om gildbroder orrder ihiel slaven aff then som ikke ær i gildet. Tha sculæ gildbrödræ hielpæ then dödes aruingæ tel ath the muæ fangæ tak aff kin som hanom ihiel slo sosom ær forloven foræ xl march. Æn om han ikkæ setter then louen foræ segh. tha maa thet vendes hanom tel lifs vodæ.

Art. 5.

Om gildbroder ær nær och æy hielper sin gildbroder ther han ihiel slaas. Och vorder han iver vunnem met loulict vitnæ. Tha scal han mæles af brodræscap met nidings nafn. Æn huilken broder som vides foræ sadon sagh och ær ikkæ to brödres vitnæ ther tel. Tha scal han tagæ fæm gildbrödræ tel segh och holdæ thet met sin eed. Ath han ikkæ vistæ ther af. Och ey saa sin gildbroder væræ stæd i saadont anger. Aller och ængæ lund kunnæ hanom hielpæ. Æn vorder han ther foræ iver vunnen tha scal han mæles af broderscap. Och huilken som hielper alter troster i noger madæ then som saa ær visd af gildet met nidings nafin. Aller then som sin gildbroder drap. Han scal bodæ iij mark imoth allæ brödræ.

Art. 6. *De recto judicio contra fratrem.*

Om trætæ vorder mellom brödræ. Tha scal ræt dömes them i mellom efter lou och statutæ. Och hosom ræt dom ikkæ gör. Aller forsmar ræt dom som iver hanom ær giord. Han scal væræ foruden brödres hielp och raad. Saa lengæ tel han louligæ bædrer baadæ imoth sagsogeren och brödræ. Æn ho som gaar i gildet. Och haver tel forn noger sag paa segh. Ther æyæ ikkæ brodræ at bevoræ segh met uden the velæ. Mæden the sagæ som risæ mellom brödræ siden then æræ gangne i gildæt æyæ gildbrödræ och sculæ af rætæ of leggæ som the best kunnæ.

Art. 7. *De percussione capitis.*

Ho som slaar sin gildbroder tel bloots i gildes hus aller i gildes gaard met hammer. Oxæ kep. aller met noger annen thing huat som helst thet ær i hovet saa ath han meghet veder thorf læges lægædom. tha scal han bödæ xii march imoth hanom som saaret fik. Gildbrödræ eet pund hunugh. Och alderman i march. Och ho som slar igen han scal bödæ thet samæ vidæ om thet genslau ær stort och farlict.

Art. 8. *De ingressu curiæ confratris cum armata manu.*

Hosom gaar i sin gildbroders gard eller hus veldælegæ met veriendæ hond. Och slar hanom. hans husfruæ. hans börn. Aller noger af hans hion. Han scal bödæ vi march imoth hanom. gildbrodræ i march. Och olderman een half march.

Art. 9. *De accusacione.*

Hosom kærer sin gildbroder foræ herscap innen lands aller uden. Han scal op rætæ hanom al sin scadæ. Och ther iver bödæ imoth hanom iij march och eet halft pund hunugh imoth gildbrödræ. Æn siger han næy. Och vorder iver vunnem met ii brödres vitnæ ther foræ. orsagæ segh met siettæ hond.

Art 10. *De pecunia defraudata.*

Hosom gaar i skip met simöværæ. Aller i skou met stubæröværæ. Och saa röver sin gildbroder. Och vorder ther foræ iver vunnen met senne iertegn. Han scal altiid blivæ niding. Och hans pennyngæ scal almynnig tel dömes brödræ. Æn om gildbroder gaar i sin gildbrodes gaard aller hus. Met then som æy gildbroder ær for. uden andræ brödres semthökæ och kaller hanom tel stefnæ aller thing. Och skelner hanom scade tel paa sin thing. Aller fester met eed. Han scal bodæ veth hanom iij march. Och ter tel al scaden. Gildbrödræ een march. och olderman een half march.

Art. 11. *De verbis importunis.*

Huilken som thræter veth sin gildbroder i gildet. Och saa fortörner hanom ath han kan ikkæ havæ fret i husæt. Och saa bort ganger. Vorder han ther foræ felt. tha scal han bodæ veth hanom vi march. gildbrödræ een march. Och olderman een halff march. Och hosom kaller sin gildbroder thyöff trolös. aller heriensön. Aller draver hanom i haaræ. Aller vredæligæ slar met nævæ. Han scal bödæ veth hanom vi march. gilbrödræ i march. och olderman enn halff march.

Art. 12. *De sortibus mittendis.*

Om gildbroder scal givæ lou. tha sculæ loder castes. Och paa huem loden faller. The sculæ mannæligh stonde met hanom. Æn hosom ikke kommer met hanom af the som loden fullæ paa. Och lader sin broder tabe heder aller pennyngæ. Och vorder ther foræ felt met to gildbrödres vitnæ. Han scal bödæ iij march veth hanom. och al scaden. Gildbrödre eet halft pund hunugh. och alderman een half march. Ængæn maa vitnæ uden han ær gildbroder. ikkæ scal och eet vitnæ höres. Uden the vordæ tu vitnæ. Mæden to ments vitnæ ær öffert. Nar brödræ kommæ tel gild stefnæ. Tha sculæ the væræ semty och metlidendæ.

Art. 13.

Engen maa fremföræ kæræmol för æn hin annen fonger ændet sin talæ. Hosom thet gör. Bödæ een halff öræ veth alderman. Om alderman ikkæ kommer tel gild stefnæ för iij sagæ æræ berætæ. Bödæ veth gildbrödræ een halff march. Huatsom vorder ænt i mellom brödræ thet scal ængen op drave igen. Ængen scal paa brödres gildstefnæ sighe. Thu liuver. hosom thet sigher, bodæ een halff march. Ængen scal sendæ then man som ikkæ ær gildbroder til sin gildbroders hus. Alligevel ath the æræ uden gildet. For uden brodres loff. Paa hans scadæ. Hosom thet gör. Böde veth hanom vi march. Gildbrodræ een march. och alderman een halff march. Om gild stefnæ vorder nefnd. tha sculæ allæ kommæ. Och hosom ikkæ kommer. Han bödæ ix skilingæ. Uden han haver louliet forfæl.

Art. 14. *De causa pecunie.*

Om noger maner gildbroder foræ pennyngæ. Och hin som foræ sagen ær siger næy. tha veryæ segh met thrediæ hond om hanom kræves halff march eller myndræ. Om hanom kræves iver halff march. Och saa och in tel xl march. Tha scal hin som foræ sagen veryæ segh met siætæ hond. Och ikke fleræ.

Art. 15. *De verberato non conquerente.*

Hosom vorder slaven. Och ikkæ kærer thet foræ alderman

och brödræ. han scal bödæ een march veth brödræ. Och een halff march veth alderman. Siden hefnæ om han vil. Allers möstæ brödræscap.

Art. 16.

Om gildbroder bær tel gildet oxæ. Suerd. aller annet vopn. Ath scadæ noger broder met. Han scal bodæ iij march veth allæ gildbrödræ.

Art. 17. *De fratre naufragante.*

Hosom finder sin gildbroder i hafs nod. han scal tagæ hanom i skip. Och om thet ær nötthorft. Tha scal han ut castæ eet pund af siit gots af skipet. Och givæ hanom lifs hielp. Huilket then som i hafs nöd vor stæd scal gialdæ hin som hanom reddædæ nar han kommer heem. Om han haver ther ætnæ tel. Allers sculæ allæ gildbrodræ betalæ foræ hanom om thet æn voræ iij marchs skyld.

Art. 18. *De fratre captivo.*

Hosom finner sin gildbroder fongen aff heetnyngæ. Han scal læ hanom aff sine pennyngæ ath fri segh met. Och the pennyngæ scal hin som fanghen vor igen givæ nar han kommer heem. om han haver æfnæ ther tel. Allers sculæ allæ gild brödræ gialdæ foræ hanom. om thet æn ær iij marchs skyld.

Art. 19. *De pecunia amissa.*

Hosom mister sinæ pennyngæ. Saa ath nöuæ igen bliver een halff march. förstæ gildet drikes. tha scal huer broder givæ hanom efter sit eghet skön.

Art. 20. *De convivio faciendo.*

Nar gildet scal væræ tha sculæ the brödræ som tel næfnes af alderman antvorde them som stolbrödræ æræ hunugh aller malt huat som the æyæ ther tel. Æn om thet forfares foræ thæres forsömelsæ thet scal vides them. Hosom vordæ telnefndæ ath göre gildet the samæ sculæ göret. Allers huer aff them som tel ær nefnd scal bödæ ii öre solfs veth allæ brödræ foræ thæres forsömelsæ. uden han haver loulict forfal. The som tel æræ nefndæ ath göræ gildet orsages ath the thet ikkæ goræ. foræ siugdom. foræ fatigdom ath han haver möst sit gots. Och om han haver skipet sit gots och ær paa sin farendæ væy. Aller i andræ maadæ thes ligæ.

Art. 21. *De recessu.*

Nar gildet ær veder reed. huilkæ brödræ tha velgæ afgaa. the sculæ betalæ halft scot. och pennyngæ tel stuth. hosom thet ikkæ gör han scal gaa. for uden brodres hielp. Æn vil han alligævel have öl met segh. tha scal hanom gives een kannæ fuel.

Art. 22. *De abencia congildarum.*

Tel gildet æyæ allæ gild sesken ath komm forstæ thet ær redæ saa vel quinnæ som mæn och hosom ikkæ hommer han scal alligevel givæ fult scot. och ther tel ix skilingæ om han them ikkæ met viliæ uthgiver. tha scal han nodes tel ath gialdæ iij march. Bortæværendes broder orsages foræ siugdom. och foræ sterkæ feydæ.

Art. 23. *De fraccione cerci.*

Hosom bryder liuseth i gildet. Han scal böde een half öræ pennyngæ. Hosom bryder stol. Han scal köbæ een annen. och givæ gildbrödræ vj pennyngæ. Om noger lader fallæ kar af hond met drik. Bödæ een öræ. Om kar falder af hond paa nogers herdæ. Bödæ ii oræ. Hosom op kaster. Aller noget annet vreent gör. bödæ iij march. Broder aller söster som forsmaarath gemæ lou och skraa. bödæ ii skilingæ. Och settes af gildet. Æn foræ sin forligelsæ scal han givæ ii skilingæ sölfs. Hosom gör vlyud i aldermants talæ. Han scal bödæ vi pennyngæ. Hosom haver ærendæ tel thing. Hanom sculæ allæ brodræ fölyæ. Hosom ikkæ kommer bödæ i skiling sölfs. Om han vorder feld ther foræ met vitnæ. Allers scal han veriæ segh enæ met eed. Hosom sover i gildet. Och ther vorder thre sinnæ röt paa hans houet. Bödæ ix skilingæ. Hosom utbær kar for uden loff. bödæ eer öræ pennyngæ.

Art. 24. *De procuratoribus.*

Om lius falder i gildet. Ther foræ sculæ gærdemæn bödæ een öræ pennyngæ. Om allæ lius utslöykkes i gildet. Ther foræ sculæ gerdæmæn bödæ ix skilingæ. Om gerdæmæn æræ allæ uden gildes huset telsamen. Bödæ ther foræ ix skilingæ. Om dreck fates i gildes huset. gerdæmæn bödæ ther foræ ix skilingæ. Om brödræ velæ lengæ sidæ om aftennæn, tha æyæ gerdæmen ath thiænæ them. Om noger dyrues ath sidæ efter allæ tha sculæ gerdæmen settæ foræ hanom een span fuld met öl. och eet lidet lius. och saa gangæ tel seengs. Æn om the för bort gangæ. Tha sculæ the bödæ ix skilinge.

Art. 25. *De infirmitate.*

Om noger broder vorder siug saa ath man venter hanom ikkæ tel lifs. och han veder thorf brödræs hielp. Tha sculæ the vogæ iver hanom. to och to. saa lengæ tel the see ath han fanger bædræ. Æn bliver han döth. tha sculæ allæ folgæ hans ligh tel kyrkæ. Och ofræ foræ hanom i messen hosom. thet forsömer han scal bödæ ix skilingæ.

Art. 26. *De fine convivii.*

Förstæ gildet ær wnd tha sculæ allæ kommæ tel kirken. Och ladæ holdæ messæ foræ allæ brödres och sæsters sialæ som af æræ gangnæ. Huer met sin pennyng. Hosom thet ikkæ gör. han scal bodæ een öræ pennynge.

Art. 27. *De colloquio habendo.*

Om brödres semtalæ vorder nefnd foræ noger stoor sagh.

tha sculæ allæ brödræ samen kommæ. Och hosom ikkæ kommer. han scal gialdæ ix skilinge.

Art. 28. *De sompno.*

Hosom sofner i gildes huset. Och glömer ath gangæ til husæ han scal bödæ ɪ half öræ solfs.

Art. 29. *De combustione domus.*

Om noger broders hus vorder brent. Aller han haver mist siit skip. Aller han vil foræ i pelægrins reysæ. Om han thet veder thorff. Tha scal hou havæ iij pennynges samningh af huer.

Art. 30. *De adventu fratris alieni.*

Om noger fremmet broder kommer ridendæ aller gangendæ och veder thorff hielpp. Han scal havæ een oræ pennynge af alt.

Art. 31. *De mutilacione membri.*

Om noger broder vorder lemæ lestet. Och thrænger om hielp. Tha scal samnes tel hanom veth allæ brodræ. Efter hans thrang. Sosom han vederthorf meræ aller mynnæ. Och efter aldermants och allæ brödres viliæ.

Art. 32. *De jure aldermanni.*

Nar som adel gerd ær. tha scal alderman havæ een half march pennynge foræ sin umagæ. Een skiling af huer then som gaar i gildet. och gildet v skilinge. Item to gester saa lengæ som fuld drik staar. Item af huer hedning een kannæ öl. Item huer dag to kanner öl. een om moruenen. Och een annen om aftennen saa lengæ som adelgerd staar. Item scal han aldræ castæ loth foræ segh. Mæden han scal staa foræ brödrænæ huare som helst the have nôth torft.

Art. 33 *De jure stolbrodræ.*

Stolbrodræ sculæ væræ to. Huer af them scal have to öræ

pennynge i huer adelgerd. Huer af them scal havæ een kannæ öl huer dagh ther adelgerd staar. Och huer af them een gest huer dagh. Och af huer hednyng. Huer thæræ en kannæ öl. Och the sbulæ ikkæ castæ loder foræ segh uden i hövæ saghœ. Och the sculæ have nöglæ tel allæ the stokkæ som them æræ befalædæ.

Art. 34. *De fornicacione.*

Om noger gör hoor met sin sornæ broders husfru. Och ther ær noger broder som thet kan skellige bevisæ met yitnæ ath han haver seet hanom anner sinnæ gangæ tel och fra i thælig synd. Tha scal han vises ut af gildet sosom een forvunnen man met nidings nafn.

Art. 35. *De infamia.*

Om nogher vorder beructet och ikkæ feld met vithnæ. han scal skæræ segh met XII mænts eed af gildbrödrænæ. och blivæ en gild man.

Art. 36.

Om nogher begriber nogher man enæ met sin husfru. Och saa dræber hanom for uden annen sembroders vithnæ. at ænkkæ gor. han scal bödæ een öræ pennynge. Uden han haver ghen scal tenkæ ath han drap sin broder foræ noghet hæmælict raad paa hans orsagœ. Tha scal han under ligæ saa vel broders forsmædelsæ som guts hefnd. och blivæ nidingh.

Art. 37.

Hosom voltager sin sornæ broders husfru. aller doter. aller söster. aller frenkæ. Han scal vises uth aff gildet om han vorder felt. met tu vithnæ.

Art. 38. *De vendicionibus.*

Huilken sornæ broder som selier sin gildbroder nogher thing rörende aller vrorende. Aller noger boscap. och han bryder sinæ ord efter køp ær giort. Han scal bödæ tu so meghet imoth hin ther köptæ som han sculde bödæ veth kongens ombutsman om han ikkæ gildbroder voræ. och thuennæ sinne saa meghet veth allœ gildbrodræ som han scullæ böde tel statsens ræt.

ART. 39. *De supplantacione que dicitur forköp.*

Hosom gör sin gildbroder forköp paa köp aller sall. Han scal forst opprætæ hanum sin scadæ. Och bödæ een halff march veth allæ gildbrödræ. Om han vorder feld met to brödres vitnæ foræ forneunde forkop.

ART. 40.

Hosom ringer aller lader ringæ forneunde gildens clokkæ sin broder tel scadæ. Huilket guth forbiudæ. at han fanger ther scadæ foræ aller paa sin eghen persones veghnæ aller hans falk aller paa siit gots. Tha scal han fullæligæ oprætæ hanom al sin scadæ. Och bödæ veth allæ gildbrodræ eet pund hunugh. Allers vises af gildet met nidings nafn.

ART. 41.

Nar nogher gildbroder döör tha scal huer bæræ sin pennyng som kalles ligscud. Tel thet hus som liget ær innæn, hosom thet loflict forfald. Hosom ikkæ kommer then tiid liget bæres tel kirken för the havæ gangeth omkring thre gaarde met ligæt han scal bödæ een öræ. hosom ikkæ ær i messen met liget. och then tid thet iordes. Bödæ een öræ.

ART. 42.

Hosom beder sin gildbroder stefnæ nogær tel semtalæ aller tel thing paa sinæ vegnæ. Och han vil thet ikkæ göræ. Han scal böde een öre pennyngæ.

ART. 43. *De litera fraternitatis.*

Hosom vil havæ bröderscap breff. han scal givæ olderman

och stolbrödræ iij gratæ. Och förstæ thet şcal besegles tha scal haŋ givæ een tyŋnæ öl. Och bysens scriværæ iij grotæ foræ breffet. Huilket ængæn scal scrivæ uden han. Och ikkæ scal alderman havæ makt ath besæylæ saa danæ breff uden stolbrödræ sem thökæ. och i thæres nærværelsæ.

N° 5.

STATUTS DE LA GHILDE DU ROI ERIC, MORT EN 1103, CANONISÉ EN 1257 [1].

Hæc est lex convivii beati Erici regis Ringestadiensis, quam homines senes et devoti olim invenerunt ad utilitatem congildarum ejusdem convivii et ubicumque in prosperitate et utilitate observandum statuerunt.

Art. 1. Si quis non congilda interfecerit congildam, et si affuerint congilde, tum vindicent eum si poterint. Si autem non poterint efficiant eum ut interemptor quod wlgo dicitur *tak* XL march. pro se acquirat heredibus interfecti ad emendacionem. Et ex illis XL marc. omnibus congildis tenentur III marc. ad satisfaccionem. Et nullus congildarum cum illo bibat nec comedat aut in navi cum eo sit, nec aliquam communionem cum illo habeat, donec emendaverit heredibus et congildis ut lex dictaverit. Quod qui fecerit reddat omnibus congildis III oras qualibet vice. Si vero interemptor non poterit pro se acquirere *tak* nominati ex convivio ferant ipsum ad judicium regis.

---

[1] Om gamle danske Gilder og deres Undergang, af P. Kofod Ancher. (Dissertation sur les ghildes danoises; pièces justificatives.)

Art. 2. Quod si congilda interfecerit congildam, et confratres presentes extiterint, subvenient ei a periculo mortis, quando potuerint.

Art. 3. Si autem ipsum coactus interfecerit, heredibus XL marc. et congildis IX marc.

Art. 4. Si autem confratrem suum, propter nimiam stultitiam suam et negligentia m, et longevo rancore existente, confratrem interfecerit, exeat a consortio omnium confratrum cum malo nomine *nithingh*, et recedat.

Art. 5. Si quis autem (congilda) interfecerit non congildam vel aliquem potentem, et propter insufficientiam suam liberare se non valuerit, fratres qui presentes extiterint subvenient ei a vite periculo quomodo potuerint. Et si vicinus aquæ fuerit, acquirant ei lembum cum remis, et haprile vas et ferrum cum quo ignis elidit et securim, ipse sibi deinde prevideat secundum quod voluit. Quod si equo indiguerit, acquirant ei et comitentur ei (eum) ad silvam, et non in silvam. Et habeat equum postea per diem et noctem gratis si diucius indiguerit conducet. Si equus non revenerit. ipse eum solvat, si substantiam habeat; sin autem, omnis congilde precium equi persolvant. Quod si hiis modis ei subvenire non poterit, et quod si wlgo dicitur *tak* XL marc. ab eo exigantur, presentes fratres sint pro eo fidejussores, etipsemet persolvat, si substantiam habeat; sin autem, et si homicidium coactus perpetraverit, omnes congilde persolvant. Et si ita evenerit quod homicida nequitia vel timore necis fugerit, et confratres suos in angustia et periculo posuerit; sit ipse exsors convivii cum malo nomine *nithingh*, omnis vero congilde liberent eos qui in *tack* inierunt. Si autem aliquis congilda affuerit, et propter suam nequitiam et nimium terrorem confratrem suum a mortis periculo non liberaverit et testimonio convictus fuerit, omnibus fratribus III marc. solvat, aut juramento VI fratrum se expurget, vel *nithingh* a fraternitate recedat. Si quis autem ita rebellis extiterit quod ad redemptionem confratris sui, quantum tenetur, prefixo die non addiderit, III oras fratribus emendet.

ART. 6. Si autem congilda confratrem suum apud potentes accusaverit (vel prolocutionem I *wariæmal* super ipsum receperit) quocumque loco et in dampnum vel scandalum cum magna fatigatione consecutus fuerit, testimonio convictus ei sex marc. et convivis dimidium *pund* mellis, aut cum sex fratribus se expurget quod illud non fecit.

ART. 7. Et si congilda confratris sui pecuniam apud prepotentes adulando defraudaverit, aut navim cum piratis conscenderit, et sic congildam suum exspoliare insudaverit certis, judiciis convictus de fraternitate recedat et sit *nithingh* omnium gildarum.

ART. 8. Si autem congilda confratri suo in legibus non astiterit, aut testimonium adversus ipsum perhibuerit, et hoc modo ei dampnum rerum suarum fecerit, testimonio convictus emendet ei III marc. et fratribus III oras.

ART. 9. Et si gilda convivam suam ad regem vel episcopum sive ad synodum aut ad placitum sine licentia senioris ei gildarum consensu citaverit, et ei dampnum rerum suarum iudicaverit vel fecerit, satisfaciet ei III marc. et confratribus III marc. Si quis frater captus fuerit et libertatem perdiderit, de omnibus congildis in illo episcopatu existentibus accipiet quod wlgo dicitur *scuth*, s. III denar.

ART. 10. Hoc quoque statutum fecerint seniores convivii : quod si quis frater confiscatus fuerit bonis suis ex parte regis vel alterius principis et captus fuerit, ad quoscumque fratrum in regno vel extra regnum declinaverit, subvenient ei in v denarios.

ART. 11. Si quis conviva naufragium passus fuerit, de bonis suis estimatis ad marc. argenti nichil retinuerit juramento, prestito et testimonio adhibito, accipiet de quolibet fratre III denar. infra terminum illius episcopatus.

Art. 12. Quod si congilda confratrem suum in captivitate invenerit, redimat eum tribus marcis et ipsemet persolvat, si habet; sin autem, reddant pro eo omnes congilde. Quod si noluerit et testimonio convictus fuerit, easdem III marc. fratribus persolvat aut cum sex fratribus se expurget. Si quis autem fratris sui redemptionem non solverit, III oras emendet.

Art. 13. Si autem congilda confratrem suum in naufragio reperit, confrater ei vitæ subsidium conferat, ita quod exponat de bonis suis valens III marc. sive unum *skippund*, et recipiat ipsum in navim suam. Ipsemet illud projectum persolvat, si habeat; sin autem, persolvant pro eo omnes congilde.

Art. 14. Et si congilda confratrem suum in captivitate aut naufragio, aut in anxietatis loco invenerit, et opem ei ferre negaverit, testimonio convictus, sit extra convivium et *nithingh*, aut cum sex fratribus se expurget.

Art. 15. Et si congilde aliquos confratres ad parandum convivium nominaverint, si quis eorum neglexerit vel non curaverit, fratribus tres marc. persolvat. Et si congilde nominati ad convivium faciendum mel acceperunt, tunc sit in custodia gildarum postquam *giærthemæn*, accepti fuerint. Si quis vero, postquam caldarium convivarum igni suspensum est vel fuerit, et ante inceptum convivium, sine licentia senioris se subtraxerit, tantum solvat quantum si bibisset.

Art. 16. Et si cum fratre suo verbis inoportunis in domo convivii contenderit, testimonio duorum circumsedentium convictus, III marc. congildis persolvat. Si quis vero primo discordiam excitaverit, VI oras reddat. Qui vero consimilia responderit, dimidium persolvat.

Art. 17. Et si quis fratri verba conviciosa dixerit, sive in convivio sive in aliquo alio loco idem vocaverit eum *nithingh* aut furem, aut in ceteris quibuslibet opprobriis adeo vilem dixerit ut ceteris hominibus in nullo coequari potest, emendet ei III marc. et fratribus III marc. (eadem autem pœna consorores de convivio puniende sunt) aut cum sex fratribus expurget se.

Art. 18. Et si in ira confratrem suum rapuerit per crines aut pugno percusserit, emendet ei ... marc. et fratribus III marc.

Art. 19. Et si contigerit ut baculo aut clava sulcata, quam vulgo *resti* vocant, congildam suum percusserit, emendet ei VI marc. et fratribus III marc. Si autem fuerit ex illis ictibus baculentus aut sanguinolentus, et plage unguento et alligaturis indiguerit, emendet leso XII marc. et fratribus III marc.

Art. 20. Et si congilda ab aliquo dehonestatus fuerit verbis et factis, et si vindicare noluerit cum auxilio fratrum, sit extra gildam ; et si sine gildarum consensu legis satisfactionem quesierit, testimonio convictus, de fraternitate deponatur, aut dimidiam marc. argenti convivis persolvat. Si autem congilda variis injuriis provocatus se vindicaverit, et secundum leges leso satisfacere noluerit, omnes congilde, secundum quod visum fuerit, sint et in adjutorium.

Art. 21. Quod si aliquis congilda ad confratrem suum ledendum in domum convivii securim aut gladium, sive aliquod telum portaverit, et ibi inventum fuerit III marc. emendabit ei et congildis III marc, quia omnia tela in domo convivii prohibita sunt. Et si alique congilde discordes fuerint ex aliqua re, habeant conventum coram senatore et congildis, atemptent eos concordare si possent, et, si non potuerint, tunc sit extra gildam qui legem et judicium omnium gildarum habere contempserit.

Art. 22. Et si quis non venerit ad colloquium fraternum omnium quod dicitur *stæfno* solidum reddat. Qui vero cereum fregerit, reddat dimidiam oram. Si sponte vel casu ciphum fregerit, emat alium et vi denarios reddat; et si ciphus de manu alicujus deciderit, licet non frangatur, vi denarios reddat.

Art. 23. Si autem congilda in convivio sedendo dormierit, oram solvat; et, si in eadem domo se deposuerit et domum ire neglexerit, ii oras reddat.

Art. 24. Si vero vomitum fecerit ibidem, aut in discessu antequam domum pervenerit, testimonio convictus, vi oras persolvat.

Art. 25. Si aliquis congilda infirmatur, visitent eum fratres, et, si necesse fuerit, vigilent super eum. Quod qui non fecerit reddat solidum. Si autem mortuus fuerit, quatuor fratres nominati a senatore circa eum vigilias custodiant; et si ad hoc denominati venire contempserint, quivis oram persolvat. Et qui vigilant defunctum ferant ad sepulcrum; comitentur congilde ejus et intersint missis cantando. Et unusquisque in missa defunctorum denarium sacerdoti pro anima fratris sui offerat, et antequam sepultus fuerit nullus recedet. Qui vero ista non servaverit, testimonio convictus, oram persolvat.

Art. 26. Si quis congildarum legem confratrum observare noluerit, sit extra convivium; et si ad consorcium fratrum redire voluerit, faciat introitum suum sicut a primo quum intravit.

Art. 27. Si quis vero pro ebrietate ceciderit in ipsa domo convivii vel antequam propriam curiam intraverit, oram solvat.

Art. 28. Si quis congilda congildam interfecerit, priusquam heredibus interfecti legitime satisfecerit, si ab ipsius convivii communione recedere noluerit, emendet omnibus congildis.... marc., et frater eidem convivio societur, tamen cum consensu cognatorum interfecti. Qui vero coactus homicidium perpetraverit, de omnibus congildis accipiat quod vulgariter dicitur *scuth* s. iii denarios.

Art. 29. Congilda cujus anterior pars domus, id est, coquina vel stupa aut horreum cum annona in illa curia in qua residenciam facit, combusta fuerit, accipiet de quolibet fratre III denarios.

Art. 30. Si quis vero rurensis convivio sancti Erici se associaverit, acquirat unum de civibus, scilicet de ejusdem convivii fratribus, qui de omnibus causis in presenti sacca scriptis omnibus congildis pro ipso respondeat, aut secundum presens scriptum satisfaciat.

Art. 31. Si quis autem alium congildam de sede depulerit et alterius locum violenter obtinuerit, oram reddat.

Art. 32. Si autem congilda circa tabernas, vel aleas, vel tesseribus ludendo percussus sive in honestate verberatus fuerit testimonio convictus, congildis dimidiam marcam argenti reddat, aut cum vi manu se expurget. Si vero congilda a tabula nuda recesserit propter scandalum et dedecus, omnium congildarum testimonio convictus III marc. reddat.

Art. 33. Si aliquis congildarum arduum negocium eundi ad placitum habuerit, sequentur eum omnes congilde; et quicumque non venerit, solidum argenti persolvat, si convictus fuerit unius testimonio, aut se solus expurget juramento.

Art. 34. Si quis congildarum strepitum vel clamorem in sermone senatoris fecerit vel propositi, VI oras denar. reddat.

Art. 35. Si quis clamosus absque certa racione extiterit, et sic clamore suo infestat fratres, sine omni contradictione sex oras persolvat.

Art. 36. Si vero aliquis confratrum alterius auxilio eguerit ad partes propinquas, et ille ambulando vel equitando subsidium ferre noluerit, I marc. fratribus solvat.

Art. 37. Si vero ad regem vel episcopum aliquis fratrum vocatus fuerit, senator faciat conventum fratrum, et eligat XII ex fraternitate quos voluerit, qui cum eo ex convivii expensa vadant, et ei pro posse auxilium ferant. Si nominati contradixerint, quivis dimidiam marcam argenti persolvat, nisi detineatur copula nuptiarum vel infirmitatis causa, vel ab aliis causis legitimis, et statim denominetur alius in ejus loco qui predicat cum predicto fratre.

Art. 38. Si quis fratrum necessitate compulsus injuriam suam vindicaverit, et auxilio indiguerit in civitate, causa defensionis et causa tutele membrorum suorum aut vite, sint cum eo die ac nocte xii nominati ex fratribus ad defensionem, et sequantur eum cum armis de hospicio ad forum, de foro autem ad hospicium, quamdiu oportebit, ne frater scandalizetur et fratribus non sit opprobrium.

Art. 39. Si quis frater fornicatus fuerit cum uxore conjurati fratris sui, et est frater qui testimonio comprobet in reliquis eum vidisse euntem et redeuntem a tali scelere, a fratrum communione utpote reprobus et *nithingh* ejicitur. Si vero infamatus fuerit frater, nec testibus convictus, expurget se juramento xii fratrum, et sic obtinebit gildam.

Art. 40. Si quis fratrum per vim rapuerit conjurati fratris sui uxorem vel filiam, vel sororem, vel neptem, duorum testimonio convictus, ejiciatur a fraternitate.

Art. 41. Hanc quoque tradicionem et legem statuerunt seniores convivii sancti Erici in *skanor*, quod pistores in fraternitate ipsorum non recipiantur, vel receptos hactenus nullatenus diucius retinere debeant.

Art. 42. Ipsa statuta fuerunt inventa et compilata in *skanor* ab xviii senioribus qui dicuntur *aldermæn* de convivio beati Erici. Anno Domini millesimo ducentesimo lxvi, septimo ydus septembris.

Art. 43. Hec sunt constituta de minnis a fratribus sancti Erici : primo cantanda est beati Erici ; postea salvatoris Domini ; deinde minnæ beate Marie Virginis ; et ad quamlibet illarum minnarum trium debent confratres recipere bicaria sedendo, et, bicariis singulis receptis, debent unanimiter surgere et inchoare minnam cantando.

Art. 44. Omnes qui intrant gildam jurent super candelam, prout lex dictaverit, quod omnes justiciam et legem observare et tenere voluerint, prout in presenti *skra* est prenotatum, secundum consensum *alderman* et omnium fratrum, et recipiant privilegia sua.

N° 6.

CHARTE DE L'AMITIÉ DE LA VILLE D'AIRE, 1188.

In nomine Patris et Filii et Spiritus Sancti. Ego Philippus, Flandriæ et Viromandiæ comes, presentibus et futuris. Peregrinaturi ad terram sanctam in qua.... dignari duximus hominibus terræ nostræ libertatem et immunitatem quam eis antecessores nostri retro principes indulserunt conservare et confirmare. Super hac igitur re adeuntibus nos burgensibus Ariæ, ut legibus et consuetudinibus approbatis libere uterentur, quas ob injurias hominum perversorum propulsandas, illustris comes Robertus et Clementia comitissa, et Karolus comes et Willelmus, successor ejus, et piæ memoriæ Theodoricus comes, pater meus, eis indulserat, nos quoque eidem, utpote quos erga nos devotos æstimaremus, easdem leges vel consuetudine tenendas et observandas libentissime indulgemus in amicitia.

1. Igitur sunt duodecim selecti judices qui fide et sacramento firmaverunt quod in judicio non accipient personam pauperis vel divitis, nobilis vel innobilis, proximi vel extranei.

2. Omnes autem ad amicitiam pertinentes villæ, per fidem

et sacramentum firmaverunt quod unus subveniet alteri tanquam fratri suo in utili et honesto; quod si unus in alium admiserit aliquid verbo vel facto, sua illius qui læditur culpa, non accipiet ultionem per se vel per suos qui læsus est, sed apud præfectum domini comitis conqueretur, si negotium ad eum attinet, ne domino comiti jus suum depereat, et reus arbitrio duodecim judicum selectorum; admissum emendabit et si unus in alium aliquid admiserit verbo vel damno, similiter non accipiet ultionem per se vel per suos qui læsus est, sed apud præfectum amicitiæ conqueretur, si negotium ad eum attinet, et reus arbitrio duodecim judicum selectorum admissum emendabit. Quod quidem arbitrium si lædens vel læsus sequi tertio admonitus noluerit ipse et qui eum in hac pertinacia foverit, reus et perjurus contra utile et honestum amicitiæ quod juraverat vadens, ab amicitia communi arcebitur, et amicitiæ in tribus libris nummorum condemnabitur; reliquum substantiæ ejus comitis et castellani erit.

3. De turpi convitio quinque solidos præfecto amicitiæ et amico contumeliato infra octo dies dabit; quod si primam hebdomadam illos quinque solidos non solvens neglexerit, in secunda hebdomada duplicabit, in tertia vero septimana triplicabit; si autem ad totum transgressus fuerit, reus et perjurus de amicitia pelletur, et de sua substantia tres libras habebit communiter amicitia, et totum quod erit residuum comes et castellanus.

4. Quod si aliquis suum conjuratum occiderit, infra quadraginta dies nullus amicorum mortui (nisi eo præsente interfectus fuerit) potest de eo ultionem accipere, vel eum qui interfecerit de amicitia pellere; sed, nisi infra quadraginta dies, secundum judicum selectorum judicium, mortem amici emendaverit, et nisi parentibus satisfecerit, ab amicitia pelletur reus et perjurus, et de rebus illius tres libras habebit amicitia communiter, et

totum quod remanet comes et castellanus; et si duodecim judicaverint per comitem et castellanum, domus illius diruetur ; si vero amici mortui emendationem judicatam noluerint accipere, eidem subjacebunt culpæ, quod tres libras dabunt et de amicitia pellentur.

5. Quod si aliquis de amicitia res suas perdiderit, vel per rapinam, et ipse certa vestigia de re perdita invenerit, ad amicitiæ præfectum querimoniam faciet, qui, convocatis villæ amicis, rem perditam investigabit, itinere unius diei in eundo et redeundo ; qui autem ire neglexerit, amicitiæ quinque solidos infra hebdomadam dabit.

6. Si autem ille qui non fuerit de amicitia, aliquid homini de amicitia abstulerit, præfectus amicitiæ, audita querimonia, adhibitis testibus, conveniet eum qui abstulit; et si non composuerit cum illo cui rem abstulit, res venalis villæ ei interdicetur.

7. Milites autem et vavassores de amicitia existentes, qui tallias et exactiones villæ per suggestionem præfecti amicitiæ solvere voluerint, si amico suo aliquid abstulerint, tanquam extranei eidem subjacebunt damno, quod res venalis villæ eis interdicetur; et quicunque post bannum factum eis aliquid vendiderit, vel ab eis emerit, aut in hospicio receperit, si per duos de amicis inde convinci poterit, quinque solidos amicitiæ communiter dabit et amico sua restituet.

8. Et erit lex universalis de omnibus quæ auferentur, quod si quis non est de amicitia, turba parentum fretus, homini de amicitia injuriam in verbo vel in facto fecerit, ille ad amicitiæ præfectum conqueretur, et, nisi culpabilis ad honorem illius in quem peccavit emendaverit, emendationem arbitrio duodecim judicum selectorum, præfecto communiter et amicitiæ solverit, res venalis villæ ei interdicetur, donec ei se composuerit; et si quis post bannum factum ei aliquid vendiderit, vel ab eo

emerit, et inde convinci poterit, amicitiæ communitatis quinque solidos infra octo dies dabit.

9. Si vero tumultus in villa evenerit, qui de amicitia est et ad tumultum auditum non venerit, et auxilium non feret pleno corde, pro ut tempus dictaverit, amicitiæ communitatis quinque solidos infra octo dies dabit.

10. Si vero homo qui non est de amicitia, amicum villæ vulneraverit vel etiam occiderit, et de villa fugerit, et capi non poterit, quicumque eum, sive post annum, sive post duos vel tres annos aut plures ab amicis villæ poterit teneri, statim præfecto communitatis præsentetur, et ipsis graviter conquerentibus et una voce deprecantibus ut, secundum arbitrium duodecim judicum selectorum, ultionem de illo faciat; et si forte cum occiderint, nullum forefactum ab eis comes exigere poterit, et si quis ad capiendum illum se substraxerit, amicitiæ viginti solidos infra octo dies dabit, et quadraginta solidos comiti et castellano.

11. Omnis qui ad forum villæ venerit, nisi sit homicida de amicis villæ, pro honore communitatis et pro utilitate villæ, salvus sit eundo et redeundo in dictum forum, si inducias postulaverit præfecto amicitiæ; homicida vero de amicis villæ ad forum veniens, statim sicut supra dictum est capiatur et præfecto communitatis præsentetur; et qui se substraxerit, viginti solidos de rebus suis amicitia communitatis habebit, et quadraginta solidos comes et castellanus.

12. Clerici non cogentur inferre ultionem, nisi de debitis.

13. Si vero aliquis cujus domus combusta fuerit, vel aliquis captus se redimendo, attenuatus fuerit, unusquisque paupertato amico nummum unum in auxilium dabit.

14. Præterea sciendum est quod lex amicitiæ jus comitis non destruit, nec amicitiæ legem debet jus comitis; nam quocumque modo amicus in amicum forefaciens se composuerit, si

contumeliato amico visum fuerit, ab amicitiæ lege emendationem suam habebit.

15. Has igitur leges et consuetudines amicitiæ nostræ, et si quid meliorari potest, consilio duodecim judicum selectorum ad honorem et utilitatem totius villæ, salva fidelitate comitis, sicut antecessores nostri concesserunt et confirmaverunt, nos quoque eis concedimus et sigilli nostri appensione confirmamus.

16. Præterea prædictam terram cum pascuale quæ est inter *Belti* et *Lombres*, quam prædicti burgenses a domino Roberto comite et Clementia comitissa, prece et pretio, sicut eorum scripto edocemur, obtinuerunt, eisdem burgensibus nostris in perpetuum, liberam et immunem, in communem possessionem confirmamus.

Actum est hoc anno Domini millesimo centesimo octuagesimo octavo, apud Ariam, sub hiis testibus... [Suivent les noms des témoins.] (*Recueil des Ordonnances des rois de France*, t. XII, p. 563.)

N° 7.

STATUTS DE LA GHILDE DE BERWICH, 1284.

In nomine sanctæ et individuæ Trinitatis :

Incipiunt statuta gildæ per dispositionem burgensium constituta ut multa corpora uno loco congregata, unio consequatur et unica voluntas et, in relatione unius ad alterum, firma et sincera dilectio.

C. I. Ne particularis aliqua burgensium nostrorum congregatio, in aliquo, generalis gildæ libertates vel statuta possit elidere, aut nova consilia contra hanc gildam concipere, primo statuimus, quod omnes particulares gildæ hactenus in burgo nostro habitæ abrogentur. Et catalla iis rationabiliter et de jure debita huic gildæ exhibeantur. Et nullo modo aliquam aliam gildam ab ista præsumant in burgo procurare. Sed habito omnium membrorum ad unum caput, uno respectu, unum inde in bonis actibus proveniat consilium, una societas firma et amica.

C. II. Statuimus, quod omnia forisfacta excedentia octo solidos, nisi de telonæo regis, aut ad jura et libertates communes præpositorum spectantia huic gildæ exhibeantur.

C. III. Statuimus, quod fratres hujus gildæ dispositione suorum testamentorum, certo loco, secundum quod iis libuerit, de parte eis contingente, delegent aliquid huic gildæ, nisi et negligentia hoc fuerit omissum, ita quod aliquid legent.

C. IV. Si aliquis non fuerit confrater hujus gildæ, et in extremis de bonis suis aliquid eidem gildæ delegaverit, recipimus eum in confratrem nostrum ad debita sua perquirenda et in aliis necessitatibus suis, ac si esset confrater dictæ gildæ, eidem consilium et auxilium nostrum concedentes.

C. V. Statuimus, quod si quis fratrum nostrorum verbo tenus in alium delinquat, confratrem suum quod emendatione dignum est, gildam adeundo, vel in ea ibidem morando, seu inde redeundo, primo, secundo, tertio, emendationem faciet gildæ in quadraginta denariis. Et si quarto deliquerit, verbo vel facto condemnetur, et puniatur secundum arbitrium aldermanni, ferthingmannorum, decani, et aliorum confratrum gildæ, et læso faciet emendam, secundum decretum eorum.

C. VI. Item, si quis confratrum nostrorum alium pugno percusserit, emendet gildæ in dimidiam marcam, et secundum arbitrium aldermanni, ferthingmannorum, decani, et aliorum confratrum læso satisfaciat competenter. Et si quis confratrum nostrorum, ab alio sanguinem extraxerit violenter, emendet in viginti solidis, et læso satisfaciat, secundùm arbitrium aldermanni, ferthingmannorum, decani, et aliorum confratrum, secundum quantitatem delicti; nec aliquid de emendis istis precibus relaxetur. Statuimus etiam, quod nullus contumeliosus audeat vel præsumat infra limina gildæ nostræ cultellum cum puncto portare. Quod si fecerit, emendet gildæ in duodecim denariis.

2. Item si quis cum baculo aut aliis armis ferreis, ab alio sanguinem violenter extraxerit, secundum arbitrium aldermanni, ferthingmannorum, decani, et aliorum confratrum condemnetur.

C. vii. Si quis minxerit in porta gildæ, aut super parietes durante gilda, emendet gildæ in quatuor denarios.

C. viii. Statuimus quod nemo recipiatur in confraternitatem hujus gildæ, minus quam pro quadraginta solidis, exceptis filiis et filiabus gildæ.

C. ix. Si quis confratrum nostrorum gildæ in decrepitam ætatem aut paupertatem inciderit, seu in morbum incurabilem, et de proprio non habuerit unde possit sustineri seu sustentari, relevetur secundum æstimationem et dispositionem aldermanni, decani et confratrum gildæ, secundum quod facultates gildæ suppetant et fuerint.

C. x. Si quis confratrum nostrorum gildæ relinquat post obitum suum filiam ex uxore conjugata, quæ sit laudabilis conversationis, et bonæ famæ, et non habeat de propriis unde sibi providere valeat de viro, aut si in domo religionis caste vivere voluerit secundum æstimationem et dispositionem aldermanni, decani, et confratrum, secundum facultates gildæ, sibi de viro vel de domo religionis provideatur.

C. xi. Si quis confrater gildæ defunctus non habuerit de propriis unde exsequias suas possit celebrare, confratres gildæ corpus defuncti honorifice facient humari.

C. xii. Si quis confratrum nostrorum aut plures vexatus

fuerit extra burgum nostrum de vita et membris, probi viri duo vel tres de gilda laborabunt cum eo per duas diætas, residendo super expensis gildæ; si ultra duas diætas cum eo laboraverint, tunc reus propriis expensis suis eos cum eo adducet vel reducet. Similiter si necesse fuerit alterius super expensis rei, cum eo laborabunt. Si vero juste vexatus fuerit reus, adducet super propriis expensis confratres, et secundum arbitrium aldermanni et confratrum condemnabitur.

C. XIII. Statuimus etiam, quod si quis burgensium nostrorum hanc confraternitatem nostrorum contumaciter neglexerit, nullus confratrum nostrorum ei consilium vel auxilium, verbo vel facto, infra burgum vel extra, ministrabit; aut si super periculo vitæ et membrorum placitus fuerit, aut in aliquo oneri terreno incurrerit.

C. XIV. Statuimus, quod quotiescumque aldermannus, ferthingmanni, decanus, voluerint congregare confratres gildæ ad negotia gildæ tractanda, omnes fratres gildæ veniant audito classico, super forisfactum duodecim denariorum.

C. XV. Nullus leprosus ingrediatur limina portarum nostri burgi, et si quis casualiter ingressus fuerit, per servientem burgi nostri statim ejiciatur; et si quis leprosus contra hanc prohibitionem nostram consuetudinarie portas burgi ingredi præsumpserit, indumenta, quibus indutus fuerit, capiantur ab eo et comburantur, et nudus ejiciatur. Quia de communi consilio provisum est, ut per aliquem probum virum colligantur eis eleemosynæ, ad eorum sustentationem, in loco aliquo eis competente extra burgum. Et hoc de leprosis indigenis, et non alienigenis.

C. XVI. Nullus infra certos limites supra ripam Twedæ præfixos, fimum audeat apponere, aut aliquid pulverulentum, quod fit in damnum aut læsionem circumhabitantium. Quod si quis contra hoc fecerit, in octo solidis condemnetur.

C. xvii. Nullus loquatur in placitis de his quæ tangunt causam, nisi tantummodo actor et reus et horum advocati et ballivi qui tenent curiam, et hoc ad inquisitionem causæ. Sed actor, et reus ad consilium suum poterit unumquemque indifferenter evocare. Et si quis contra hanc prohibitionem venerit aut facere præsumpserit, in octo solidis puniatur.

C. xviii. Quicumque burgensis habuerit in catallis quadraginta libras, habeat equum in stabulo appretiatum ad minus viginti solidos. Et si quis equo suo aliquo casu privatus fuerit morte vel venditione aut quocumque aliquo casu vel donatione, equum alium acquirat infra quadraginta dies, postquam equo privatus fuerit; sin autem, condemnetur in octo solidis sterlingorum.

C. xix. Nullus frumentum, mastilionem vel siliginem ad molas manuales præsumat, nisi tempestate cogente, vel penuria molendinorum hoc faciente. Et si quis in tali casu moluerit ad molas manuales, det ad multuram decimum tertium vas. Et si quis hanc prohibitionem nostram præsumpserit contravenire, molis manualibus privetur in perpetuum, et molet brasium suum ad molendina, dando vicesimum quartum vas.

C. xx. Nullus emat lanam, coria, aut pelles lanitas, ad revendendum, aut pannos scindat, nisi fuerit confrater gildæ nostræ, nisi sit extraneus mercator, ad sustentationem sui officii. Neque *lot*, neque *cavil* habeat cum aliquo confratre nostro.

C. xxi. Si quis confratrum gildæ exhibeat denarios nostros alicui mercatori alienigenæ ad negotiandum, et de his per forum certum lucrum capiat, de sacco lanæ, de lasta coriorum, de pellibus et aliis mercimoniis, condemnetur in quadraginta solidis semel, secundo et tertio. Et si quarto super hoc convictus fuerit, amittat gildam. Simili et eodem modo puniatur confrater gildæ; si acceperit denarios ulterius mercatoris alienigenæ, ad negotiandum modo prædicto.

C. XXII. Nullus emat haleces, vel pisces aliquos, qui per navem deferuntur ad villam, antequam navis jaceat super siccam terram, et remus ponatur foras; nec alia mercimonia, scilicet, de blado, fabis aut sale. Si quis in hoc convictus fuerit, dabit dolium vini gildæ pro forisfacto, aut per unum annum et diem a villa ejiciatur.

2. Item, si aliquis emerit haleces, sal, bladum, fabas, aut pisces, vel aliquid de consimilibus mercimoniis, non negabit vicino suo partem, quantum voluerit emere ad cibum suum, scilicet, ad domus suæ sustentationem pro foro quo ille emit; sin autem, condemnabitur in forisfacto unius dolii vini.

3. Similiter, qui plus emerit quam ad cibum suum, et vendiderit, eadem pœna puniatur, quia dixit se tantum ad cibum emere, et super hoc petiit partem et obtinuit.

4. Item, quod quarta pars remaneat emptori, et quod solvat infra hordam cum obtinuerit.

5. Item, si quis emerit haleces vel alia mercimonia, et dederit denarium Dei, vel aliquod argentum in arrhis, pacabit mercatori, a quo prædicta mercimonia emit, secundum forum prius statutum. Et si non fecerit, et in hoc convictus fuerit, dabit dolium vini ad forisfactum, sine misericordia gildæ applicandum, aut de villa per annum et diem ejicietur.

C. XXIII. Et si contigerit, quod emptor emerit aliquod mercimonium quod bonum sit supra et deterius subtus, ab initio emendari debet per visum et considerationem proborum hominum ad hoc assignatorum.

C. XXIV. Statuimus, quod nullus carnifex de cætero vendat infra Burgum de Bervico carcassia mutonum a festo Paschæ usque ad festum Pentecostes, carius sexdecim denariis; et a festo

Pentecostes usque ad festum S. Jacobi, carius duodecim denariis ; et a festo S. Jacobi usque ad festum S. Michaelis, carius decem denariis; et a festo S. Michaelis usque ad Pascha, carius octo denariis; et si quis convictus fuerit quod istam assisam infregerit, dabit octo solidos pro forisfacto.

C. xxv. Item, statutum est, quod nullus carnifex, donec voluerit suum officium exercere, emat lanam aut coria, nisi velit abjurare securim suam, et manum bestiis non apponat.

C. xxvi. Statutum est, quod nulla fœmina vendat lagenam cervisiæ, a Pascha usque ad festum S. Michaelis, carius duobus denariis. Item, a festo S. Michaelis usque ad festum Paschæ, carius uno denario. Et sine dilatione ulteriore, et nomina eorum imbrevientur per commune consilium.

C. xxviii. Nullus regratarius emat pisces, fœnum, avenas, caseum, butyrum, vel aliquid quod ad Burgum defertur ad vendendum ante pulsationem campanæ in Berefrido. Et si quis contra hanc prohibitionem nostram venire præsupmserit, res emptæ capiantur, et pauperibus erogentur per considerationem ballivorum.

C. xxix. Statuimus, quod nullus emat mercimonia quæ ad Burgum deferuntur ad vendendum, antequam ad commune forum Burgi perveniant; si quis super hoc convictus fuerit, rem emptam amittet, et commodum illius ad gildam nostram vertetur.

C. xxx. Nulla mulier habens lanam in vico emat, nec aliquis Burgensis habeat nisi unum garcionem tantum ad lanam et coria emenda. Et si quis irrationabiliter emat lanam, vel coria extra locum statutum villæ, dicta lana et coria capiantur ad commodum gildæ, et dictus homo, vel garcio, sit in forisfacto octo solidorum ; et bona sua condemnetur pro sua forisfactura.

C. xxxi. Nullus Burgensis noster procuret aliquem forinsecum, extra libertatem nostram manentem, ad placitandum pro eo contra aliquem vicinum suum, super plenariam forisfacturam unius dolii vini.

C. xxxii. Statuimus, quod nullus faciat conspirationem aliquam contra gildam retroactam ad eam separandam vel spargendam. Quod si aliquis fecerit, et super hoc convictus fuerit, dabit unum dolium vini ad forisfactum.

C. xxxiii. Statuimus, quod commune consilium et communia gubernentur per viginti quatuor probos homines, de melioribus, discretioribus et fide dignioribus ejusdem Burgi ad hoc delectos, una cum majore et quatuor præpositis. Et quandocumque prædicti viginti quatuor homines fuerint ad commune negotium tractandum vocati, qui non venerint ad citationem sibi factam ultra noctem, emendet in duos solidos.

C. xxxiv. Statuimus, quod major et præpositi eligantur per visum, et considerationem totius communitatis. Et si aliqua controversia fuerit in electione majoris vel præpositorum, fiat tunc electio per sacramentum viginti quatuor hominum prædicti Burgi electorum per communiam.

C. xxxv. Statuimus insuper, si aliquis Burgensis, contra sacramentum suum præstitum, consilium arcanum, vel secreta gildæ nostræ ostendere præsumpserit, prima vice secundum considerationem aldermanni et aliorum fide dignorum gildæ nostræ puniatur. Si vero secunda vice, in tali casu deliquerit, libertatem Burgi nostri per annum et diem amittet. Et si tertia vice super talia convictus fuerit, libertatem Burgi amittet, pro termino vitæ suæ. Et sciendum est ultra quod infra illum Burgum, nec in aliquo alio infra regnum, amplius libertate gaudere de jure poterit, quia infamis reputatur.

C. xxxvi. Statutum est, quod nullus pelliparius, aut chirothecarius, aut aliquis alius Burgensis, faciat lanam de aliquibus pellibus, a festo Pentecostes usque ad festum Michaelis; sed vendat pelles quales fuerant, secundum quod melius poterit. Et si quis chirothecarius aut pelliparius super hoc convictus fuerit, dabit unum dolium vini ad gildam.

C. xxxvii. Quicumque Burgensis emerit haleces, omnes vicini sui quicumque præsentes fuerint ad emptionem dictorum halecum, habebunt pro eodem pretio quo ipse emit, sine aliqua fraude. Et si quis voluerit partem habere, qui ad emptionem dictorum halecum præsens non fuerat, dabit emptori ad lucrum duodecim denarios. Quod si quis convictus fuerit de contrario, dabit unum dolium vini ad gildam ; et hoc intelligendum est de fratribus gildæ.

C. xxxviii. Item, statutum est, quod quilibet Burgensis dabit plenum cariagium pro quolibet dolio vini, quod ponet in taberna et quod ponat navim, et extra, pro dolio removendo de uno cellario ad aliud, dabit duos denarios et obolum ; viz. Unum denarium villæ ad denarium et obolum pro berevagio. Et pro uno dolio ad potum suum dabit denarium pro berevagio.

C. xxxix. Nulla mulier emat in foro avenas ad faciendum brasium ad vendendum plusquam unam celdram. Et si plus emerit, amittet quantum emit. Tertia pars remaneat custodibus, et duæ partes ballivis, et ad hoc brasiandum in domo sua bernando.

C. lx. Nullus carnifex, a festo Sancti Martini usque ad Natale, debet exire extra villam, ad obviandum bestiis venientibus ad villam vendendis ; nec in aliquo die infra dictum tempus, bestias emere in foro ante prandium ; nec in fraudem procurabit sibi bestias usque ad prandium teneri. Si quis contrarium fecerit, ab officio suo per annum et diem deponatur.

C. xli. Nullus extraneus, ferens coria tannata ad vendendum, vendat ea infra domum, sed in foro communi, et hoc tantum per diem fori statutum ; et licet coria fuerint cæsa in frusta, tamen venditor dabit telonæum.

C. xlii. Nullus habeat, nisi duo paria molarum ; et qui

plura habuerit, molis suis per totum annum et diem privetur.

C. XLIII. Nullus confrater gildæ nostræ debet habere *lot* neque *cavil* cum alio minus quam in dimidio quarterico pellium, et dimidio dacræ coriorum et duabus petris lanæ.

C. XLIV. Nullus emet aliquod genus bladi, fabarum, pisarum, salis, carbonum, sœu cætera venalia apud Burgum venientia per mare, nisi sit ante bordam navis viz *at the bray*. Nec portet dicta bona empta de navi ante ortum solis, sed ab ortu solis usque ad declinationem sive requiem solis, fiat portagium. Et si quis hujus rei contrarium fecerit, dabit confratribus unum dolium vini.

C. XLV. Item omnia amerciamenta capta ab extraneis mercatoribus, pertinere debent fratribus gildæ et Burgensibus villæ, exceptis illis quæ pertinent ad dominum regem.

C. XLVI. Nullus Burgensis, vel confrater gildæ nostræ foris habitans audeat vel præsumat aliqua mercîmonia ad gildam nostram pertinentia infra Burgum nostrum emere vel vendere, nisi tantum in die fori. Et quod nullus foris habitans emat aliqua victualia, ad Burgum nostrum per naves venientia; et si contrarium fecerit, et super hoc convictus fuerit, dabit unum dolium vini ad gildam nostram.

2. Hæc supra dicta, statuta sunt per Robertum Durhame, tunc majorem Bervici super Twedam, et Simonem Martel, et alios probos homines, in diebus Mercurii proxime ante festum S. Marci evangelistæ. Et in crastino S. Cuthberti in ecclesia S. Nicolai, anno gratiæ millesimo ducentesimo octuagesimo tertio. Et die Sabbathi proxime post festum S. Trinitatis. Et die Jovis proxime ante festum S. Mathæi apostoli. Et die Jovis ante festum Pantecostes in ecclesia Fratrum Prædicatorum ordinis S. Trinitatis anno gratiæ millesimo ducentesimo octuagesimo quarto. (*Scotiæ veteres leges et constitutiones, collectæ opera et studio Johannis Sthenæi*, 1613, p. 154.)

N° 8.

DISPOSITIONS DES CONCILES RELATIVES AUX ASSOCIATIONS OU CONFRÉRIES, 1189-1528.

Concilium Rotomagense, an. 1189.

ART. XXV. Sunt quidem tum clerici, tum laïci hujusmodi ineuntes societatem, ut de cætero quibuslibet causis vel negotiis mutuum sibi præstent auxilium, certam in eos pœnam statuentes qui contra hujusmodi veniunt constitutionem. Et quoniam hujusmodi societates S. fratrias circa personas utriusque ordinis, canonica detestatur scriptura; eo quod earum observantia usque ad crimen perjurii perducat, ne amodo fiant, aut, si facta fuerint, ne observentur, sub interminatione anathematis prohibemus. (*Labbei sacrosancta concilia,* t. XI, p. 585, ed. *Venet.*)

Concilium Monspeliense, an. 1214.

ART. XLV. Ne confratriæ fiant, nisi de voluntate dominorum locorum et episcopi quia propter conjurationes et conspirationes quæ confratriæ vocantur in civitatibus villis, quandoque multa discordiæ materia suscitatur; præsens synodus sub anathematis interminatione constituit ut in civitatibus, villis et castris non fiant de cetero confratriæ, nisi de voluntate dominorum locorum ipsorum et diæcesani episcopi, propter urgentem necessitatem et evidentem utilitatem id fiat. De his autem confratriis quæ hactenus factæ sunt, et de quibus querelam audivimus, causa cognita, quod justum fuerit faciemus. (*Labbei sacrosancta concilia,* t. XI, p. 1, col. 116, ed. *Paris.*)

Concilium Tolosanum, an. 1229.

Canon XXXVIII. *Ut nullæ conjurationes seu confratriæ fiant.* Inhibemus etiam ut barones, castellani milites, cives, burgenses, seu etiam rurales, conjurationes, colligationes, confratrias, seu alias quascumque obligationes, fide vel juramento seu qualibet alia firmantia interposita, facere non præsumant. Quod si fecerint, baro in centum libris currentis monetæ puniatur, castellanus in sexaginta, miles in quadraginta, civis vel Burgensis in viginti, et rurales in centum solidis. Si quæ vero conjurationes vel colligationes usque nunc factæ sunt, eas decernimus irritas et inanes, statuentes ut omnes abjurare teneantur easdem. (*Sacrosancta concilia*, t. *XI*, p. 1, col. 435.)

Concilium apud Campinacum, an. 1238.

Canon xxxi. *Ne laïci absque licentia diœcesani constituant confratrias.*

Conjurationes vel conspirationes laicorum, quibus interdum nomen confraternitatis imponunt, impietatem pallicantes sub nomine pietatis, omnino fieri prohibemus. Unde statuimus, quod nulla fiat confraternitas laicorum sine auctoritate et consensu diœcesani ejusdem loci; quod si factum fuerit, tamdiu excommunicentur ipsius autores, donec eadem fraternitas velut impietatis colligatio penitus dissolvatur. (*Ibid, col.* 564.)

Concilium Burdegalense, an. 1255.

Canon xxix. *De statutis confrateriarum.*

Quia confrateriarum usus, ad pias causas inventus, propter quorumdam malitiam laicorum, trahitur in abusum dum statuta illicita statuunt, quibus enervare intendunt ecclesiasticam libertatem, et antiquorum bonas et pias consuetudines abolere, circa eam laicos suos quædam illicita et machinationes quæ obviant pietati, idcirco præsenti constitutione prohibemus, ne confratres alicujus confraternitatis comitem vel comites eligant vel creent de cætero absque expresso consensu et voluntate sui capellani.

xxx. *Item, de statutis confrateriarum.*

Item, prohibemus ne aliquis vel aliqui comites et confratres alicujus confrateriæ aliqua edant vel statuant statuta, nisi quæ ad fabricam vel luminaria ecclesiæ, vel librorum seu aliorum ornamentorum, seu vestimentorum, seu ecclesiæ factionem, seu refectionem, pertinere noscantur, vel ad sepulturas vel vigilas, seu ad aliud officium defunctorum, vel ad publicarum viarum, seu privatarum, seu cœnobii exemptioni, vel reparationi pontium, vel [ad] custodiam parentum ægrorum, vel inimicorum animalium seu pecudum, vel ad arcendam ab agris inundationem fluminum vel aquarum, vel ad lupos, vel ad alias pestilentias nocivas profugandas, vel ad eleemosynas colligendas, et relicta seu data a vivis seu defunctis, quæ consilio capellani loci, in usus aliquos relicta fuerint, sive data, seu in alios pios usus, si a reliquentibus vel dantibus non fuerit diffinitum, expendi volumus et mandamus. Si pia vero alia statuta fecerint, non observent; immo de capitularibus suis abradi faciant intra mensem, alia ulterius non facturi, sine aliqua speciali permissione prælati, ne in observatione præmissorum dolum faciant sive fraudem.

Verum volentes per comites et confratres causam cavi, et carregia ulterius fieri prohibemus, nisi ipsa carregia pertinuerint ad præmissa, quæ eis superius expressa vel concessa sunt, nisi ad communem utilitatem aliqua fecerint de concilio capellani. Sane quia justum est, ut quos timor Dei non revocat a malo, pœnitentia coerceat a peccato, volumus ut transgressores hujus constitutionis, nisi reatum suum purgaverint, infra mensem post publicationem ipsius factam, duobus diebus dominicis, vel festivis, excommunicationis notam incurrant. Cujus constitutionis volumus quod singuli capellani habeant transcriptum, et eam publicent in ecclesiis suis, sicut superius est expressum. Actum anno Domini millesimo ducentesimo quinquagesimo quinto, id. April. (*Sacrosancta concilia, t. XI, col.* 744.)

Concilium Anenionense, an 1282.

Canon VIII. *Ut colligationes et confrateriæ non fiant.*

Quia vero colligationes, societates, confratriæ, seu conjurationes, quocumque nomine censeantur, reprobatæ noscuntur a canonibus, et humanis legibus introductæ, et constitutionibus conciliorum factorum per legatos apostolicæ sedis in partibus et provinciis istis, et omnino cassatæ, et sententia excommunicationis lata in fautores; ideo nos, approbatione et assensu præsentis concilii, prædictas factas et faciendas in posterum conjurationes, colligationes societates, clericorum regularium, cujuscumque ordinis, status, conditionis existant, in nostra provincia Arelatensi, ubicumque et civitatum et castrorum baronum et omnium aliorum existentium in civitatis, villæ dominio ecclesiastico subjectis contra statuta canonum et conciliorum facta relaxantes, dissolvimus et cassamus : decernentes sacramenta præstita, et prædicta observanda illicita, a quibus eos qui hujus modi sacramenta præstiterant, absolvimus, et pro juramento incaute præstito seu illicito volumus ut a confessoribus suis pœnitentiam recipiant salutarem. Et ubi infra decem dies post publicationem præsentis statuti se ad invicem absolverint, denuntientur autores, fautores, tractores, defensores, et fidejussores pro his observandis excommunicati : et frequenter hæc dissolutio excommunicationis sententia per prælatos in suis diæcesibus, in suis synodis, diebus festivis et solemnibus, publicetur ; et faciant per subjectos sibi prælatos vel presbyteros publicari. *Sacrosancta concilia, t XI, p.* 1, *col.* 1178.)

Concilium Vavrense, an. 1368.

Canon XIV. *De non contrahendis colligationibus, vulgariter societates nuncupatis et de pœnis corumdem.*

Item, quia ex pravo abusu in quibusdam provinciarum nostrarum, partibus inolevit, quod nobiles plerumque et interdum alii colligationes, societates et conjurationes faciunt tam canonicis quam humanis legibus interdictas, semel in anno, sub confratriæ nomine, se in loco aliquo congregantes, ubi congregationes, conventiculos et colligationes faciunt et pacta juramento vallata ineunt; quod se adversus quoscumque, præterquam dominos suos, ad invicem adjuvent, et interdum se omnes veste consimili, cum aliquibus signis exquisitis vel characteribus, induentes, unum majorem inter se eligant, cui jurant in omnibus obedire, ex quibus justitia offenditur, mortes et damnationes sequuntur, pars et securitas exulantur, innocentes et inopes opprimuntur, et ecclesiæ ac ecclesiasticæ personæ, quibus tales oppido sunt infesti, in personis, rebus, juribus et jurisdictionibus injurias diversas et damna plurima patiuntur; nos volentes iis ansibus pestiferis et conatibus perniciosis exemplo occurrere et de remedio possibili providere, et a peccato subditos nostros, prout et pastorali incumbit officio, cohibere; autoritate præsentis concilii omnes conventiculos, colligationes, societates et conjurationes, quas confraternitates vel confratrias appellant, ab olim factas per clericos vel laicos, cujuscumque gradus, status, dignitatis vel conditionis existant, necnon prædictas conventiones, ordinationes et pacta inter eos inita et habita, irritamus, dissolvimus et cassamus et cassas et cassa, irritas et irrita nuntiamus. Decernentes omnia juramenta super observandis prædictis præstita aut illicita aut temeraria; nullum teneri volumus ad observantiam eorumdem; a quibus juramentis eos etiam relaxamus, ut tamen pro incauto sacramento a suis confessoribus pœnitentiam suscipiant salutarem; autoritate prædicta prohibentes eisdem, sub excommunicationis pœna, quam venientes in contrario, postquam præsens statutum in ecclesiis, quarum sunt parochiani, fuerit per duos dies dominicos publicatum, incurrere volumus ipso facto, quod occasione prædictarum colligationum, societatum, conventionum et juramentorum ab inde in antea simul non conveniant, hujus modi confraternitates non faciant, alter alteri non obediat nec præstet adjutorium nec favorem; nec vestes, signa rei jam damnatæ præbentes, deferant; nec se confratres, abbates, priores predictæ societatis appellent; quinimmo infra decem dies a tempore dictæ publicationis, unusquisque alios, quantum est in eo, a prædictis juramentis relaxet, et se nolle de prædicta societate alterius existere publice protestetur. Prohibemus etiam, quod amodo tales conjurationes, conspirationes, conventicula etiam sub nomine confratriæ, non fiant. Alioquin et de facto attentatas cassamus et irritamus, et facientes et attentantes excommunicationi, a qua nisi per suum ordinarium, præterquam in mortis articulo, nullatenus absolvantur, volumus subjacere. Per hoc autem confraternitates olim in honorem Dei et beatæ Mariæ, et aliorum sanctorum et pro subsidiis pauperum introductas, in quibus conjurationes et juramenta non intervenerunt hujusmodi, non intendimus reprobare. (*Sacrosancta concilia*, *t. XI*, *p. 2*, col. 1937.)

Concilium Bituricense, an. 1528.

XVI. Item, statuit quod confraternitates non erigantur in consulto ordinario, nec fiant sumptus immoderati præcipue conviviorum, competationum, chorearum, etc. Convertantur potius pecuniæ confratrum in pios usus. Itemque contractus facti et usurarii pretextu prædictarum confraternitatum non contrahantur. (*Ibid.*, *t. XIV*, *col.* 428.)

Concilium Senonense, an. 1528.

XXX. Cum ex multiplicatione confratriarum sæpe monopolia oriri contingat, et quæ in usus pios consumenda sunt, in crapulam converti videantur, si quidem dies festos confratriarum, non aliter se confratres digno celebrare putant, nisi comessationibus et ebrietatibus deserviant, sacro approbante concilio, sub pœna excommunicationis inhibemus ; et aliqui, cujuscumque status extiterint, confratrias erigere, et de novo instituere, sine episcoporum expresso consensu et approbatione audeant. Antiquas autem, quas per episcopos institutas aut aliter approbatas fuisse constiterit, toleramus; omnem baculorum delationem, confratribus et aliis quibuscumque, tam extra quam intra ecclesiam, necnon conventiculares comessationes, maxime diebus festis illarum confratriarum, et ex denariis eorumdem fiendas seu solvendas, sub prædictis pœnis prohibentes.

Ordinamus insuper, quod quantum ad antiquas confratrias attinet, teneantur confratres, seu procuratores infra sex menses a die publicationis præsentium, afferre diœcesanis, eorumve officialibus aut vicariis, statuta, si qua habeant ; et eosdem diœcesanos instruere de modo et forma quam in eis servant : de quantitate redituum, et in quos convertant usus : ut sic justitia mediante, quod super his opportunum fuerit statuatur, omniaque ad sobrietatem et modestiam revocentur. Alioquin, elapsis sex mensibus, ad earum annulationem procedatur.

Eisdem confratribus et aliis delationem calicum, vasorum et capparum ecclesiasticarum prohibemus, injungentes de suffraganeorum nostrorum consensu, sacerdotibus et aliis per provinciam nostram constitutis, ne ipsas deinceps concomitentur, aut illis deserviant. Ex nunc autem juramenta quæ solent præstare in ingressu omnino reprobamus et cassamus ; prohibentes ne deinceps juramenta super observatione statutorum prædictarum confratriarum, aut præstentur, aut exigantur. Et etiam, ubi confratriæ erunt permissæ, volumus quod ab invitis pro egressu nihil exigatur.

Confratriarum provisores, procuratores, seu magistri, vel gagiatores ecclesiarum parochialium teneantur præstare juramenta in initio officii suscepti, coram episcopis aut eorum officialibus, eliganturque singulis annis, mox reddituri de receptis et solutis rationem. Et pecuniæ, quæ supererunt, applicentur per eos, vel in usum reparationis ecclesiæ, aut curam seu alimoniam pauperum aut alios pios usus, prout episcopus arbitratus fuerit. (*Sacrosancta concilia*, t. *XIV*, col. 476.)

FIN DES PIÈCES JUSTIFICATIVES.

TABLE DES MATIÈRES

DU TOME PREMIER.

Pages.

Préface.   3

CONSIDÉRATIONS SUR L'HISTOIRE DE FRANCE.

CHAPITRE PREMIER.

Opinions traditionnelles sur nos origines nationales et sur la constitution primitive de la monarchie française. — Elles sont diverses, au moyen âge, chez les différentes classes de la nation. — La science les modifie et les transforme. — Naissance des systèmes historiques. — Système de François Hotman. — Sa popularité durant le xvie siècle. — Travail d'Adrien de Valois sur l'histoire de la dynastie mérovingienne. — Système de l'origine gauloise des Franks. — Causes de la vogue dont il jouit sous le règne de Louis XIV. — Il est combattu en Allemagne par la science et par l'esprit de nationalité. — Opinion de Fréret. — La question de l'origine des Franks est résolue par lui d'une manière définitive.   29

CHAPITRE II.

Controverse sur le caractère et les suites politiques de l'établissement des Franks dans la Gaule. — Thèse de l'inégalité sociale des deux races. — Grands travaux des érudits du xviie siècle. — Déclin de la puissance et fin du règne de Louis XIV. — Inquiétude des esprits. — Vues et projets de Fénelon. — Système du comte de Boulainvilliers. — Réponse d'un publiciste du tiers état. — Système de l'abbé Dubos. — Jugement de Montesquieu. — Son erreur sur les lois personnelles. — Conséquences de cette erreur.   71

CHAPITRE III.

État de l'érudition historique au milieu du xviii⁰ siècle. — Naissance et mouvement de l'opinion philosophique. — Sa tendance à l'égard de l'histoire, son action sur elle. —Système de Mably. — Timidité de la science. — Travaux de Bréquigny. — Question du régime municipal et de l'affranchissement des communes. — *Théorie des lois politiques de la France*, par mademoiselle de Lézardière. — *Qu'est-ce que le tiers état?* pamphlet de Sieyes.— L'assemblée nationale constituante. — Accomplissement de la révolution. — *Abrégé des Révolutions de l'ancien gouvernement français*, par Thouret. 118

CHAPITRE IV.

Méthode suivie dans cet examen chronologique des théories de notre histoire. — Conséquences de la révolution de 1789. — Nouveaux intérêts, nouveaux partis. — Bonaparte premier consul de la république française. — Divergence des opinions historiques. — Demande d'un nouveau système faite au nom du premier consul. — M. de Montlosier. — Fin de la république, établissement de l'empire. — Fausse application des souvenirs de Charlemagne. — L'idée de nos limites naturelles, sa puissance, ses fondements historiques. — Travaux d'érudition repris et continués par l'Institut. — Faveur d'opinion rendue à l'histoire du moyen âge. — Réaction contre l'empire. — Restauration des Bourbons. — Sens providentiel de cet événement. — Préambule historique de la charte constitutionnelle. — Scission nationale en deux grands partis. — Le livre de *la Monarchie française*, système de M. de Montlosier. — Effet de sa publication. — Polémique fondée sur l'antagonisme des Franks et des Gaulois. —Nouvelle école historique, son caractère. — Questions résolues ou posées. — M. Guizot. — Esprit de la science actuelle. — Prédominance définitive de la tradition romaine. 177

CHAPITRE V.

Révolution de 1830. — Son caractère, ses effets. — Elle a fixé le sens des révolutions antérieures. — Travaux de recherche et de publication des matériaux inédits de l'histoire de France. — Anarchie des études historiques, déviation des méthodes.

— Voie de progrès pour la science de nos origines. — Vue analytique des grandes révolutions du moyen âge. — La conquête et ses suites. — La féodalité, foyer de son organisation. — Permanence et variations du régime municipal. — Révolution communale du XIIe siècle. — Double mouvement de réforme. — L'institution du consulat. — La *Ghilde* germanique. — Son application au régime municipal. — La commune jurée. — Municipes non réformés — Conclusion. 249

RÉCITS DES TEMPS MÉROVINGIENS.

PREMIER RÉCIT.

Les quatre fils de Chlother I. — Leur caractère. — Leurs mariages. — Histoire de Galeswinthe. (561-568.) 363

PIÈCES JUSTIFICATIVES.

N° 1. — Prohibition des Ghildes par les conciles tenus en Gaule. IXe siècle. 411

N° 2. — Statuts d'une ghilde anglo-saxonne établie à Cambridge, Xe siècle. 414

N° 3. — Statuts d'une ghilde anglo-saxonne établie à Exeter, Xe siècle. 417

N° 4. — Statuts de la ghilde danoise du roi Canut, mort en 1086, canonisé en 1100. 419

N° 5. — Statuts de la ghilde du roi Eric, mort en 1103, canonisé en 1257. 431

N° 6. — Charte de l'amitié de la ville d'Aire. 1188. 439

N° 7. — Statuts de la ghilde de Berwich. 1284. 443

N° 8. — Dispositions des conciles relatives aux associations ou confréries. 1189-1528. 453

FIN DE LA TABLE.

www.ingramcontent.com/pod-product-compliance
Lightning Source LLC
Chambersburg PA
CBHW070208240426
43671CB00007B/585